全国革命老区县发展史丛书·广东卷

清远市清城区革命老区发展史

清远市清城区革命老区发展史编委会 编

SPM 南方出版传媒 广东人民出版社
·广州·

图书在版编目（CIP）数据

清远市清城区革命老区发展史／清远市清城区革命老区发展史编委
会编. —广州：广东人民出版社，2020.5
（全国革命老区县发展史丛书·广东卷）
ISBN 978-7-218-14002-5

Ⅰ. ①清…　Ⅱ. ①清…　Ⅲ. ①区（城市）—地方史—清远
Ⅳ. ①K296.54

中国版本图书馆 CIP 数据核字（2019）第 242553 号

QINGYUANSHI QINGCHENGQU GEMING LAOQU FAZHANSHI

清远市清城区革命老区发展史

清远市清城区革命老区发展史编委会　编　　

出 版 人：肖风华

责任编辑：廖智聪　李尔王
装帧设计：张力平
责任技编：吴彦斌　周星奎

出版发行：广东人民出版社
地　　址：广州市海珠区新港西路 204 号 2 号楼（邮政编码：510300）
电　　话：（020）85716809（总编室）
传　　真：（020）85716872
网　　址：http://www.gdpph.com
印　　刷：广州市浩诚印刷有限公司
开　　本：715mm×995mm　1/16
印　　张：24.5　插　页：16　字　数：313 千
版　　次：2020 年 5 月第 1 版
印　　次：2020 年 5 月第 1 次印刷
定　　价：80.00 元

如发现印装质量问题，影响阅读，请与出版社（020-85716849）联系调换。
售书热线：（020）85716826

广东省编纂《革命老区县发展史》丛书
指导小组

组　长：陈开枝（广东省老区建设促进会会长）

副组长：林华景（广东省老区建设促进会常务副会长）

　　　　宋宗约（广东省农业农村厅副巡视员、广东省老区
　　　　　　　　建设促进会副会长）

　　　　刘文炎（广东省老区建设促进会副会长）

　　　　郑木胜（广东省老区建设促进会副会长）

　　　　姚泽源（广东省老区建设促进会副会长兼秘书长）

　　　　谭世勋（广东省老区建设促进会副会长）

　　　　廖纪坤（广东省农业农村厅总经济师）

办公室

主　任：姚泽源（兼）

副主任：韦　浩（广东省农业农村厅扶贫协作与老区建设处
　　　　　　　　处长）

　　　　柯绍华（广东省老区建设促进会副秘书长）

　　　　伍依丽（广东省老区建设促进会副秘书长）

清远市编纂《革命老区县发展史》丛书指导小组

组　　长：谢土新（清远市老促会会长）

副组长：赖志军（清远市委农办副主任）

　　　　蔡少玲（清远市史志办副主任）

　　　　曾金玲（清远市老促会常务副会长）

　　　　梁刚毅（清远市老促会常务副会长兼秘书长）

办公室

主　　任：梁刚毅（兼）

副主任：林永泽（清远市扶贫办副调研员）

　　　　莫祖扬（清远市史志办党史科科长）

　　　　李秀红（清远市老促会副秘书长）

　　　　卢瑞其（清远市扶贫办老区科科长）

《清远市清城区革命老区发展史》编纂委员会

主　任：邱泽军（清城区区长）

副主任：罗婉玲（清城区副区长）

成　员：张永康（清城区委组织部常务副部长）

　　　　成世亮（清城区委农办主任）

　　　　郭桂荣（清城区委党史研究室主任）

　　　　陈汉光（凤城街办主任）

　　　　林伟新（东城街办主任）

　　　　邓军红（横荷街办主任）

　　　　黄向军（石角镇镇长）

　　　　宗卫平（飞来峡镇镇长）

办公室

主　任：蔡迟亮（清城区委党史研究室副主任）

成　员：林桂新（清城区老促会）

　　　　钟清祥（清城区老促会）

　　　　李晓静（清城区委党史研究室）

　　　　刘俊杰（清城区委农办）

《清远市清城区革命老区发展史》编辑部

主　编：潘锡芳

副主编：刘国强　朱计池

编　务：黄美燕　李丽珍　叶卫萍　蔡　雪　朱健明

在举国欢庆新中国成立 70 周年前夕，中国老区建设促进会王健会长请我为《全国革命老区县发展史》丛书作序，作为一名在老区战斗过并得到老区人民生死相助的老兵，回首往事，心潮澎湃，感慨万千，深感义不容辞，欣然应允。

中国革命老区，是以毛泽东为代表的中国共产党人在领导人民推翻帝国主义、封建主义和官僚资本主义三座大山，争取民族独立和人民解放伟大斗争中建立的革命根据地，在这片红色的土地上，诞生了无数可歌可泣的革命英雄儿女，为后人树起了一座不朽的丰碑，她是新中国的摇篮，是党和军队的根。

在艰苦卓绝的战争年代，老区人民把自己的命运与中华民族的命运紧紧地联系在一起，与中国共产党和人民军队的命运紧紧地联系在一起，他们生死相依，患难与共。我曾亲历过战争年代，并得到过老区红哥红嫂的救助，切身感受到发生在身边的一幕幕撼天动地的革命故事，在那极其艰难的条件下，老区人民倾其所有、破家支前，不怕艰难困苦，不怕流血牺牲。"最后一碗米送去做军粮，最后一尺布送去做军装，最后一件老棉袄盖在担架上，最后一个亲骨肉送去上战场"，这是当时伟大的老区人民为建立新中国做出巨大牺牲的真实写照，它将永远镌刻在中国共产党、中国人民解放军、中华人民共和国的历史丰碑上。他们的光辉业绩永载史册，他们的革命精神必将影响一代又一代的革命新人，造就一代又一代的民族脊梁。

在社会主义革命和建设时期，革命老区和老区人民响应党的号召，面对落后的面貌、脆弱的经济、恶劣的生态环境，他们本色不变，精神不丢，自力更生，艰苦奋斗，干一行爱一行。始终坚持"革命理想高于天"，自觉做共产主义远大理想的坚定信仰者和忠实实践者，勇于向恶劣的自然环境和贫穷落后宣战，他们在各条战线上为国建功立业，用平凡的双手创造了一个又一个不平凡的奇迹，彰显了老区人的崇高精神和人格力量。

在改革开放的伟大进程中，老区人民解放思想，勇于创新，发奋图强，攻坚克难，老区的经济社会建设取得了辉煌成就。特别是在改变中国的面貌、中华民族的面貌、中国人民的面貌、中国共产党的面貌的伟大实践中发挥了至关重要的作用。老区人民既是改革开放的参与者，也是改革开放的推动者。

艰苦练意志，危难见精神。老区人民在近百年的革命战争、社会主义建设和改革开放的伟大实践中，孕育形成了伟大的老区精神：爱党信党、坚定不移的理想信念；舍生忘死、无私奉献的博大胸怀；不屈不挠、敢于胜利的英雄气概；自强不息、艰苦奋斗的顽强斗志；求真务实、开拓创新的科学态度；鱼水情深、生死相依的光荣传统。这是党和人民宝贵的精神财富、丰厚的政治资源，是凝心聚力、振奋民族精神的重要法宝，也是社会主义核心价值观的重要内容。

中国老区建设促进会怀着强烈的政治责任感和历史使命感，组织全国各地老促会人员克服困难，尽心竭力编纂《全国革命老区县发展史》丛书，记录老区的光辉历史和辉煌成就，传承红色基因，弘扬老区精神，是功在当代、利及千秋的一件大事。手捧这部丛书的部分书稿，读着书中的故事，倍感亲切，深感这部丛书具有资政、育人、存史的社会功能，有着重要的时代和历史价值。它是不忘初心、牢记使命的源头活水，是赞颂共产党、讴歌老区人民的一部精品力作，是弘扬老区精神、传承红色记忆的丰厚载体，是一项继承优秀传统文化、弘扬革命文化、发展社会主义先进文化，坚定"四个自信"的宏大文化工程。它必将成为一种文化品牌，为各界人士了解老区宣传老区支持老区提供一部有价值的研究史料。希望读者朋友们能从中了解并牢记这些为党和民族的利益不断奉献的老区人民，从中得到教益，汲取人生奋斗的精神动力。

新时代赋予新使命，新起点开启新征程。让我们更加紧密地团结在以习近平同志为核心的党中央周围，坚持以习近平新时代中国特色社会主义思想为指导，增强"四个意识"，坚定"四个自信"，做到"两个维护"，弘扬老区精神，铭记苦难辉煌。为实现"两个一百年"奋斗目标，实现中华民族伟大复兴的中国梦作出新的更大的贡献！

遇涛田

2019 年 4 月 11 日

2017 年 6 月，中国老区建设促进会组织全国各地老促会启动编纂《全国革命老区县发展史》丛书，按照"建立中国共产党、成立中华人民共和国、推进改革开放和中国特色社会主义事业"三大里程碑的历史脉络，系统书写革命老区百年历史，深入挖掘革命老区红色文化资源，这对于充实丰富中国革命史籍宝库、在新时代传承红色基因、弘扬革命精神、强固根本，对于激励人们在新的历史条件下夺取中国特色社会主义伟大胜利，实现中华民族伟大复兴的中国梦具有重要意义。

丛书编纂以习近平新时代中国特色社会主义思想为指导，以《中国共产党历史》《中国共产党的九十年》等重要文献为基本依据，以党的领导为核心，以老区人民为主体，以老区发展为主线，体现历史进程特征，突出时代发展特色，坚持辩证唯物主义和历史唯物主义相统一、历史真实性与内容可读性相统一的原则，书写革命老区从站起来、富起来到强起来的光辉革命史、不懈奋斗史、辉煌成就史，把老区人民的伟大贡献、伟大创造、伟大成就、伟大精神充分展示出来，形成一部具有厚重历史特征和鲜明时代特色的精品力作。这是一部培根铸魂、守正创新，既为历史立言，又为时代服务，字里行间流淌着红色血脉、催生着革命激情的传世之作。丛书的编纂出版将成为讴歌党讴歌人民讴歌时代、传播红色文化、为革命老区和老区人民树碑立传的重要载体。

　　丛书按照编年体与纪事本末体相结合、以编年体为主的编写体例确定框架结构；运用时经事纬、点面结合的方式记述史实；坚持人事结合、以事带人的原则处理人与事的关系；采取夹叙夹议、叙论结合以叙为主的方法展开内容。做到了史料与史论、历史与现实、政治与学术统一，文献性、学术性、知识性相兼容。

　　为编纂好《全国革命老区县发展史》丛书，打造红色文化品牌，中国老区建设促进会认真组织积极协调，提出政治立场鲜明、史料真实准确、思想论述深刻、历史维度厚重、时代特色突出、编写体例规范、篇目布局合理、审读把关严格、出版制作精良的编纂出版总要求，力求达到革命史籍精品的精神高度、思想深度、知识广度、语言力度，增强丛书的权威性和社会影响力。各省（区、市）、市（州、盟）、县（市、区、旗）老促会的同志，以强烈的使命感、责任感和紧迫感，勇于担当，积极作为，认真实施，组织由老促会成员、专家学者等参加的十余万人编纂队伍。编纂工作主体责任在县，省、市组织协调、有力指导、审读把关。各方面人员以高度负责的精神和科学严谨的态度，满腔热情地投入工作，为丛书编纂出版做出了重要贡献。丛书编纂工作还得到了党和国家有关部委、地方各级党委政府及有关部门的大力支持和积极参与，社会各界也给予了热情帮助。中共中央政治局原委员、中央军委原副主席、原国务委员兼国防部长迟浩田上将，对老区人民怀有深厚感情，对革命老区建设发展十分关注，欣然为《全国革命老区县发展史》丛书作总序。

　　丛书由总册和 1599 部分册（每个革命老区县编纂 1 部分册）组成，共 1600 册。鉴于丛书所记述的史实内容多、时间跨度长和编纂时间紧，不妥之处，敬请批评指正。

中国老区建设促进会

● 心系老区 ●

1995年10月14日，连支三团老战士清远解放四十六周年留影（清城区老促会供图）

2013年1月16日，清远市、清城区2013年春节慰问革命老区座谈会在清城区东城街道新桥老区大水坑自然村召开（清城区老促会供图）

2015年5月6日，清远市老促会会长赵柏杰、副会长谢土新，清城区老促会会长叶锦添等到飞来峡镇革命老区调研（飞来峡镇供图）

2017年春节，清远市老促会到清城区飞来峡镇开展慰问革命老区活动（飞来峡镇供图）

2017年2月7日，中共清城区委副书记、区长邱泽军（右一）一行到东城街道华南声谷调研项目推进情况（清城区新闻信息中心供图）

2017年2月21日，清远市史志办主任邓翠萍、清城区副区长罗婉玲一行到石角马头老区"九厅十八井"调研（石角镇供图）

2017年4月14日，中共清远市委常委、高新区党工委书记、清城区委书记何国森（右三）到凤城街道沙田社区调研（凤城街道办供图）

2017年11月6日，广东省老促会会长陈开枝（中）与清远市老促会会长谢士新（左一）到清城区革命老区调研（清远市老促会供图）

● 革命遗址遗物 ●

1924年，广东省农民协会颁发给清远县后岗石板乡农民协会的犁头旗（清城区老促会供图，摄于2007年）

游击队员在当年游击战争中穿过的草鞋和用过的煤油灯（清城区老促会供图，摄于2007年）

1924年，广东省农民协会发给石板乡农民协会的印章、执委名牌（清城区老促会供图，摄于2007年）

人民群众在革命战争时期资助游击队的粮款、硬币（清城区老促会供图，摄于2007年）

抗日战争中缴获的日军马刀（清城区老促会供图，摄于2007年）

石板乡农民协会旧址（位于清城区东城街道石板村，清城区地方志办供图，摄于2010年）

文洞革命根据地纪念碑（位于清城区飞来峡镇文洞大围村，清城区地方志办供图，摄于2018
年）

李文楷烈士亭（位于清城区凤城街道中山公园，清城区地方志办供图，摄于2018年）

赖寅倣烈士纪念馆（位于清城区龙塘镇银盏村委会坳背自然村，清城区地方志办供图，摄于2018年）

中共北江特委文洞党训班旧址（位于清城区飞来峡镇文洞村，清城区地方志办供图，摄于2018年）

清城区石板老区思源园（位于清城区东城街道石板小学内，清城区地方志办供图，摄于2018年）

葫芦岭——清远县农军攻城暴动集结地旧址（位于清城区政府办公大楼背后，清城区地方志办供图，摄于2018年）

陆军第一五七师抗战阵亡将士纪念碑（位于清城区源潭镇青龙村，源潭镇供图，摄于2018年）

抗日烈士苏汝慎墓（位于清城区东城江埗墟附近的山坡上，清城区地方志办供图，摄于2018年）

车头农民协会旧址（清城区地方志办供图，摄于2018年）

清远革命烈士纪念碑（位于清城区凤城街道中山公园，清城区地方志办供图，摄于2018年）

钟氏祠堂——中共清远县（临时）工委旧址（位于清城区石角镇马头村，清城区地方志办供图，摄于2018年）

● 城市风貌 ●

国家ＡＡＡＡ级旅游景区——黄腾峡生态漂流度假区（位于清城区东城街道，清城区地方志办供图，摄于2006年）

武广高铁清远站（清城区地方志办供图，摄于2010年）

清城区北江江心岛（李文勇摄于2013年）

2014年3月15日，第9届中国·岭南(清远牛鱼嘴)禾雀花节在清远牛鱼嘴原始生态风景区开幕（清城区新闻信息中心供图）

清城区北江大桥（姐妹桥）（李文勇摄于2014年）

天子山生态旅游区（位于清城区飞来峡镇高田村，黄建新摄于2015年）

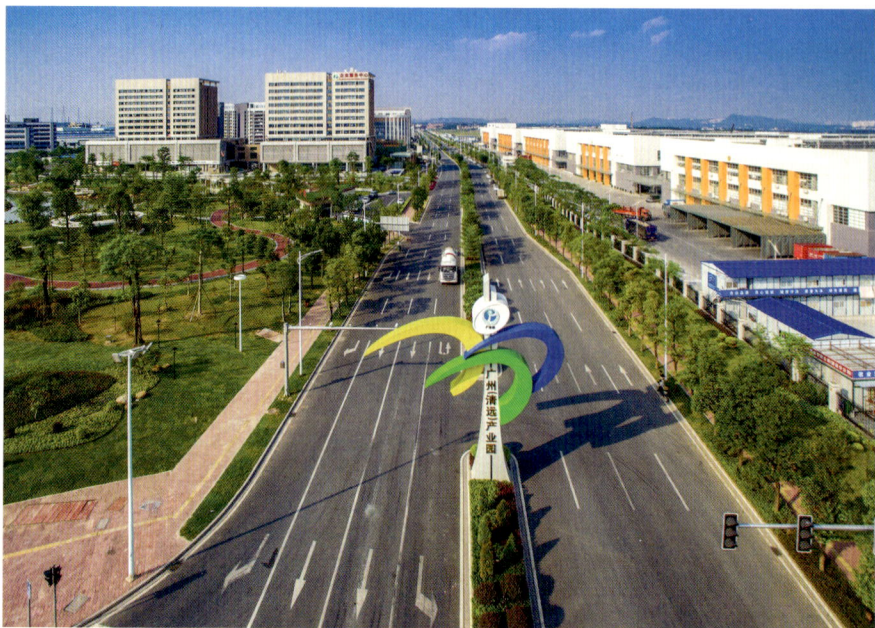

广州（清远）产业园石角园区一角（石角镇供图，摄于2017年）

2017年12月，清远鸡美食旅游文化节在清远飞来湖牌坊广场举行（黄建新摄）

凤城广场与清城区政府办公大楼（清城区地方志办供图，摄于2018年）

中国优秀民营科技企业——广东新亚光电缆实业有限公司（位于清城区凤城街道沙田社区，清城区地方志办供图，摄于2018年）

● 飞来峡镇 ●

飞来峡镇老区村的茶叶种植基地（飞来峡镇供图，摄于2011年）

飞来峡镇石颈老区村飞桥村建成美丽乡村（飞来峡镇供图，摄于2014年）

广乐高速飞来峡出口（飞来峡镇供图，摄于2014年）

2015年12月，飞来峡镇旧岭老区村铺背村油菜花节开幕（清城区旅游局供图）

飞来峡文化体育长廊（飞来峡镇供图，摄于2017年）

飞来峡镇旧岭老区村铺背村示范公厕（清城区地方志办供图，摄于2018年）

飞来峡镇旧岭老区村樟洞自然村村貌（清城区地方志办供图，摄于2018年）

飞来峡镇旧岭老区村的美丽乡村——铺背村（清城区地方志办供图，摄于2018年）

● 东城街道 ●

东城街道老区村的农机在收割水稻（清城区农业局供图，摄于2014年）

东城街道新桥老区村江东村乌鬃鹅养殖基地（黄建新摄于2015年）

东城街道老区村旅游示范点——禾雀花基地（东城街道办供图，摄于2016年）

东城街道老区村的冬瓜种植基地（东城街道办供图，摄于2017年）

牛鱼嘴原始生态风景区的玻璃栈道桥（位于清城区东城老区，李文勇摄于2017年）

东城街道石板老区村古井村村貌（清城区地方志办供图，摄于2018年）

东城街道老区学校——江埗小学（清城区地方志办供图，摄于2018年）

● 凤城街道 ●

沙田老区村黄塘东村村貌
（清城区地方志办供图，
摄于2018年）

沙田老区村上田心村新貌
（清城区地方志办供图，
摄于2018年）

沙田老区村学校——沙田
小学（清城区地方志办供
图，摄于2018年）

沙田富篮农贸市场（清城区地方志办供图，摄于2018年）

沙田老区村草莓种植园（清城区地方志办供图，摄于2018年）

沙田老区村的麻鸡养殖基地（清城区地方志办供图，摄于2018年）

沙田老区村红旗湾生态乐园（清城区地方志办供图，摄于2018年）

● 石角镇 ●

远眺石角镇工业园（石角镇供图，摄于2014年）

石角镇中心区全貌（石角镇供图，摄于2018年）

九厅十八井（位于清城区石角镇马头老区村大屋自然村，清城区地方志办供图，摄于2018年）

028

石角镇老区村学校——马头小学（石角镇供图，摄于2018年）

石角镇老区村马头村文化广场（清城区地方志办供图，摄于2018年）

石角镇老区村马头山景区（清城区地方志办供图，摄于2018年）

● 横荷街道 ●

2015年8月13日，清城区横荷街道首届"美丽乡村"诗书画影大赛在横荷街道老区村车头村举行（横荷街党政办供图）

横荷街道老区村车头村举办"我们的节日——弘扬传统文化、情系浓情端午"包粽子比赛（横荷街道车头村委会供图，摄于2017年）

横荷街道老区村车头村办公楼（刘国强摄于2018年）

横荷街道老区村车头村文化驿站革命传统展示厅（清城区地方志办供图，摄于2018年）

横荷街道老区村车头村公共服务站（横荷街党政办供图，摄于2018年）

横荷车头村概貌（清城区地方志办供图，摄于2018年）

1988 年 1 月，国务院批准撤销清远县，设立清远市。原清远县分为清城、清郊（今清远市清新区）两个县级市辖区。

清城区位于广东省中北部，清远市南部。东与佛冈县相接，南与广州市花都区相邻，西南与佛山市三水区相连，北与清新区交界。

城区境内北江河穿城而过，京广铁路和武广高铁贯通南北。这里一年四季气候温和，雨量充沛，实为物华天宝、人杰地灵、山清水秀的地方。

清城人民向来富有光荣的革命传统和勇于探索、积极进取的革命精神。《清远市清城区革命老区发展史》主要记述了新民主主义革命时期中国共产党领导的清城区老区人民与帝国主义、封建主义、官僚资本主义进行革命斗争的光荣历史。记述了中华人民共和国成立后，清远人民，特别是清城区老区人民在中国共产党领导下进行社会主义革命和社会主义建设的历史。记述了清城区建区以来中共清城区委领导全区人民在建设有中国特色社会主义道路上跨越式前进的历史。

清城区革命老区人民的革命斗争，是从中国共产党领导的农民运动开始的。

1923 年，清远县的地方土豪劣绅，假借孙中山领导的陆军大元帅府"清理广州市内善庙田以筹集北伐军费"的通令，附城乡局董及县城绅士、讼棍，勾结县署官产处，冒称捐助军饷，将石板农民世代开垦的业田侵占，引发了石板农民与地方土豪劣绅尖锐的夺佃斗争，农民遭到官绅的联合镇压。1924年，石板农民代表向国民党中央农民部求援，农民部共产党人彭湃、罗绮园、阮啸仙接见他们，指导和鼓励他们回去组织农民协会（简称"农会"）与封建恶霸势力作斗争。1924年11月25日，石板乡农民协会成立，省农会发给一面农会的犁头旗和一枚刻有"清远县后岗石板乡农民协会"的印章。是年冬，国民党中央农民部派出农民运动讲习所学员宋华（中共党员），并以特派员身份前来石板指导农民运动。1925年3月，清远县第二区（附城）农民协会成立。1925年5月，中共清远县支部成立。在中共清远县组织领导下，1925年初成立清远县农民协会筹备处。1926年初，清远县农民协会正式成立。下属区内有农会3个，乡农会122个，农会会员9587名（农民以每户家长报名参加农会，代表全家算一名农会会员）。

清远县各地农民协会成立后，随即领导农民开展减租运动。首先在上黄塘（今属横荷车头村）实行"二五"减租。农会还通过宣传贯彻"扶助农工"的革命政策，使劳苦大众和人民团体在社会活动中有一定的发言权，大大提高了工农群众的政治地位。清远农民运动的兴起，动摇了封建统治的根基，揭开了清远县人民现代革命斗争的序幕。

1926年春，中共清远县委成立。在国共合作形势下，成立了由共产党领导的清远农民自卫军（简称"农军"）大队。农民自卫军大队成立，旨在维持农村治安、保卫农民运动的顺利进行。

清远农民运动的发展触及了地主豪绅的利益，清远的反动势力为了达到破坏农民运动的目的，成立了反动民团，向农会进行挑衅，武装杀害农会会员，企图扑灭正在燃烧起来的农民运动烈火。在中共清远县委领导下，清远农军与反动民团进行了拼死斗争，从 1926 年 11 月下旬开始至 1927 年 1 月底止，两个月时间经历了数十次大大小小的血与火的战斗、生与死的较量，最终弹压了反动民团，确保了农民运动的顺利进行。

1927 年，蒋介石在上海制造了震惊中外的"四一二"反革命政变，7 月 15 日，汪精卫在武汉"分共"，国共合作全面破裂。4 月 18 日，中共清远县委书记叶文龙召开全县党团员紧急会议，成立清远县非常时期特别委员会，制定了应变措施，清远农军北上武昌，后参加了南昌起义。

1927 年 8 月，中共中央在武汉召开会议，确定开展土地革命和武装斗争的总方针。10 月 15 日，中共中央南方局和广东省委贯彻中央指示，决定全省组织暴动，开展土地革命。

1927 年 12 月 2 日，清远县城成立清远农军攻城暴动指挥部和清远县工农革命军独立团。3 日，清远农军和花县（今广州市花都区）农军 300 余人集结于附城葫芦岭，兵分两路攻打县城，战斗打得异常激烈。农军攻入县署，俘县长陈守仁，缴获大印。但是，由于国民党当局疯狂反扑，农军不得不撤出。这次攻城暴动虽然没有成功，但中国共产党领导下的清远农军，使鲜红的斧镰旗高飘于凤城城头上，表现了清远人民敢于斗争、勇于斗争、彻底推翻旧社会的大无畏革命精神。7 天后，部分清远农军参加了广州起义。

广州起义失败后，清远处于白色恐怖状态。1928 年春夏间，来清远工作的广东省农民运动领导人周其鉴在清远被国民党当局杀害，叶文龙、刘清、赖松柏等清远的党组织和农民运动的领导人先后被杀害。1930 年，中共广东省委把清远县委改为清远特支，到 1930 年秋，清远党组织基本停止了活动，革命处于低潮。

1937 年 7 月，抗日战争全面爆发。1937 年冬，共产党员万明、李云在清远石角马头村建立党小组，开始恢复党组织活动。1938 年 10 月，中共广东省委批准成立中共清远县临时工作委员会，11 月，省委批准成立中共清远县工作委员会，建立了由中共掌握的抗日武装"清远民众抗日自卫总队第十八大队"。1940 年，中共北江特委组建中共清（远）花（县）区工作委员会。1941 年，建立中共清远县委。

抗日战争时期，中国共产党和国民党实行了两党合作的方针。中共清远县各级党组织坚决执行党的抗日民族统一战线的方针，团结一切可以团结的力量，开展全民抗战活动。

抗战初期，在清远县党组织领导下，全县掀起了抗日救亡宣传热潮。1939 年冬至 1940 年初在抗击日军进犯的清远银盏坳阻击战和清城保卫战中，中共党组织宣传和发动了上千群众支持国民革命军抗击日本侵略者的战斗，取得了第一次粤北会战的胜利。

抗战时期，中共清远县委在执行党的抗日民族统一战线的同时，坚持独立自主的方针。1940 年，中共党员练铁受党组织派遣，利用军民合作站身份在文洞发展党员，建立党的组织，进而建立革命根据地。1945 年，东江纵队西北支队挺进文洞，清远抗日同盟军大队开进文洞根据地，配合西北支队先后打败了国民党顽固派军队"大扫荡"，伏击了日军游走于北江河上的运输船。在西北支队帮助下，成立了咸泰乡（高田）人民抗日自卫中队和人民政权。

中共清远县委在坚持独立自主的抗日斗争中，紧紧牢记"枪杆子里面出政权"的道理，把组建由党掌握和控制的武装队伍作为重要工作来抓。在北江特委的支持和帮助下，通过做好爱国人士、第七战区第二挺进纵队（简称"挺二"）司令莫雄的统战工作，授予中共掌握的一支游击队伍为国民党"第七战区第二挺进纵队第三大队第九中队"番号。与此同时，党组织又对附城白庙的驻军国民党"挺二"第五中队进行改造，使之成为由中共掌握和控制的武装队伍。1945 年 5 月，第九中队和第五中队在中共清远县委领导下，联合攻打清远县城日军在下廓街据点，有力地打击了日本侵略者。此役之胜利，威震粤北。

1945 年 9 月，清远人民在中国共产党领导下，经过八年的浴血奋战，与全国人民一道迎来了抗日战争伟大胜利。

解放战争时期，清远革命老区人民在中共清远县委领导下，进行了一系列艰苦卓绝的斗争。

抗日战争胜利后，根据《政府与中共代表会谈纪要》（即《双十协定》），党中央决定广东部队北撤烟台。1946 年 6 月、7 月，蒋介石大举进犯中共解放区，挑起全面内战。国民党清远当局奉行蒋介石的旨意，对共产党游击区进行"治安""绥靖""清乡"行动，疯狂"围剿"文洞革命根据地，杀害游击队战士和革命群众。东江纵队北撤后，国民党清远当局先后 10 多次组织反动武装对文洞进行"清剿"，杀害群众，烧毁房屋，抢夺物资。但是，坚强的文洞人民没有被吓倒，没有被征服。面对每次国民党当局"清剿"过后留下的废墟，坚强的文洞人民总是说："旧文洞不去，新文洞不来。"英雄的文洞儿女，掩埋好同伴的尸体，揩干净身上的血渍，又继续与国民党当局进行顽强的斗争。活跃在文洞根据地的中共领导的文洞独立中队，他们在血与火的战斗中成长。东江纵队西北支队撤离文洞时留下的 10 多名骨干，经过几年的革命斗争，在党组织领导下，在上级支持下，依靠群众，游击队不断发展、壮大。至 1949 年，文洞独立中队从 10 多人发展到 190 人。解放战争期间，文洞独立中队在党的领导下，消灭了盘踞文洞山区多年的多股政治土匪；攻打了鱼咀圩，消灭国民党自卫队；袭击了国民党黎溪乡公所；伏击了国民党高田乡乡长潘子彬；组织群众开展反"三征"（征兵、征粮、征税）斗争；建立了民主政权；组织群众筹粮筹款支援南下大军，为清远人民的解放作出了应有贡献。

1949 年 10 月，中国人民解放军发动解放广东战役。中国人民解放军二野四兵团的十四军四十师解放了清远县城。1949 年 10 月 20 日，中共清远县委和清远县人民政府成立。清远革命老区发展史翻开了新的一页。

1949 年 10 月至 1952 年中华人民共和国成立后的头三年，中共清远县委领导全县人民结合清远实际，围绕巩固政权和恢复国民经济两大中心任务开展了一系列的工作。进行了清匪反霸，建立社会新秩序；建立各级人民政权；没收官僚资本企业，把它们改造成为国有企业；统一财经工作，整顿金融秩序；进行土地改革；支持抗美援朝；恢复和发展了旧清远县遭受严重破坏的国民经济。1953—1956 年，中共清远县委领导全县人民贯彻执行党在过渡时期的总路线，完成了对农业、手工业和资本主义工商业的改造，开始了有计划的经济建设高潮。国家第一个五年计划时期，清远县建立和发展地方工业，有国营工业企业 16 家，职工 3738 人，工业总产值 1504 万元，年利润 94.42 万元，工业产品有 29 种。

1956 年到"文化大革命"前的十年中，清远人民在中共清远县委领导下，贯彻中共八大会议精神，开始了建设社会主义道路的艰辛探索。在此期间，清远老区人民经历了总路线、"大跃进"、人民公社化运动和国民经济调整工作。虽然党的工作曾经出现了偏离八大路线的一些失误，但在县委领导下，还是取得了一定的成绩。十年中，清远县内大力兴修水利，努力改善生产条件，建设了一批防洪、排涝的江河堤围和山塘水库，水利防洪抗涝体系初具规模，为农业生产发展打下坚实的基础。1962 年，洲心公社实行对产负责田间管理责任制的探索，受到时任中共中央中南局第一书记陶铸的肯定。中共广东省委发文《介绍清远县洲心公社实行的产量责任制——批转省委工作组的一个调查材料》，将"洲心经验"向全省推广。1962 年下半年，清远县实行洲心公社联系产量田间管理责任制的有 1356 个生产队，1964 年发展到2789 个。1962—1965 年，全县稻谷年产量四年持续上升，全县工农业生产得到恢复和发展。

1966—1976 年，中国发生了长达十年之久的"文化大革命"，给党和国家、人民带来严重灾难。清远县和全国一样，"文化大革命"初期，党的各级领导普遍遭受冲击和批判，各级党组织处于瘫痪和半瘫痪状态，严重的派性斗争使社会经济受到严重损失。1970 年，中共清远县第三次代表大会在县城召开，选出了中共清远县第三届委员会。清远人民在中共清远县委领导下，排除"左"的思想干扰，开展"工业学大庆""农业学大寨"活动。为了适应农业生产需要，巩固、发展和新办了一批与农业关系较密切的工厂，如清远县氮肥厂、化肥厂、农药厂、农机厂、小水电等。农业上在继续改善生产条件、提高水利建设抗灾能力的同时，根据广东省部署要求，70 年代初，全县开展整治农田基本建设工作。结合农田基本建设，全县有 12 个公社、53 个大队、353个生产队开展消灭血吸虫这个危害清远人民有 100 多年历史的病害。在进行农田基本建设时，采用土埋、开新坑埋旧坑、修建血防水利工程等方法消灭血吸虫寄生体钉螺（血吸虫唯一宿主）。1971 年，县组织 1.1 万多人支援疫区，开展以消灭血吸虫为主的农田基本建设会战。1975 年，全县基本消灭血吸虫。经过多年努力，经广东省人民政府批准，1984 年，清远县彻底消灭了血吸虫病，送走了"瘟神"。

1976 年 10 月，党中央粉碎了"四人帮"。"文化大革命"结束后，清远和全国一样，广泛开展了揭批林彪、"四人帮"的斗争。1978年12月，中共十一届三中全会召开。这次全会重新确立了党的正确思想路线、政治路线和组织路线，实现了中华人民共和国成立以来党的历史上具有深远意义的伟大历史转折。自此之后，清远老区人民在党的领导下，进入了改革开放的新时期。

改革开放初期，中共清远县委带领清远人民大胆探索、勇于实践，工业上扩大企业自主权，率先在县国营企业试行"企业超计划利润提成奖"，后演变成为闻名全国的"清远经验"。在农村，总结60年代的"洲心经验"，实行产量责任制做法的基础上，建立农村家庭联产承包责任制。随着农村改革的不断深入，清远农村在完成第一步改革后向着大力发展商品经济方向前进。1984年，全县农村有经营农、林、牧、副、渔的各种专业户36945户，农业生产开始形成适度规模经营新格局，向着农业产业化经营的现代农业方向发展。

1988年1月，国务院批准成立清城区，4月，中共清城区委、区人民政府成立。经过全区人民的努力，1992年完成了"三年打基础，五年初见成效"的建设目标。

1992年10月，党的十四大作出了重大决策，明确规定中国经济体制改革的目标是建立社会主义市场经济体制。1993—2002年，中共清城区委领导全区人民，为适应社会主义市场经济的需要，开展各方面新的阶段的改革。

在农村，延长土地承包期，完善农村家庭联产承包责任制；引导农民开展调整农业生产的产业结构，根据城郊型农业特点发展农村商品经济；探索开展适度规模经营、双层经营、产业化经营模式发展农业生产，引导农民从传统农业生产向现代农业生产过渡。

工业上转换企业经营机制，实行多种经济成分、多种经营模式并存的经营格局。建立工业园区，扩大改革开放，实施"筑巢引凤""放水养鱼"，吸引了大批外商到清城投资，为"工业强区"打下了基础。

十年间，清城区委还推进了财税金融、文教、科技各个方面的改革，在改革的推动下，全区各方面事业都得到了发展。1999年9月，清城区小康达标工作通过广东省农村小康达标领导小组验收，成为清远市第一个广东省农村小康县（区）。

2002年，党的十六大提出了全面建设小康社会的具体目标，清城区委根据中共中央要求，在省、市委领导下，带领全区人民为进一步全面建设城区小康社会而努力。

2007—2017年，中共中央相继召开了十七大、十八大、十九大，清城区委、区政府坚决执行中央制定路线，带领全区人民开展了卓有成效的工作。

2011年9月清城区第六次党代会至2016年10月第七次党代会五年间，区委实施可持续发展战略，加快企业转型升级。区陶瓷、有色金属两大传统产业产值占规模工业比重从59.9%下降至54.7%，先进制造业增加值占规模工业比重从10.6%提高到12.7%，高新技术产值从0.35亿元增加到90.1亿元，增长256倍。2017年，全区生产总值504.5亿元，是1988年建区时6.62亿元的76.2倍，经济上实现了大跨越。

党的十八大以来，清城区委实施振兴农村战略，大力推进农村建设，有组织、有计划、有领导地开展了农村综合改革。"三个重心下移""三个整合""三个平台建设"，以及发展农村集体经济等方面取得了阶段性成果。扶贫攻坚成效显著，特别是革命老区群众"行路难""看病难""食水难""小孩读书难"等热点难点问题得到了较好的解决。农村城市化率大大提高，至2017年，建成美丽乡村131条，绿化乡村137条。

2011—2016 年，全区投入民生领域资金 78.4 亿元，加快了以改善民生为重点的和谐社会建设。城镇和农村居民家庭人均可支配收入分别是 2010 年的 1.6 倍和 1.9 倍。基本公共服务整体实现均等化。全面完成了义务教育学校标准化规范化建设。创建全国义务教育发展基本均衡区通过国家督导验收。全面完成区基本医疗机构标准化和信息化建设。与此同时，清城区委认真抓好全社会生态文明建设和精神文明建设，把全区各项工作推向新的水平。

在进行有中国特色社会主义建设中，清城区委十分重视加强党的建设。党的十八大以来，全区深入进行了党的群众路线教育实践活动，"三严三实"专题教育和"两学一做"学习教育，使党员干部思想水平和工作水平不断提高，党建工作进一步加强，推进了党风廉政建设，推进了民主法制建设。全区各级党组织在各项工作中充分发挥了各级党委核心领导作用、基层党组织战斗堡垒作用和共产党员先锋模范作用。在区委领导下，现全区各行各业正在跨越式前进。

在党的十九大精神指引下，在清城区委领导下，现在，清城区革命老区人民正在谱写全面决胜小康社会建设的新篇章。

1

第一章

清城区革命老区概况

第一节 清城区概况

清远人民千百年来受尽封建统治的剥削和压迫。近代以来，遭受西方列强的侵凌，农村小农经济濒于解体，人民过着牛马不如的生活。为了寻求救国救民的办法，清远不少志士仁人在黑暗中进行艰苦的探索。1919 年，五四运动后，新文化、新思想、马列主义迅速在清远传播。中国共产党第一次全国代表大会于 1921 年 7 月在上海召开。中国共产党第三次全国代表大会于 1923 年 2 月在广州召开。在进步思想影响下，清远进步青年先后 1 人赴法勤工俭学参加共产党；5 人到广州参加共产党主办的农民运动讲习所（简称"农讲所"）学习；2 人参加中国共产主义青年团（简称"共青团"），其后转为中国共产党党员。有个别进步青年到广州参加黄埔军校学习，积极投身国民革命。

马克思主义思想的传播，为中国共产党在清远的建立奠定了思想基础。清远人民历来的革命斗争精神和革命传统，鼓舞着清远的年轻一代敢于探索、勇于实践。1923 年，清远石板农民爆发了与地方土豪劣绅夺佃的斗争。1924 年 1 月，在孙中山的主持下，中国国民党在广州召开有共产党人参加的第一次全国代表大会，实现了第一次国共合作。清远人民高举国共合作旗帜，在中国共产党领导下，点燃了清远农民运动的烈火。滚滚革命洪流，揭开了清远人民现代革命斗争的序幕。20 世纪初，清远农民运动闻名全省，清远人民创造了无数可歌可泣的革命斗争事迹。中华人民共和国成立后，清远人民在中国共产党领导下，坚定不移地走社会主义道路，取得了翻天覆地的变化。

1988 年 1 月 7 日，国务院批准撤销清远县，设立清远市。原清远县分为清城、清郊（今清远市清新区）两个县级市辖区。

清城区地处广东省中北部，清远市南部。位于北纬 23°42′~23°27′，东经 112°50′~113°22′之间。清城区处于珠江三角洲冲积平原北端。东与佛冈县相接，南与广州市花都区相邻，西南与佛山市三水区相连，北与清新区交界。

清城区有山区、丘陵、平原，地势自东北向西南倾斜。最高点为大帽山，海拔 779 米，最低点为石角虎山莲塘，面积 86 亩（1 亩≈666.67 平方米，下同），海拔 4 米。全区土地肥沃，气候温和，雨量充沛，一年四季可种农作物，宜粮、宜菜、宜林。

清城区自然资源丰富。矿产资源有铁矿、纳长石、钾长石、高岭土、瓷砂、石灰石、花岗岩、河沙、水晶石等。野生动物资源品种多种多样。

自然植被属南亚热带植被类型。地带性土壤有红壤和赤红壤；非地带性土壤有水稻土、黄壤、红色石灰土、菜园土、潮沙泥土。

1989 年，清城区总面积 972.2 平方千米，户籍人口 41.5 万人。2017 年，全区面积 1347.76 平方千米，户籍人口 73.11 万人（2009 年飞来峡镇划入）。清城区辖 4 街（凤城街、东城街、洲心街、横荷街）、4 镇（源潭镇、石角镇、飞来峡镇、龙塘镇），设 86 个居民委员会，71 个村民委员会，代管国营银盏林场。

清城区建区后，坚持改革开放，不断推进经济的发展。1988 年，全区实现地区生产总值 6.62 亿元，其中工业生产总值 2.08 亿元，农业生产总值 2.87 亿元。1995 年，全区实现地区生产总值 34.21 亿元，其中工业总产值 9.18 亿元，农业总产值 9.13 亿元。2003 年，全区实现地区生产总值 50.9 亿元，比 1988 年增长

4.71 倍（可比价计算），其中工业总产值 27.35 亿元，农业总产值 13.13 亿元。2011 年，全区地区生产总值 320.1 亿元，其中工业产值 152.4 亿元，农业产值 19.4 亿元。2017 年，全区地区生产总值 504.5 亿元（含高新区），其中工业产值 180.4 亿元，农业产值 23 亿元。

清城区所辖行政区原是清远县主要粮产区。建区后，清城区以工业立区、强区，农业走城郊型农业发展的道路。2003 年，全区形成了以电缆电线、建材陶瓷、制衣、电子、铝材、铜材、塑料制品等为支柱的产业工业体系。2004 年后，清城区工业大力进行转型升级，建立工业园区，发展了一批上规模、上档次的工业企业。2017 年，完成规模以上工业增加值 168 亿元。全年开展技改规模以上工业企业 43 家，新增技改投资项目 33 个 22.18 亿元。2017 年，清城区工业招商引资项目 9 个，合同投资额 120.71 亿元。广东博宏药业有限公司投资 66.66 亿元。广东清远华鸿公司投资 40 亿元。

清城区有耕地面积 42.18 万亩。在农业方面，着重调整农业生产布局，推广城郊型农业、外向型农业和山地农业。种植业以水稻、蔬菜、水果为主。1988 年，全区水稻播种面积 50.9 万亩，蔬菜种植面积 4.68 万亩。2003 年，全区水稻种植面积 30.32 万亩，蔬菜种植面积 17.82 万亩。养殖业以饲养生猪、"三鸟"（即鸡、鸭、鹅的统称）、水产动物为主。1988 年，全区生猪饲养量 27.77 万头，其中出栏量 12.49 万头；"三鸟"饲养量 915.1 万只；水产养殖 4.64 万亩，总产量 0.68 万吨。2003 年，全区生猪饲养量 26.83 万头，其中出栏量 16.41 万头；"三鸟"饲养量 2159.8 万只，出栏量 881.8 万只；水产养殖 5.49 万亩，总产量 1.88 万吨。

2017 年，清城区农业发展走上新的台阶。2017 年，全区水稻面积 23.84 万亩，总产量为 6.13 万吨；蔬菜面积 11.87 万亩，总产量 22.38 万吨；花生面积 4.87 万亩，总产量 1.06 万吨；水果面积 2 万亩，总产量 3.13 万吨。畜牧业不断发展。全年出栏"清远鸡""清远鹅"等家禽 1834 万只，比 2003 年增加了 1 倍多，为 1991 年 711 万只的 2.57 倍。生猪出栏 18.88 万头。全区淡水养殖 6.02 万亩。2017 年，渔业总产值 5.41 亿元。

2017 年，全区林业用地面积 52660.5 公顷，有林地面积 47359.7 公顷。森林覆盖率 43.28%，林地绿化率 98.5%。森林产业旅游发展势头良好，全区生态旅游年收入达 4900 万元。

建区以来，清城区教育事业在不断深化改革中前进，民生事业在改革中发展。1994 年，清城区提前两年实现普及九年义务教育达标和扫除"文盲"达标，成为清远市第一个普及九年义务教育的达标（区、县）。建区以后至 2003 年，全区投入 1.91 亿元改造中小学校舍。2017 年，全区有小学 59 所，在校学生 83588 人，教师 3317 人；中学 29 所，在校学生 29950 人，教师 2878 人。2017 年，全区有各类卫生机构床位 2479 张，其中综合医院有床位 1815 张，卫生技术人员 3314 人，执业医师 968 人。农村合作医疗不断发展，覆盖率不断提高。

建区以来，清城区思想文明建设不断加强，人们意气风发，社会和谐，人民安居乐业。2017 年，清城区设立实有人口服务管理、特殊人群帮教管理、"两新"组织（新经济组织、新社会组织）服务管理、预防青少年违法犯罪管理、校园及周边治安综合治理、护路护线联防等专项工作领导小组，以综合信息中心全面提升基层社会管理和公共服务水平。

第二节 清城区革命老区的评划和分布

一、红色游击区和抗日游击区的评划

1957 年 10 月 31 日，成立清远县革命老区根据地建设委员会，同年 10 月至 12 月，开展评划老区工作。经省批核，划为革命红色游击区的有附城石板（含横田、老鼠尾、陈屋、李屋、钟屋、姚屋、刘屋、莲塘二队），洲心上黄塘。评划为抗日游击根据地的有高田的上文洞（含婆坑、大田面、卢屋、石屋、下坑村），中文洞（含莫屋、大坪、横坑、牛栏坑、大围、鸭槎、白师寨、白花坪、德贵坪、老屋场、粗石坑、太平坑、毛叶坪、塘角、陆湖、河唇、船坪村）。文洞村张社扬家为"堡垒户"。

备注：横田，现村名"石板一村"；老鼠尾，现村名"石板二村"；陈屋，现村名"石板三村"；李屋，现村名"石板四村"；钟屋，现村名"石板五村"；

姚屋，现村名"石板七村"；刘屋，现村名"石板八村"；莲塘二队，现村名"莲塘二村"；鸭槎，现村名"甲叉"；白师寨，现村名"白苏寨"。

二、解放战争游击根据地的评划

1992 年 4 月，清远市民政局下发《关于开展评划解放战争游击根据地和确定老区乡镇、老区县工作的实施意见》，提出了评划解放战争根据地范围、标准。

（一）评划游击根据地范围

游击根据地是指在游击战争中，我党我军据以长期进行武装斗争，执行自己的战略任务，达到保存和发展自己，消灭和驱逐敌人之目的战略基地。

（二）评划游击根据地标准

凡在解放战争时期（1945年8月至1949年9月30日）同时具备下列四个条件的，并连续坚持一年以上时间的，可评为游击根据地。

第一，建立了地方党的组织并在其领导下进行革命斗争；或者虽无建立地方党组织，但游击队、武工队长驻该地，在游击队、武装工作队（简称"武工队"）的党组织一元化领导下进行革命斗争。

第二，组织了农民协会（简称"农会"）、民兵等组织，并在上述组织领导下发动群众进行减租减息、"反三征"（反征兵、征粮、征税）、打土豪、分田地、破仓分粮等革命斗争和其他革命活动。

第三，建立人民政权并领导人民进行革命斗争；或者在党的领导下建立革命的"两面政权"并组织人民开展革命斗争；或者在我党领导和完全控制卜的地区的人民政权或革命的"两面政权"领导下进行革命斗争。

第四，发动群众参军参战，支援部队，建立了革命武装或者在我党领导下开展了武装斗争，为解放战争的胜利作出了重大的牺牲和贡献。

（三）评划为解放战争游击根据地村庄

1993年4月29日，根据清远市人民政府《关于评划确认解

放战争游击根据地的批复》，清城区划为解放战争游击根据地村
庄的有附城镇新桥管理区的丫髻山、下大塘、大水坑、仁禾、江
陂洞、何屋；新星管理区的土仓、新围、马颈、杨槽围、虎头岭、
黎头岗；江埗管理区的坪山、牛仔架、秀田螺、沙罗底、山塘；
黄金坭管理区的黄金坭、园仔角；黄茶管理区的红旗岭；长坭管
理区的担水窟、韭菜窟、象牙岭、桂塘、长岗尾。

松岗办事处沙田管理区的上岭窝、下岭窝、上黄塘、下黄塘、
上山口、下山口、上田心。

备注：丫髻山，现村名"计山"；仁和，现村名"朝阳"；何
屋，现村名"江东、江西"；杨槽围，现村名"杨巢围"；黎头
岗，现村名"犁头岗"；黄金坭管理区，现"黄金布行政村"；黄
金坭，现村名"黄金布"；园仔角，现村名"黄金布四村"；红旗
岭，现村名"红旗"；长坭管理区，现"长埔行政村"；担水窟，
现村名"南东、南西"；韭菜窟，现村名"韭菜"；象牙岭，现村
名"象牙、象东、象西、象星"；长岗尾，现村名"长岗"；上岭
窝，现村名："上岭"；下岭窝，现村名"下岭"；上黄塘、下黄
塘，现村名"黄塘东、黄塘西"。

上田心，现村名"上田"；上山口，现村名"上山"；下山
口，现村名"下山"。

（四）补划革命老根据地村庄

1993年11月16日，根据清远市人民政府《关于补划革命老
根据地村庄的批复》，清城区补划为红色根据地村庄的有：附城
镇高星管理区榕树围、荔枝园、古井、南粉、北粉、上春园；新
星管理区高粉头。

补划抗日根据地村庄有：横荷镇车头管理区明眼塘、下冰塘、
飞鹅。石角镇马头石管理区塘寮、陈屋、大屋、广昌、中心、五

屋、新屋、中屋、李屋。

重新确认因生产需要迁移继续享受抗日根据地待遇村庄的有：附城镇新星管理区新一、新二、新三、新四、新五。

备注：榕树围，现村名"榕胜"；荔枝园，现村名"荔枝"；南粉，现村名"南坋"；北粉，现村名"北坋"；上春园，现村名"上五、上六"；高粉头，现村名"高一、高二"；下冰塘，现村名"下冰塘（二）"；马头石管理区，现"马头行政村"；五屋，现村名"五房"

三、革命老区分布

按清城区现有的行政划分，有 5 个街镇有革命老区村庄，分布在 16 个行政村，具体分布如下：

（一）石角镇

马头行政村：塘寮、陈屋、大屋、广昌、中心、五房、新屋、中屋、李屋。

（二）横荷街

车头行政村：上黄塘、明眼塘、下冰塘（二）、飞鹅。

（三）凤城街

沙田行政村：下岭、黄塘东、黄塘西、上岭、上田、上山、下山。

（四）东城街

莲塘行政村：莲塘二村

长埔行政村：南东、南西、韭菜、象牙、象象西、象星、桂塘、长岗。

新星行政村：高一、高二、新一、新二、新三、新四、新五、土仓、新围、马颈、杨巢围、虎头岭、犁头岗。

新桥行政村：计山、下大塘、大水坑、朝阳、江东、江西。

江埗行政村：坪山、牛仔架、秀田螺、沙罗底、山塘。

石板行政村：石板一村、石板二村、石板三村、石板四村、石板五村、石板七村、石板八村、榕胜、荔枝、古井、南坋、北坋、上五、上六、红旗。

黄金布行政村：黄金布、黄金布四村。

（五）飞来峡镇

旧岭行政村：铺背、星子、樟洞、蕉坑。

高田行政村：桐油树、曹屋、立新、新昌、四方围、木铺、坑口、枫树墩、华堂、红光、石群。

石颈行政村：大石古、田心、杨梅兜、飞桥、上黄塘、下黄塘。

文洞行政村：大围、牛栏坑、横坑、莫屋、大坪、太平坑、毛叶坪、塘角、河唇、粗石坑、德贵坪、白花坪、甲叉、白苏寨、船坪、陆湖、老屋场。

西坑行政村：大田面、婆坑、石屋、卢屋、下赤坭、张屋、江屋、田心、黄屋排、马屋、新屋、石犁下、大窝、牛皮石、马坑、谢屋、上坑、坳下、下坑。

高塱行政村：马头山、大坝、红卫、黎头咀、荷树坝、杨屋、大水坝、坑尾、车坳、竹仔迳、分水坳、新屋、上谭、下谭、麻竹、粗石、金骨、坭槽、东凉厂、冷水、长滩、大围、对面、付蕉、枫树圫、大章坑。

第二章

农民运动的兴起和中国共产党组织在清远的创建

(1923.6—1927.7)

第一节 农民运动的兴起和发展

一、石板乡农民协会的建立

1923 年，清远县的地方土豪劣绅，假借孙中山领导的大元帅府"清理广州市内善庙田以筹集北伐军费"的通令，大肆假公济私。石板地主张耀初勾结县署官产处，冒称捐助军饷，承领了广州玄妙观在清远附城石板的庙田 380 亩，将之出租和发卖。这些田地，原为石板农民世代耕种的业田，他们的祖先为了避免地方豪绅恶霸的欺压，将之投靠道教玄妙观，寻求保护，将其开垦出来的土地挂靠为庙田，农民保有承佃权，每年仅向玄妙观缴交低微的"地沙租"，这个做法几百年一直沿袭下来。但是，地主张耀初等人承领该田后，拒不维持石板农民的永佃权及历史租额，任意将之升租或发卖，声言原耕者若不重新订立租约则退耕驱赶。石板农民不甘心赖以为生的耕地被掠夺，纷纷起来反对。但是，地主豪绅勾结官署，仍强行把 15 亩土地卖掉，余下勒令限期升租。农民不服，但投诉无门。次年夏收，石板农民在走投无路的情况下，全村男女齐出动，由钟扬德带队到被霸占之田进行抢割。事发后，官绅联合镇压，把带头人钟扬德捉去官府，后经保释。农民对此不服，由钟扬德主持召开村民大会，选出代表到县府告状，县府不受理，还治以聚众抢割暴乱之罪，钟扬德等被迫逃亡出外。

1924 年冬，钟扬德、刘社德到广州，经人介绍向国民党中央农民部申诉，请求帮助。农民部共产党人彭湃、罗绮园、阮啸山接见了他们，明确表态支持石板农民的正义行动，并明确指出，农民要组织起来才能斗倒地主，要求他们回去后组织农民成立农会，与地主豪绅开展斗争。钟扬德等人回到石板后召开夺佃斗争积极分子会议，接着召开村民大会，传达国民党中央农民部的有关指示，号召农民兄弟参加自己的组织，成立农会。当即有 33 名村民报名参加农会。会后，钟扬德、刘社德将参加农会的名单造册登记送到省农会。经省农会批准，发给犁头红旗一面、"清远县后岗石板乡农民协会"印鉴一枚。1924 年 11 月 25 日，石板乡农民协会正式成立。全村 76 户，有 70 户参加了农会。农会选出钟扬德任农会执行委员长，刘社德为副委员长，陈达常为秘书。

二、清远县农民协会的成立

1923 年 2 月，中国共产党第三次全国代表大会在广州召开。中共广东区委认真贯彻会议精神，推动国民党的改组，促进国共合作的实现。1924 年 1 月，中国国民党在孙中山主持下在广州召开有共产党人参加的第一次全国代表大会，实现了第一次国共合作。清远县毗邻广州市，在中国共产党领导下，农民运动如火如荼地开展起来。

1925 年初，在清远县城公开建立了清远县农民协会筹备处，指导和组织全县的农民运动。筹备处以石板为基点，通过全面宣传发动，启发农民自愿参加农会，先后建立起庙仔岗、上黄塘农会，逐步把农民运动推向清东、清西、滨江和浧江各地。为了加强县、区、乡各级农会领导力量，提高农会领导班子素质，县农会筹备处于 1925 年 1 月，举办了清远县农干训练班，省农运特派员叶文龙为农干班主任，培训了一批农民运动骨干。筹备处还选送了赖松柏、刘清、钟耀生、钟耀初、林焕文5人参加广州农讲所第三期培训学习。

从广州学习回来后，继石板乡农会成立后，赖松柏在庙仔岗组织成立了农会，有会员45人。庙仔岗农会成立后扩展到太平的大楼乡、元岗乡等20多个乡成立了农会。接着，南汾乡、丫髻山乡、沙坶岭乡、黄猄座乡、葫芦乡等相继成立了农会。1925年3月，清远县第二区（附城）农民协会成立。在成立大会上，国民党中央农民部代表到会颁发旗帜和印鉴，国民党清远县县长廖百芳到会致词。1925年5月，清远县选派农民钟耀龙、钟耀初等6人出席广东省第一届农民代表大会，钟耀龙选为省农会候补执委。经过一段时期发展，清远县已有区农会3个，乡农会122个，农会会员9587名，实际参加农会人数近10万人。至1926年3月，清远县成立农会有附城、龙塘、滨江、太平、高田5个区，占县属区的半数。1926年6月，各区、乡农会代表选出黄俊廉为清远县农会执行委员长，钟耀龙为副委员长，委员有李云钊、朱冠球、何容洲、赖松柏。县农会会址设在城郊晏公庙，后迁到城内学宫街办公。

三、成立农民自卫军

各级农会成立时，按章程成立农民自卫军（简称"农军"），以保护农会和农民的安全，保护农民的利益。在当时国共合作形势下，国民党清远县县长廖百芳按省署训令，在县城批准成立农军。清远县农民自卫军设有1个常备大队、3个大队、12个中队共1200人，其中常备大队60人，赖松柏任常备大队大队长，持枪脱产，驻扎在县城。

为了提高农军军事素质，县农会组建了农军模范大队，挑选各中队农军战士120人参加培训，并派骨干到广州学习军事技术，由宋华、赖松柏任正、副大队长。1926 年 10 月，省农会派军事干部黄刚奋、张基础和黄埔军校学生李资、赵自选到清远县对刚成立的清远农军模范大队进行编练，通过军事训练，大大提高了农军的军事素质，为日后开展弹压民团的斗争提供了组织和军事上的准备。

第一节 在农民运动中创建中共清远县组织

1924 年 11 月 25 日，石板乡农民协会宣告成立。中共广东区委派共产党员、共青团广东区委委员韦启瑞到清远县，和宋华等一起，在国民党清远县党部和县政府领导下组织农会，与此同时秘密地建立中共小组，组建中国共产党清远县组织和共青团组织。

韦启瑞、宋华等 3 人党小组，根据清远县实际情况，为建立清远县党支部，在 8 个月时间里做了大量的准备工作。

党小组指导和帮助附城石板乡建立清远县第一个乡农会。接着成立了南汾乡、樟洞乡、伦洲乡、丫髻山乡等 12 个乡农会。1925 年 2 月，洲心、回澜、太平、三坑、河洞、珠坑先后成立了 66 个乡农会，1925 年初成立清远县农民协会筹备处。各级农会成立时，按农会章程成立农民自卫军。先成立县农会筹备处，后成立县农民自卫军 1 个常备大队、3 个大队、12 个中队。农民自卫军是得到国民党政府认可的。第二区（附城）农民协会成立时，国民党清远县县长廖百芳出席了会议。农民自卫军是共产党领导的革命武装，自筹武器、不脱产、集中训练，维持治安，惩办恶霸劣绅，保卫农民利益，为共产党组织在清远县的建立打下了阶级基础。

党小组在清城上廓街新万合杂货店建立联系点，1925 年 1 月，发展刘清入党，预备期 3 个月，后又陆续发展钟耀初、钟耀龙、钟耀生、陈达常、刘钊林、林焕文、赖松柏、赖全、温锦成等人入党。这时，清远县共有共产党员 14 人。按照当时"（有）5 个党员以上可建立支部"的规定，经中共广东区委批准，1925年 5 月成立中共清远县支部，韦启瑞任支部书记。

在韦启瑞、黄克鸥组织下，在县城及部分农村吸收了 23 名进步青年为共青团员。1925 年 5 月，经共青团广东区委批准，建立了共青团清远县特别支部，韦启瑞任特支书记。

清远县农民运动由于中国共产党的正确领导，从此清远县人民的革命斗争进入新的里程。

第三节 党领导农民协会进行一系列斗争

1924 年 11 月，清远县石板乡成立第一个农民协会。1926 年初，清远县农民协会正式成立。在清远县党组织领导下，清远县农会和各乡农会开展了对地主、土豪劣绅、封建顽固势力、反动民团的一系列斗争。

一、开展减租运动

1926 年 2 月，上黄塘农民协会成立。农会成立后，按照国民党中央政治会议通过的"农村实行减租，按照租额减百分之二十五"条例，发动和支持农民进行减租斗争。龙塘上黄塘村农民首先对大河塘的官产田进行"二五"减租，得到县政府支持。以此为例，各地农民纷纷仿效，开展减租运动。太平沙公坳一户地主勾结民团头目刘卓、李葵，恃势抗拒"二五"减租。六区农会组织农民与之说理斗争，附近各农会也发动农民前来支援。该地主理屈词穷，在农会的压力下，只得认错，表示将执行有关减租法令。这是党领导的清远农民在反封建经济斗争中首次取得的胜利。

二、打击封建劣绅

在 20 世纪 20 年代中期，清远县党组织领导农民开展反封建的经济斗争中，除了发动农民开展减租减息运动，还发动农民开展反抗苛捐杂税活动，处处为农民着想，维护农民利益。

国民党统治时期，很多苛捐杂税都是由官方勾结劣绅把持的。1925 年，奸商温茂犹以承包捐助白银 1.2 万银元金额为由，要全县当年糖捐任他收取。农会检查，发现他不按承包方式规定，向农民加收了 4 万银元。当农民向他论理时，温还恃势欺人，蛮不讲理。农民一怒之下，在三坑基头糖捐站将温茂犹等 3 个奸商打死。县税警队将与此事有关的 4 名农民捉回县城扣押，后经县农会出面交涉，全部保释出来。通过这件事，大大提高了农会在农民中的威望，打击了土豪劣绅搜刮民脂民膏的不法行为。

三、打击地方恶霸

附城江垇白楼村有一个恶霸林天培，无理向江垇合作社运货船勒索收取垇头（地域）捐和坑租，当地农民向其论理，林就串通警察将何骙扣押到警队。农会立即将此事报告县长，县长知是林天培巧立名目，勒索农民钱财，破坏税法，有意破坏农会，于是将林天培捉起来监禁了一年。

四、打击反动民团

农民运动的发展，使清远城乡发生了很大的变化，农会参与农村的政治、经济管理活动，使得国民党反动势力十分惊慌。1926 年，原粤军团长刘东在县土豪劣绅支持下成立民团局，任清远民团总团长。民团局改编了土匪潘伯良部，壮大了民团势力。成立后的清远县民团，到处挑事，伺机破坏和打击清远的农民运动。面对反动民团的挑衅，清远县农会没有被吓倒，在清远党组织领导下，与反动民团开展了一场场生死的斗争。

（一）"牛行"斗争

清城麻寺田"牛行"是经县长廖百芳批准，由农会收税作为农会活动经费的，并已成定例。1926 年 11 月 25 日，反动民团派苏子明、刘卓率领一帮人到牛行挑衅，强行要将牛行税收改为民团收取，当即遭到农会人员拒绝。苏子明竟开枪示威，恐吓群众。周田乡黄猄座农军队长苏森率人与之理论，民团开枪打伤农军战士和无辜群众。为了保护农会利益，保障群众安全，农军奋起还击，当场击毙周田乡民团局董王观水，打退了民团的进攻。"牛行事件"是清远农军抗击反动民团的开始。

（二）黄猄座的战斗

"牛行事件"第二天，即11月26日，反动民团头子刘东、潘伯良等纠集民团武装及滨江土匪共300多人包围黄猄座农军，妄图一举消灭苏森部。当时苏森农军只有16人，面对气势汹汹的反动民团和土匪，他们没有被吓倒。农军据守村中祠堂，一次又一次地打退民团的进攻。民团久攻不下，居然在村中杀人放火，奸淫掳掠，无恶不作。县农会闻讯，县农军大队长赖松柏即率石板、太平两队农军驰往救援。赖松柏率农军在外围打击反动民团。紧急关头，赖松柏带领18名农军战士冒死冲入重围，与苏森会合后，与外围农军内外夹击，击毙民团数人，民团即时溃败，黄猄座之围遂解。

（三）保卫县农会

1926年12月初，省农会负责人周其鉴来清远，与清远县党组织负责人叶文龙开会研究工作。反动民团得知消息，出动数百人突然袭击，包围了县农会，企图杀害省农会领导人。赖松柏率领农军设防坚守，与民团激战了一昼夜，农军越战越勇，民团招架不住。此时，国民党清远县县长廖百芳出来调停，双方接受了调停协议，退出了战斗。

12月中旬，反动民团背信弃义，公然违反调停协议，由反动民团头子刘东、潘伯良指挥，纠集滨江土匪进攻离县城不远的石板农会。面对民团300多人的进攻，石板农军100多人奋起抗击民团，成功突围。

1927年1月3日，反动民团进攻县城，农军经过一天激战，打退了民团的进攻，保卫了县农会。

（四）血战太平圩

1927年1月4—8日，清远民团纠集三水民团300多人，聚集了近千人，围攻太平圩农军驻地，妄图消灭清远农军。当时，太平农军只有73人，敌我力量相当悬殊，但是太平农军毫不畏惧、团结一心、沉着应战，坚守太平圩三天三夜，使得反动民团无法进圩。11日，农军分三路突围成功。反动民团进入太平圩后，在9处纵火，烧毁100家商铺、200多家民宅。最后，反动民团在洗劫一空的太平圩掳走妇女63人。

（五）山塘惨案

1927年1月15日，国民党清远县新任县长胡少翰在山塘召集民团代表、农军代表及各界人士，开会调解，意图平息民团和农军的"纷争"。民团利用这机会，玩弄阴谋，对农军发动突然袭击。农军猝不及防，农军军事教官黄刚奋、梁文炯和战士罗灿金等48人当场牺牲，170人受伤。县农军大队长赖松柏率领农军奋起还击，杀出重围。

（六）弹压民团

中共广东区委获悉清远事件后，通过省农会向省政府交涉，省长下令驻韶关国民革命军第三军教导师师长陈嘉佑派兵弹压清远反动民团。国民革命军到达清远后，在农军配合下，对反动民团展开了全面进攻。很快，县城民团总部被攻破，总团长刘东跳河逃生。随后，赖松柏率农军与国民革命军配合，追歼民团残部。他们包围了三坑潘伯良残部，经过激战，除潘伯良等少数人逃脱外，其余民团悉数被歼，作恶多端的反动民团败亡。

清远农军抗击反动民团，历时两个多月。在中国共产党领导下，农军以大无畏的革命气概，不怕牺牲的革命精神，彻底打败了反动民团，摘掉了社会的毒瘤，受到了广大群众的称赞。

五、清远农军北上参加南昌起义

1927 年 4 月 12 日，蒋介石叛变革命，在上海制造了震惊中外的"四一二"反革命政变。4 月 15 日，国民党广东当局也在广州发动反革命政变，在广东，国民党和共产党决裂。

在清远，国民党当局于 4 月下旬进行"清党"。中共清远县委接到中共广东区委紧急指示，组织农军北上，隐蔽党团员和农会骨干，应对国民党当局发动的反革命政变。

4 月 18 日，中共清远县委书记叶文龙在县城召开全县党团员和农会干部扩大会议，传达贯彻广东区委紧急指示精神，要求清远农军调派精锐主力集结韶关执行任务。会议结束后，清远农军280 人齐集清城，于 4 月 24 日晚开拔，过后岗、入横石、渡河后乘火车北上韶关，与北江各县农军会师。

清远农军到达韶关后，与北江农军学校学员和曲江、英德、乐昌、仁化等县的农军组成 1200 人的广东北江工农自卫军，并成立了总指挥部。总指挥部下设 3 个大队，叶文龙任第二大队大队长，清远农军大队长赖松柏任第三大队副大队长。

粤北工农武装于 5 月 1 日出发进入湖南郴州，受到群众热烈欢迎。5 月 21 日，长沙驻军三十五军三十三团团长许克祥叛变，发动"马日事变"，残酷屠杀共产党人，北江工农自卫军北上受阻。根据国民党中央农民部派来的代表的意见，粤北工农军开赴武汉。

6 月 15 日，粤北工农军到达武汉。在武昌期间，受到工人和各界群众热情接待。何香凝还到营地慰问北江工农自卫军。6 月29 日，国民党三十五军军长何键发出反共训令。7 月 5 日，汪精卫在武汉召开反共会议，公开封闭工农组织，镇压群众运动。这时，中共中央派来的联络员带来上级指示，要求北江工农自卫军迅速撤离武汉，开往南昌待命。

北江工农自卫军到达南昌后第二天，八一南昌起义爆发。北江工农自卫军在南昌起义总指挥部的领导下，由叶挺亲自部署，担任新营房驻区的防御并配合二十四师教导团全歼了新营房的敌军。起义部队占领南昌后，由时任中共前敌委书记周恩来主持整编，北江工农自卫军编入贺龙军长的二十军三师六团，赖松柏先任连指导员，后任中队长。南昌起义后，清远农军参加了激烈的会昌战役，中队长赖松柏身先士卒，奋勇杀敌。此役，全歼了国民党钱大钧4个团。赖松柏作战英勇，指挥有方，战斗结束后被提为营长。清远农军另一战士赖德林，在会昌城外4000米处的攻坚战中，看着战友林善安的牺牲，他化悲痛为力量，拿着从敌人手中缴获的机枪，带领战士满腔怒火冲上山头猛扫敌人，全歼了守敌一个排。赖德林在这次战斗中光荣加入了中国共产党。

参加南昌起义的清远农军，随大部队南下，经福建长汀、上杭进入广东三河坝、潮汕。战斗失败后，清远农军战士回乡隐蔽，或到广州打工掩护，或到香港、海外暂避。

党引导清远老区人民投身国民革命

1924 年 1 月至 1927 年 7 月，中国人民进行了一场反帝反封建的国民革命。这是中国近代史上前所未有的人民大革命。这场革命基本推翻了北洋军阀的反动统治，沉重打击了帝国主义的侵略势力。

在中国共产党引导下，清远人民积极投身国民革命。

一、清远农民运动兴起，唤醒民众积极投身国民革命

清远农民运动兴起较早，共产党地方党组织建立较早，是广东省内农民运动影响较大的县份之一。

1923 年，附城石板乡农民开展了反对封建劣绅的夺佃斗争，他们的斗争得到当时主持国民党中央农民部的共产党人彭湃、罗绮园、阮啸仙的支持。在共产党支持和帮助下，1924 年 11 月 25 日，清远县第一个农民协会——石板乡农民协会建立起来。1925 年 3 月，首个区级农民协会——清远县第二区（附城）农民协会成立。1926 年初，清远县农民协会正式成立。各地农会成立后，成立农军保护农民利益，开展减租减息运动，争取民主权利，打击封建劣绅。清远农民运动在中共清远县组织领导下，汇入全省和全国反帝反封建的国民革命洪流。

二、援助省港大罢工

1925 年 6 月，广东和香港两地爆发了省港大罢工。广东省农会发表宣言，通电声援工人的反帝正义斗争。清远县农会筹备处积极响应，配合县罢工团进行反帝宣传和禁售外货等活动，发动全县各界人民举行声援省港大罢工活动。上万群众集合起来，开会声讨帝国主义，捐款支援罢工工人。会后，派出代表携带锦旗、慰问信以及白银 500 元，亲赴省港罢工委员会慰问，向罢工工人表示致敬，表现了清远人民旗帜鲜明支援省港大罢工的行为。清远籍工人黄茂周、方觉魂奉命回清远组织罢工团，在南门口菜市设立罢工团办事处，发动群众反对帝国主义的侵略。在清远县党组织领导下，县农会和罢工团联合各阶层进步群众团体，如新学生社、妇女解放协会、商民协会，共同向封建势力作斗争，推进了国民革命的深入发展。

三、协助平定"杨、刘叛乱"

1923 年 1 月，孙中山借助滇军杨希闵、桂军刘震寰的部队力量讨伐反对广州国民政府的军阀陈炯明。杨、刘部队乘机进入广州，多方为祸百姓。1925 年 6 月，由滇、桂进驻广州的杨、刘部队发生叛乱，妄图夺取广州国民政府的权。东征军立即撤回广州平定杨、刘叛乱。清远农会筹备处响应省农会号召，派出县第二区农会 120 多人奔赴广州，与其他部队配合攻打白云山。经过激烈的战斗，打垮滇、桂军，并俘虏了不少敌人。在广州，清远农军受到了省农会的嘉奖。参加这次平定"杨、刘叛乱"的清远农军赖成就（乡农会委员长）却因劳碌过度得重病牺牲。

四、支持北伐战争

广州国民政府于 1924 年和 1925 年进行过两次对北洋军伐的讨伐，但都以失败告终。建立黄埔军校后，建立了国民革命军，广州国民革命政府有了自己的军事武装。1926 年 7 月 1 日，广州国民革命政府发表《北伐宣言》，第三次北伐战争正式开始。7 月 9 日，国民革命军正式誓师北伐。

7 月 11 日，中共中央发出通告，要求广东党组织应在工、农、商、学各界团体中广为宣传，鼓励群众支持北伐。在清远，刚成立不久的中共清远县委积极发动群众支援北伐。1926 年 7 月北伐战争开始后，清远农会组织群众沿途烧茶、送水、送饭慰军劳军。当北伐总司令蒋介石率部队经过清远时，清远县有 100 多名青年投军，参加北伐。清远、英德两县有数万农民随军为北伐搞运输。在清远境内的粤汉铁路工人努力做好道路维修工作，使北伐军顺利过境。

北伐战争中，国民革命军第四军代军长陈可钰（清远县人），率领国民革命军第四军与共产党人精诚合作，沿途所向披靡，先后攻克汀泗桥、贺胜桥，直指武昌城下。然后，经过激烈的攻城战斗，于 10 月 10 日攻下武昌城。1927 年初，国民革命军消灭了帝国主义支持的吴佩孚、孙传芳两大军阀的数十万武装，占领长江以南半个中国，取得了北伐战争决定性的胜利。

3

第三章

北江革命风云

（1927.8—1937.7）

第一节 大革命失败后的清远形势

一、中共清远县非常时期特别委员会成立

1927 年 4 月 15 日，国民党广东当局在广州发动反革命政变，在清远县，国民党当局于 4 月下旬进行"清党"。北江宣抚委员会派何春帆等 5 人到清远搜捕共产党人，并拘捕支持农民运动的国民党清远县党部委员，对国民党党员重新进行登记。原以个人名义参加国民党的黄俊廉等共产党员及一些国民党左派人士则不予登记。

为了应对国民党当局发动的反革命政变，根据上级指示，4 月 18 日，中共清远县委书记叶文龙在县城召开全县党团员和农会干部扩大会议，贯彻广东区委紧急指示精神。参加会议的有省派来清远指导应变工作的周其鉴、赵自选等领导。会议分析了国内形势，传达上级关于工农运动转入地下，保存实力，以待时机的指示。会议决定成立清远县非常时期特别委员会，主持应变工作，成员有叶文龙、周其鉴、赵自选、李资、宋华、赖松柏、钟耀初、刘清、温锦成等 10 人。

清远县非常时期特别委员会召开紧急会议作出五项决定：一是由叶文龙率清远农军 280 人按广东区委指示北上韶关集结待命。二是温锦成、刘清、黄俊廉留下隐蔽，温锦成代中共清远县委书记职务，负责安排全县农会骨干隐蔽工作。三是建立石梨塘、秦

皇山、银盏坳等秘密军事据点，加强同全县各地农军联系。四是设立秘密联络站接待上级来人，沟通内外联系。五是负责铁路沿线及河岸渡口组织破坏活动，准备策应军事行动。会后，县党团组织留守干部及时组织各区、乡党团员及农干隐蔽转移。各区、乡农会停止公开活动。

5月，国民党的广东政治分会指派李孔政到清远进行"清党"，改组国民党清远县党部。这些反共人员到处缉捕共产党员。他们重新起用民团武装，给以"宣抚军"名号，任命刘东为团长，以清除"共匪"为名搜捕共产党员和革命人士。各区、乡农会被取消，农会会员遭到迫害，白色恐怖笼罩整个清远。

二、党组织的恢复

当南昌起义部队转战粤东地区时，清远农运骨干赖松柏秘密潜往香港。1927年11月，中共广东省委派罗绮园到香港，与在港的清远农运骨干赖松柏、张基础、汪耀、林焕文、侯凤池等6人在香港石塘咀开会。会上，罗绮园传达广东省委会议关于执行中共中央八七会议进行武装斗争和土地革命的方针，要求"全省各县应在这军阀战争、交冬租、年尾还债时期一致起来暴动"。

赖松柏回清远后，找到了进行隐蔽活动的清远县留守县委，互相交流了情况。赖松柏传达了清远香港会议精神，大家精神振奋，群情激昂，决心重振旗鼓，与国民党当局作坚决的斗争。

1927年11月20日，经中共广东省委批准，恢复了中共清远县委，成员有赖松柏、汪耀、林焕文、刘清、陈达常、钟耀初、钟耀生、钟耀龙。省委指定温锦成代理书记。这时，清远县委由广东省委直管。

三、英德、花县暴动对清远的影响

1927 年 4 月 25 日，毗邻清远县北边的英德于凌晨举行了武装暴动。参加暴动的工农兵包围国民党县署，逮捕了代理县长王镏鎗，占领了县城。25 日上午，工农兵武装在县农会所在地召开了庆祝大会，庄严宣布成立英德县政府委员会，选举刘裕光任县长。

英德县城革命暴动遭到国民党当局疯狂反扑，在敌强我弱的情况下，起义暴动工农兵被迫撤出县城，到农村去坚持斗争。

花县位于清远县南部，曾一度属韶关地区管辖。大革命失败后，花县农民暴动不断，先后有南标庄、积余庄、龙田庄、鱼鸠庄、上古岭发生农民暴动。1927 年 9 月 23 日，上古岭 500 名农军与国民党军队展开了搏斗，打退了敌人一次次进攻，敌人不甘心失败，组织力量疯狂反扑。在危急关头，上古岭农会"大刀队"出击助战。群众见状，全村农民，不论男女，也不分是否农会会员，人人拿起禾叉、锄头、铁制利器作武器，从 500 名农军战士增加至 1000 多名农民参与杀敌，漫山遍野，杀声震天，如暴发的山洪般涌向敌群，打得敌人落花流水。

英德、花县农民暴动启发了清远。1927 年 11 月，中共广东省委委员赖松柏在附城石板乡钟耀龙家召开党团员和农军负责人会议，号召农军振奋起来，一齐向反革命阵营进攻。用革命的武装反对反革命的武装，走武装夺取政权的道路。会议根据广东省委意见，决定在广州起义前 7 天在清远举行武装暴动。

第二节

清远攻城暴动

一、攻城准备

1927年11月，赖松柏按照上级布置，与周其鉴等回清远组织暴动。在筹划暴动会议上，经过充分讨论决定，暴动总的目的是：杀县长、缴枪械、放囚犯，夺粮仓和建立革命政权；暴动的组织领导是：成立清远县农军暴动指挥部，成立工农革命军独立团。

在具体行动上作出四条决定：一是农军迅速搜集枪支弹药武装自己；二是向广东省委请示到花县调农军支援；三是采取突然袭击，凌晨暴动，打敌个措手不及；四是破坏粤汉铁路，阻止国民党军队支援；五是在12月上旬进行暴动，广州起义前实施。

在领导分工上，赖松柏负责建立独立团；温锦成负责县城发动工人和收集城内情报；刘清、周其鉴负责请示广东省委，联系花县农军支援清远事宜；林辉负责集结秦皇、笔架、太平、附城农军；汪耀、何权忠、张基础负责破坏铁路，阻止来援之敌。

12月2日晚上，清远县200多名农军和花县前来支援的160名农军集中在附城澜水葫芦岭村召开誓师大会。大会宣布成立清远县工农革命军独立团，由赖松柏任团长，宋华为独立团参谋。同时成立清远县攻城暴动指挥部，由赖松柏担任正总指挥，刘清、宋华担任副总指挥。

二、攻城出击

3日凌晨6时，清远农军攻城暴动的枪声刺破长空，360多名农军如潮水般从澜水涌向县城，直指国民党县政府。正在蒙头大睡的国民党清远县县长陈守仁还在做春秋大梦，县警备大队大队长潘伯良、商民警备队队长谢家齐正宿在河边花艇嫖妓，城防空虚无人看守。刘清、刘绥华率12名突击队员发起攻击，他们只有3支短枪、8支长枪、4个手榴弹，从平安街的猪行冲入城区，从小南门转入一条巷，直插水关口。由于受阻，赖松柏率大部队赶到，与敌展开激战。刘清率突击队员折出上廓街，冲向南门街，遇到2个兵丁，见农军入城，抱头鼠窜向下廓逃跑。突击队过了南门城楼，进入大街，冲向学宫街，俘虏了7个县警。这时，县署方向传来枪声，刘清派3名突击队员到东、西、北三个方向处迎接后续部队，他带着5名突击队员冲向县署。而赖松柏带领的农军已攻下水关口，主力农军迅速占领了学宫街。

三、夺印

刘清带领的突击队直冲国民党县署。当6名农军突击队员打着红旗冲进县署时，几个门卫吓破了胆，一个个呆若木鸡，一枪不发就缴械投降。刘清等人如猛虎般冲进县署，喝令县署人员不得顽抗，包括县长陈守仁在内，县署20人全部成了攻城农军的俘虏。

刘清表明，他们是共产党领导的农军，命令陈守仁交出县府一切文件，交出清远县政府大印。陈守仁深知交县政府大印是件大事，便推说印章不知在何处。刘清下令搜身，在陈守仁身上搜出了方形大印。这块代表国民党政权的方形三寸木头，最终被农军缴获了。

四、升旗

刘清带领突击队员缴获国民党清远县政府大印后，走出县长办公室，叫队员钟森扬把国民党青天白日旗扯了下来，将农军带来的中国共产党的斧镰旗升上县府旗杆上。这时，天已亮，当火红的斧镰旗在晨曦下迎风招展时，清城到处一片欢腾。"农军胜利了！""共产党万岁！"声震全城。

五、撤退

县长陈守仁和几个主要随从从县署后门偷偷逃脱，潜伏在天湖塘住宅，组织反动军警进行反扑。国民党清远县警备大队大队长潘伯良、商民警备队队长谢家齐听到农军及城内枪声，聚集队伍从三码头、城隍庙反扑县署。仍停留在县署内的刘清、刘绥华等突击队员反被俘。县长陈守仁得闻消息后急回县署，布置潘、谢两人带兵与农军对峙，接着向省政府告急，请求国民党省政府派兵救援。

农军攻城指挥部获悉刘清等6名突击队员被俘，总指挥赖松柏亲赴前沿，指挥农军急速救援。但是由于敌方武装精良，弹药充足，农军虽然多次冲锋仍久攻不下，最后农军发出警告："如不释放刘清等6名农军战士，立即把县府烧成灰烬。"这时，清远地方红十字会以中立慈善团体身份举着红十字旗劝说双方停止战斗。在农军与敌军双方对峙之际，省政府已派出正规军一个团兵力来清远"平叛"，先头部队已到达石角兴仁，形势发展对农军十分不利。为了救援战友，农军攻城总指挥部作出决定，要求对方立即释放刘清等6人，不得伤害群众，不得伤害农军家属，否则攻陷县城，血战到底。声明发出后，农军又一次发起冲锋。此时，双方战斗已近黄昏，国民党当局见援军迟迟未到，农军勇猛异常，害怕县城被再度攻破，于是双方谈判达成协议，停战放人。清远农军撤出县城送走了花县农军。7 天后，部分清远农军战士参加了广州起义。

清远攻城暴动，显示了清远县工农群众的革命气魄，坚定了中共清远县委带领人民走武装夺取政权的道路的决心和信心。在广州起义前举行的清远攻城暴动，牵制了国民党广东当局的一定兵力，策应了 7 天后的广州起义。

革命低潮时期的清远

一、农军在白色恐怖中坚持斗争

1927 年 12 月，赖松柏率领农军攻打清城失败后，把队伍撤到太平小秦坑一带开展游击活动，继续与民团开展斗争。农军在秦皇受到大批敌人的围剿，队伍损失较大，农军领导人赖松柏、赖沃被迫转移到广州等地隐蔽活动。

在清远县铁路沿钱的一区、九区，虽然民团众多，但农民武装亦不少，有数十名农军，他们革命热情高涨。

二、党的领导人相继被捕牺牲

（一）周其鉴——广东省农民运动领导人

周其鉴，1893 年出生于广东省广宁县一个教师家庭。1918 年秋，周其鉴考入广东甲种工业学校染织科就读，1922 年秋毕业。在校期间，他参加了中国共产党，是广东第一个党的地方组织——广东支部党员之一。1924 年春开始，周其鉴遵照党的指示，利用国共合作的有利条件，集中精力从事农民运动。1925 年 5 月，在广东省第一次农民代表大会上，周其鉴当选为省农会执行委员。

北伐战争前夕，为了加强北江地区工作，党组织安排周其鉴任省农会执委常委兼北江办事处主任。1927 年 4 月，周其鉴受党组织重托，在白色恐怖笼罩中来到清远，传达中共广东区委关于武装暴动的指示，把清远县农会改组扩大为"非常时期特别委员会"，召集和训练农军。随后，率领清远县 280 名农军到韶关，会同北江各县农军和粤汉铁路工人纠察队共 1200 人，组成广东北江工农自卫军赴武汉，周其鉴任副总指挥。

7 月底，周其鉴遵照党组织指示，率工农革命军到达南昌，参加了震惊中外的八一南昌起义。不久，起义部队南下广东，周其鉴率工农革命军移至潮汕，后在群众掩护下到了香港。

在香港，周其鉴在党组织支持下，千方百计把停留在香港的革命同志安排潜回广州及原地，为广州起义做组织上的准备。1927 年 10 月中旬，周其鉴当选为中共广东省委候补委员。他在省委主办的《红旗》周刊上发表了《北江农军远征评述》。在评述中，他总结了北江工农自卫军斗争经验教训，热烈赞扬工农军人英勇的革命精神，表达了对革命斗争胜利充满信心，号召广大工农团结起来，继续前进。

周其鉴在香港期间，秘密召集当时到了香港的清远农军骨干赖松柏、汪耀等 6 人开会，为了策应广州起义，迅速组织清远攻城暴动。1927 年 12 月初，周其鉴来到清远，主持武装攻城暴动筹备工作，部署行动计划。他考虑清远农军力量不足，便以广东省农会的名义调花县农军 160 人到清远参加攻城战斗，使清远农军攻城队伍一下增至 360 多人。12 月 3 日，清远攻城战斗打响，国民党清远县县长陈守仁被迫缴印投降。

1928 年 1 月 22 日，周其鉴秘密到清远县附城澜水葫芦岭村活动，潜伏在农会骨干余锦华家，当地地主向国民党当局告密。国民党清远县警备大队大队长潘伯良带人前来搜捕，周其鉴不幸被捕。在狱中，敌人施以酷刑，但周其鉴坚贞不屈，拒不吐露真实姓名和党组织任何秘密，表现了一个共产党员的革命气节。

1928 年 1 月 26 日，周其鉴被害于清远县城西门岗，时年 35 岁。

（二）叶文龙——第一任中共清远县委书记

叶文龙，1900 年出生于海南文昌县（今海南省文昌市）铺前区田良尾村。1917 年秋，叶文龙就读琼崖中学，与进步青年周士第、郑兰积同班。1919 年"五四"反对帝国主义和封建主义的伟大爱国运动爆发，叶文龙站在海南青年运动的前列，宣传和学习"五四"精神，组织 1000 多人上街游行，集会追悼在北京被曹汝霖杀害的琼籍北京大学学生郭钦光（海南文昌县人），激发海南青年的爱国热情。

1920 年秋，叶文龙考取了上海沪江大学政治经济系，为寻求救国救民真理，他认真学习马克思主义的理论。1925 年，叶文龙加入中国共产党。由于他工作热情，积极肯干，能力出众，因此被任命为中共广东区委秘书、广东区委组织部干部，协助广东区委书记陈延年工作。

1926 年夏，广东农民运动蓬勃发展。中共广东区委调叶文龙任国民党中央农民部农运特派员，领导清远县的农民运动工作。

清远农民运动在 1924 年底已开展。1925 年夏，参加农会的农民有 10 万余人，在部分农村开展了"二五"减租运动。

1926 年 4 月，叶文龙奉命来清远组建中共清远县委，任县委书记。他到清远后立即召开党团员和各区、乡农会会议，分析斗争形势，揭露敌人阴谋，宣讲党的有关政策。为了加强农民武装力量，他指示各区、乡农会扩大吸收青年会员参加农军。叶文龙为了提高农军的军事素质，在县城开设了农军训练班，选出青年骨干 120 多人参加军事训练。中共广东区委派了军事教练周奇、赵自选、李资、张基础 4 名共产党员指导训练工作。11 月 25 日，清远反动民团闹事，叶文龙率领农军反击了为非作歹的民团，取得了"牛行事件"胜利。接着，在县委领导下，清远农军与清远反动民团进行了两个多月斗争，在广东省农会帮助下，弹压了清远反动民团。

鉴于"四一二"反革命政变后的形势严峻，1927年4月18日，清远县农会奉上级指示秘密改组为"非常时期特别委员会"，周其鉴、叶文龙、赖松柏、刘清等为委员会领导人。"非常时期特别委员会"成为这个时期、这个地区紧急时期的最高领导机构，负责指挥农会、农军工作。叶文龙任农军总指挥。4月20日，叶文龙执行上级指示，率农军北上韶关，后几经周折，率粤北农军到达武汉。

到达武汉后，叶文龙调任设在武昌的中央农讲所任教务长。12月，叶文龙受党中央委派到广州参加广州起义。

1927年12月，中共广东省委决定成立中共北江特别委员会，叶文龙任特委书记。1928年2月，他受党组织派遣，在香港和清远农运骨干刘清一起携经费回清远开展革命活动，乘火车到清远旧横石，雇了一条小船溯江而上，被清远县民团小队长检查截获。当天，叶、刘两人被押往清城，后被国民党当局认出身份，对他们进行严刑拷打。但是，叶文龙、刘清坚贞不屈，没有吐露半点党组织秘密。国民党当局怕农会营救叶、刘，于是匆忙地在清远县城西门岗把叶文龙、刘清杀害了。叶文龙牺牲时，年仅28岁。

（三）刘清——清远县农会负责人

刘清，1900年出生于广东省清远县附城（今清远市清城区东城）石板村。1924年冬，石板乡建立起全县第一个农民协会。刘清接受革命道理，投身革命洪流，积极参加农会工作，宣传发动群众，宣讲农会宗旨和章程，唤醒贫苦农民参加农会，开展反封建斗争。刘清在农民运动中思想觉悟不断提高，政治上不断成熟，积极要求进步。经过组织的培养，1925年1月，刘清被吸收为中共党员。1925年4月，刘清被党组织推荐到广州第四届农讲所学习。在 4 个月学习期中，刘清理论联系实际，大大提高了思想觉悟和工作水平。

农讲所学习结束，刘清回清远。在党组织安排下，参加农民运动宣传队，到全县各地对农会会员、群众进行时事形势宣传，开展"二五"减租活动。他现身说法介绍在广州参加的各项政治运动。在平定"刘、杨叛乱"中，他组织了 120 多人的农民随军支前；他带头成立清远县罢工团声讨和抗议英帝国主义制造五卅惨案和"六二三"沙基惨案血腥暴行。

1925 年 9 月，刘清参加清远县农会筹建工作，任县农会支部书记，成为清远农民运动领导人之一。

1927 年 4 月 18 日，刘清任清远县非常时期特别委员会委员，受命在县农军北上后留守清远，应变待命。他肩负重任，克服困难，组织各乡农会骨干转入地下斗争，抗击地方反动势力对农会的报复，保护农会会员的安全。与此同时，他联络各区、乡农会，积极做好潜伏工作，积蓄革命力量，坚守待时，开展新的革命斗争。

广州起义前夕，上级布置各地开展农民暴动。中共广东省委候补委员周其鉴到清远和赖松柏一起组织清远攻城暴动，刘清积极响应党组织决定，他奉命到花县带领支援清远县的 160 名农军到达指定位置，配合清远农军武装组成清远工农革命军独立团，由赖松柏任团长，刘清、宋华任攻城指挥员。刘清还担任农军攻城突击队队长。

攻城战斗打响后，刘清率攻城突击队猛扑国民党县政府，迅速占领了县署，迫使当时国民党清远县县长陈守仁率所属官员向农军投降，交出象征统治权力的国民党清远县政府大印。刘清在攻城暴动中勇捣敌巢，生俘县长，缴获县印，威震敌胆，为广大群众所称颂。

广州起义失败后，全省一片白色恐怖，刘清成了国民党清远县当局列名悬赏缉捕的主要人物之一。刘清与上级失去了联系，他带领部分农军骨干进入靠近附城的笔架山区打游击。国民党清远县警备大队大队长潘伯良派人夜袭石板村，企图捕杀刘清，群众获悉其阴谋后秘密通知刘清转移外地，使国民党反动分子偷袭计划扑空。

刘清从清远脱险后到了香港，找到了原在清远工作的叶文龙，参加了香港中共地下党组织活动。这时，叶文龙奉组织委派，要回广东北江执行秘密任务。因随行的一人患病未能出发，刘清自告奋勇，要求代替随行执行任务，经组织批准，叶、刘立即出发赴清远。在清远旧横石，叶文龙、刘清身份暴露被国民党当局逮捕，后被害于清远县城西门岗。刘清就义时，年仅28岁。

（四）赖松柏——清远县农民运动的举旗人

赖松柏，1901年出生于广东省清远县回澜庙仔岗村。5岁为地主看牛，11岁当长工，断断续续读过几年书，受尽地主压迫，尝尽人间苦楚。生活的艰辛磨炼，养成了他豪爽、正直、敢作敢为的性格。

1924年初，实现第一次国共合作。同年11月，国民党中央农民部派共产党人宋华、韦启瑞以中央特派员身份到清远公开开展农民运动，秘密建立共产党组织。先后在石板村、庙仔岗村、上黄塘村组织农会，带动了全县农民运动的兴起。赖松柏是庙仔岗第一个参加农会的青年。1925年1月，赖松柏、钟耀生、林焕文、钟耀初4人被选送参加广州第三届农讲所学习。在农讲所3个月的学习，赖松柏接受启蒙教育和马克思主义基本知识学习，使他懂得了什么是阶级和阶级压迫，认清了帝国主义、官僚军阀和封建势力是中国人民的敌人，更认识到农民只有组织起来才有出路，跟着共产党才能翻身解放的道理。在农讲所学习期间，赖松柏光荣参加中国共产党。

农讲所学习结束，赖松柏与刘清、黄俊廉、韦启瑞等在清远县党组织领导下深入全县农村，发动农民，组织农会。赖松柏首先发动家人参加农会，得到父母和兄弟姐妹的支持。附近灯盏岗村、车公咀村农民很快被他发动起来，继而扩展到清西各乡、镇。1926年3月14日，清远县第六区举行区农会成立大会，到会农会会员有3000多人。会上，赖松柏被选为六区农会执行委员长。国民党中央农民部派特派员、清远县县长派代表、工农商学各界派代表到会祝贺。中华全国总工会主办的《工人之路》第264期报道了这次会议盛况。

按照《广东省农民协会章程及农民自卫军组织法》以及中共广东区委要掌握和领导农民武装的指示，以赖松柏、宋华、周奇为主，在发展农会的同时，组建农民武装。1926年5月，清远县第一个由共产党领导的革命武装——农民自卫军成立，有330人，由宋华、赖松柏先后任大队长。后农军扩大至1个常备大队、3个大队、12个中队，共有1200人。

农民运动的发展沉重地打击了封建势力，触及地主豪绅的切身利益。在国民党清远县右派支持下，以刘东为首代表地主豪绅利益的反动民团，网罗社会流氓、土匪、地痞一起组织了近5000人的武装对农会进行反攻倒算，扬言要打垮农军、铲除农会。1926年底，赖松柏在党组织领导下，带领清远农军与反动民团进行了长达两个月时间、斗争数十次的战斗，经过生与死的较量，最终打败了横行一时、不可一世的反动民团。

"四一二"反革命政变发生之后，大批共产党员和革命战士受到捕杀，清远县党组织采取紧急应变措施，成立清远县非常时期特别委员会，赖松柏为9个特别委员会委员之一。然后，由叶文龙和赖松柏率280名清远农军骨干集结韶关。8月1日，赖松柏参加了南昌起义，随部队先后征战广昌、瑞金、闽南。

1927 年 10 月 15 日，赖松柏被选为中共广东省委委员。12 月 2 日，在清远县党组织领导下，清远县进行了攻城暴动，赖松柏任攻城暴动总指挥。攻城突击队冲入国民党县署，活捉了国民党清远县县长，缴获县政府大印，把中国共产党斧镰旗升上县署旗杆，军民呐喊欢呼，声震全城。

清远攻城暴动失败后，清远农军参加广州起义的战斗。广州起义失败后，赖松柏带领队伍回清远秦皇山区开展游击斗争。1928 年春夏间，赖松柏在广州郊区以打石工作为掩护从事党的秘密工作，被叛徒出卖。他为了掩护其他 3 位战友，主动暴露身份被国民党当局逮捕，不久，他被敌人杀害于广州南石头监狱。赖松柏牺牲时，年仅 27 岁。

三、党组织遭受严重破坏后停止活动

1927 年 12 月初，清远暴动失败后，清远县党组织大部分解体，只有二、六、八、九区还有党组织，继续开展革命活动。1928 年 1 月 16 日，在《中共北江特委对目前形势与党的任务给各县委的指示》中认为：清远虽未发动，党亦不健全，但农民组织及武装的力量要比北江各县都好，各区都有组织，大部分都在我们指挥之下。铁路沿线一带（一、九区）都有党的组织，农民革命热情高涨，清远暴动如果有计划去发展，比各县都有希望。

1928 年 3 月 1 日，在《中共北江特委有关暴动等问题给广东省委的报告》中认为：清远农民组织原来比较好、武装比较多，农民也经过许多斗争，但县委亦无开会，各区、乡党支部亦无恢复。六区仍然要作为暴动中心派人去工作，恢复党组织，组织武装农民进行游击战争。

1928 年 8 月 7 日，中共广东省委组织统计，清远党员有

25 人。

1929 年 11 月 21 日，中共广东省委北江巡视员李一鸣给省委报告，最近决定改组清远县委，全县仅有支部 1 个，党员 10 人。

1930 年 1 月 14 日，李一鸣的总结报告称北江方面目前有 4 个县委组织（因清远改为特支），4 个特支是清远、韶城、坪石、始兴。特支 1 人为书记、1 人为宣传、1 人为组织。

从 1930 年秋天起，清远县党组织基本停止了活动。清远县革命斗争陷于低潮。

4

第四章

清远的抗日烽火

（1937.7—1945.8）

抗战烽火初燃清远

一、日机狂轰滥炸，上千平民百姓丧生，数以百万计财产被摧毁

1937 年 7 月 7 日，中国抗日战争全面展开。日军为了封锁中国南大门，进而"控制东南亚，称霸亚洲"，他们加紧了对广东的侵略。清远邻近广州，粤汉铁路穿境而过，因而是日军当时进攻的重点地区之一。7 月 27 日，日机 6 架首次空袭清远，在清远滨江兵工厂投弹 12 枚。8 月 26 日晚 10 时，日机首次轰炸清城。一枚炸弹落在北门街柠檬塘边，另一枚炸弹落在高岗凤鸣神坛，炸死 17 人。1937 年 9 月下旬至年底，日军多次轰炸粤汉铁路清远段铁路两旁的村庄，在银盏坳、迎咀、源潭、滨江口、旧横石等铁路车站投弹，炸死平民 200 人，炸毁滨江铁桥，源潭站沿线附近村庄严重受损。①

二、抗日民族统一战线逐渐形成，全县军民达成抗日救亡保卫家园的共识

七七事变第二天，中国共产党向全国通电，号召"全国同

---

① 清远市地方志编纂办公室编：《清远县志》（内部发行），1995 年 2 月版，第 22 页。

胞、政府与军队团结起来，筑起民族统一战线的坚固长城，抵抗日寇的侵略"。7月17日，蒋介石在庐山发表演说，要求全国地无分南北、年无分老幼，皆有守土抗战之责任。面对日本侵略者惨无人道杀戮中国人的行径，清远县广大军民人人义愤填膺、个个同仇敌忾，决心把日寇赶出中国。

1938年9月5日上午，轰炸滘江铁路桥的日军飞机被中国守军击落1架。11月4日，日本侵略军在飞机大炮坦克掩护下进犯清远源潭，被国军千余人的敢死队奋力击退。

清远县群众抗日热情不断高涨，国民党当局放宽了对成立抗日团体的限制，因此抗战初期，清远县城成立了一些进步的抗日团体。

（1）1937年10月，中共党员张永炽在清城建立抗战教育实践社清远分社，对群众开展抗日宣传活动。

（2）中共党员李云在清远石角马头、回岐等地，利用国民党第四路军看护干部训练班（简称"护干班"），组织农村青年参加"护干班"农村救护网，在组织青年学习救护常识的同时，开展抗日救亡、保卫家乡的宣传，还秘密地发展了一些先进分子参加中国共产党。1939年初，"护干班"改编为国民党广东省振济委员会救济总队，清远石角圩"护干班"小分队扩编为振济委员会救济总队第四分队。"护干班"不是共产党组织，但实际上是共产党领导的，队员都是抗日进步青年，思想单纯，工作积极。中共组织经常给"护干班"青年上政治课，对他们进行马列主义和党的有关知识教育，提高他们的思想政治觉悟。中共清远县委在抗战初期，利用"护干班"这个合法团体，深入农村，发动农民，培养积极分子，建立地方党组织，推动抗日救亡活动的开展。

（3）1938年，国民党一五二师撤至清远，他们仿照北方一些军队的做法，在地方设立军民合作站，负责组织群众支援军队，避免过去拉伕占房抢物现象的出现。清远当时建立了 6 个分站。中共组织派员到军民合作站任职（正职是当地党政人员）。6 个站中清城、高田、文洞 3 个站均有中共党员担任副站长。党组织利用合法的身份开展抗日救亡宣传活动。军民合作站的建立，在一定程度上有利于全面抗战的开展。

（4）清远县动员委员会，是国民党政府的群众团体，属县政府领导，县长谢静生无暇过问，靠政工队队长余禄熙主持工作。余禄熙是中共党员，动员委员会日常工作实际上受当时中共清远县委领导。清远县动员委员会与全县各抗日救亡团体一道，在县内积极开展抗日宣传活动。动员委员会政工队在县城、石角、江口、源潭、龙塘等地利用各种集会、纪念活动，利用群众圩日趁圩等机会，走上街头或到农村去，以演讲、歌咏、话剧、散发传单等形式开展抗日宣传。队长余禄熙还带领政工队员到龙塘井岭和角塘村以办夜校的方式宣传抗日，受到群众欢迎。

（5）清远县民众教育馆，是国民党政府机构，抗战初期，中共组织利用县长谢静生的关系安排了几名党员到民众教育馆工作，馆长为中共党员江士骎。民众教育馆办起民众夜校、妇女读书班，既教群众识字，又宣传抗日救亡道理。民众教育馆在清城东门塘设一间"湖滨小苑"阅览室，里面摆有很多书报供人阅读。阅览室同时也是中共秘密联络点。民众教育馆在中共组织领导下，经常以文艺宣传形式在群众中开展宣传抗日救亡活动，很受广大群众欢迎。

清远县党组织的恢复和发展 第二节

一、清远县党组织的恢复条件已经成熟

1927 年 12 月初，清城暴动失败后，清远县党组织大部分解体。1927 年 12 月至 1928 年 3 月，中共清远县委由北江特委领导。1928 年 4 月后，由中共广东省委直接领导。此时的清远县委代理书记主要在护商船队中隐蔽，脱离了广大工农群众。县的其他党的领导人相继牺牲。1928 年 8 月，清远县党组织只有党员 25 人。1929 年 10 月，中共清远县委下属仅剩 2 个支部，10 名党员。1929 年 12 月，广东省委北江巡视员李一鸣决定将中共清远县委改为特别支部，支委由 3 人组成。从 1930 年秋天起，中共清远县组织基本停止了活动。

1937 年七七事变，中华民族面临生死存亡严重关头，抗日战争全面爆发，清远地区政治形势发生了巨大变化。一方面，日军频繁轰炸清远，激起全县人民的愤慨，抗日情绪日益高涨。另一方面，当民族矛盾成为主要矛盾，全国民族统一战线逐步形成的情况下，国民党清远县当局开始改变土地革命时期大肆屠杀共产党人，镇压革命群众的政策，允许群众成立各种抗日团体开展抗日活动，这为清远县党组织的恢复提供了有利条件。

1938 年 10 月 21 日，广州沦陷，清远成了抗日斗争的前线。在广东省政府迁往粤北后，中共广东省委决定，省委的工作重点，

从城市转移到农村。清远县各级党组织就是在中共广东省委的直接领导下，迅速恢复和发展起来的。

二、中共清远县工作委员会的建立

1937年10月，中共广州市委派共产党员张永炽夫妇及进步青年黄漫江到清远建立抗战教育实践社清远分社。11月，中共广东省委基于清远靠近广州的原因，要求清远尽快建立党组织，如广州被日军占领，省委北撤时在清远有个落脚点。于是，中共广州市军委组织部部长冯扬武派共产党员万明、李云到清远石角马头村，与清远大革命时期参加共产党的农会领导人黄俊廉一起，在马头村建立党小组，开展党的活动，建立了秘密联络点，以应付瞬息万变的情况。

1938年10月21日，广州沦陷，冯扬武来到清远，在马头村尚德小学成立了中共清远县临时工作委员会（"工作委员会"简称"工委"），书记为冯扬武，委员有万明、李云。临时工委着手进行全面恢复清远县党组织的工作。

1938年秋，中共广东省委调云昌遇到清远后接替冯扬武工作。云昌遇的工作任务是全面恢复清远地方党组织，成立清远县工委。1938年11月，中共广东省委批准成立中共清远县工作委员会，书记为云昌遇，委员有万明、李云。

三、清远县城中共支部的建立

1940年，地处粤北抗日前线的清远县城在战火中飘摇。1月，日军第一次入侵清城，大肆屠杀平民百姓，放火烧毁商铺100多家，致使城内商业凋零，人心浮动，很不利于动员各阶层人员团结抗战。中共清（远）花（县）工委分析了当时情况，一致认为，广州沦陷后，清远是粤北的抗日战线，有必要建立党的基层组织，加强党对抗日工作的领导。中共清花工委决定利用共产党员进入国民党军队参与建立军民合作站的机会，建立县城和各地党的基层组织。清城党支部成立后，十分注重挑选那些对中共抗日救国政策有正确认识、态度坚决、拥护共产党主张、历史较清楚的进步分子培养教育，条件成熟则吸收他们入党。军民合作站清城分站巫柏初、国民党军军训处梁其芳、军民合作站临时工霍理文等人，都是在党组织培养教育下，先后参加了党组织。

清城党支部的党员在抗日斗争中结合自己的工作实际，充分发挥先锋模范作用。支部书记李信和巫柏初以军民合作站的名义，协同国民党军四五六团政工队，深入各地开展抗日宣传活动。梁其芳在军训处通过统战活动掌握国民党上层人物的动向，通过军训对农民壮丁进行有效的训练，为开展敌后游击战做准备。邓贵瓒（外县转业的党员）在清远县城防空哨工作，利用四通八达的长途电话，收集日军和国民党军各种情报。霍理文根据党组织安排，利用自家"霍荣记小食店"建立了党的地下交通站，霍担任党的联络员九年，从未出过差错。

四、农村基层支部的建立

1940 年，党组织派王长光到文洞开展抗日宣传活动，在农民中培养建党对象为开辟文洞游击根据地做准备。9 月，义洞村张耀伦参加中国共产党。1941 年 3 月，文洞建立中共支部，张耀伦任支部书记。9 月，根据工作需要，张金广任文洞支部书记，党员从 6 人发展到 8 人。

与此同时，石角马头石、龙塘上黄塘、附城石板等地先后建立了农村党组织。从 1930 年秋天起停止活动十年之久的清远县农村党组织又恢复了活动。

　　清远县各级党组织的建立、恢复和发展，为清远人民开展抗日斗争提供了坚强的领导核心。在中国共产党领导下，清远人民克服了无数艰难险阻，战胜了难以想象的困难，最终取得了抗日战争的胜利。

清远县党组织领导人民开展抗日斗争

一、掀起抗日救亡宣传热潮

1938年10月21日，广州沦陷，形势紧张，清远成了粤北抗日前线。11月，中共清远县工作委员会成立。为了稳定民心，唤起广大民众抗日热情，清远县工委组织了宣传队，到石角圩、银盏坳等地，以文艺的形式广泛宣传抗日，发动群众组织抗日自卫。他们演出的话剧《放下你的鞭子》，演唱歌曲《松花江上》《打回老家去》等激愤人心。他们还教群众唱抗日救亡歌曲，鼓舞全民抗日斗志。

1939年春夏之间，中共广东省委在曲江召开各县负责人会议，传达党的六届六中全会精神和毛泽东《论新阶段》的重要文件。1940年，清远抗日宣传活动热潮进一步高涨。

（一）以县民众教育馆为主，联合县妇女会和县动员委员会，在全县掀起抗日宣传热潮

原国民党中央军委会政治部直属第五大队大队长谢静生，1940年任清远县县长。当时，他是同情和支持抗日的。他带了一批"政五"文艺宣传队为主的人员来清远，其中有不少是中共党员。如清远县民众教育馆馆长江士骙、干事江艾都是共产党员。在谢静生支持下，他们在县城、石角、三坑等地开设了图书馆、阅览室，出版墙报和漫画，以"民教会"名义，开办夜校，组织群众读书识字的同时，宣讲抗日救亡道理。

（二）县军民合作站牵头发动中小学师生联合参加抗日大宣传和慰劳前线军队活动

清远驻军的军民合作站（中共党员练铁、李信任副站长）在国民党当局支持下，发动县内中小学师生，联合进行抗日大宣传和慰劳前线军队。他们高唱当时流行的《全国总动员》《保卫中华》等抗日歌曲，演出《放下你的鞭子》《四行八百壮士》等话剧。特别是黎民（中共党员）的演剧、赵芳杏（中共党员）的歌唱和江艾的漫画，吸引了不少群众，大大地鼓舞了军民的斗志。

在抗日宣传活动中，党组织对进步青年不断培养教育，让他们在大风大浪中锻炼成长。朱联标（朱志明）、江虹、邝毅等青年就是在抗日宣传活动中加入了中国共产党。

（三）利用文教工作岗位，宣传党的抗日主张，造就全民抗战的气氛

抗日战争时期，为了加强党对抗日救国主张的宣传，发展进步力量，团结广大民众一致抗日，中共清远县委决定有计划占领文化教育阵地。县委派到学校的党员有附城白庙小学李伟英、陈玲，回歧中学郑肇端，文洞小学蔡莹、朱继良，石马小学陈智鸾，禾云小学杜国标、阮克明，井建小学孔令贤，鱼咀坝仔小学廖宣、伍明、许先觉、王喜祥，龙颈屯步小学钱青、陈德新，清远师范学校司徒膺，牙鹰岗小学朱联标，石马小学莫彬、陈雨虹。一方面，这些在中小学工作的党员以职业为掩护开展工作，采取各种方式宣传共产党的抗日路线、方针、政策，宣传中国共产党"坚持抗日，反对投降；坚持团结，反对分裂；坚持进步，反对倒退"的三大主张，揭露国民党当局消极抗日、积极反共的阴谋。另一方面，由于文化教育界线多面广，学校比较分散，为地下党员的隐蔽提供了空间，也为党的基层组织的建立和发展提供了有利条件。文洞学校教师、年轻党员蔡莹，以儿歌的方式教群众说唱，使他们懂得穷人翻身闹革命的道理，从而提高了思想觉悟，支持和拥护共产党，有的进步青年还参加了中国共产党。

二、开展统一战线工作

1935 年 12 月，中共中央召开瓦窑堡会议，正式确立了中国共产党关于建立抗日民族统一战线的策略路线。清远地方党组织坚决贯彻执行中共中央关于抗日民族统一战线的政策，团结一切可以团结的力量，打击日本侵略者，打击国民党顽固势力。

在抗战期间，中共清远县委对清远地区国民党上层人物的统战对象主要有陈可钰、莫雄、黄开山。

（一）对陈可钰的统战工作

陈可钰是清远县人，曾任孙中山大总统警卫团团长，率领国民革命军第四军北伐，打到武昌城下，是"铁军"代军长。后因病闲居于石潭老家。在地方党组织的联系和影响下，抗战时期，他对三任清远县县长（谢静生、黄开山、张云亮）都分别予以接见，公开表态说，我们要爱国不要卖国，要爱民不要害民。要与共产党合作，不要为某些人卖命。由于他德高望重，说话有影响力，从而使三任县长都支持抗日。

（二）对莫雄的统战工作

莫雄是英德县人，是辛亥革命老前辈、国民党资深党员，有正义感，受蒋介石排挤。莫雄的部队在英德、曲江、翁源、清远一带驻扎。中共清远县委在北江特委支持下，抗战期间，把驻在清远白庙一带的莫雄的国民党第七战区第二挺进纵队（简称"挺二"）第二大队第五中队秘密接管过来，将其改造为在中共北江特委和清远县委领导下的一支抗日人民武装队伍。清远县委还通过各种努力，向莫雄要了国民党"第七战区第二挺进纵队第三大队第九中队"的番号，组建了第九中队抗日游击队。中共清远县委书记何俊才兼任指导员，赖德林任中队长。北江特委从英德九龙罗发处拉来了一批人和武器，从连县、阳山、英德等地抽调了10多个同志任中队骨干，通过关系从"挺二"调来2挺机枪武装队伍。第九中队组建后，首先把清城飞水口的日伪检查站拔掉，打开了进出清城的西大门，鼓舞了士气，产生了很大的政治影响。

自此，中共清远县委有了自己掌握的抗日武装队伍，开创了清远县抗日工作新局面。

（三）对黄开山的统战工作

黄开山是清远县滧江田心村人。早年攻读政治经济学，对马列主义有所认识。官费留学日本，在早稻田大学毕业。黄开山回国后一贯坚持正义，对中国共产党和人民革命事业表示同情、合作、拥护。在抗日战争中，黄开山深信中国共产党抗日救国主张是中国人民的希望。他支持胞弟秘密奔赴陕北投考延安抗日军政大学。1942年6月，黄开山出任清远县战时县长。任期内，他对打击日本侵略者态度鲜明。中共清远县委对黄开山做统战工作，使他积极支持中国共产党领导的抗日活动。党组织安排他的侄子黄化民（中共党员）在他身边掌管县府的大印，参加机密要务会议，使党组织随时掌握国民党军政动态情况，并取得大量盖有县府印信的空白证件，使共产党在活动时有合法的证明掩护。清远县委还安排了黎沃能、何琼玉、黄治周、黄顺昂、黄信明等党员通过黄开山的关系在县属各机关任职，从而使他们为党开展的各项工作都能得到黄开山的默许和支持，这是对共产党革命事业的有力帮助。

三、建立游击根据地

抗日战争时期，中共清远县委根据中共中央和毛泽东关于加强建立敌后根据地、广泛开展游击战争的指示精神，在充分考虑清远的实际情况后，在清东地区开辟了3个游击根据地。

（一）以马头为中心的清花边界游击根据地

1937年11月，中共广州市军委组织部部长冯扬武派党员万明、李云到清远石角马头村建立党的组织。1938年10月21日，广州沦陷，在马头村党的秘密联络点尚德小学成立了中共清远县临时工作委员会。11月，中共广东省委批准成立中共清远县工作委员会，云昌遇任书记。清远县工委成立后，决定利用"护干班"这个合法团体，在石角一带发动农民，在回岐、石角等地组建农村救护网，开展抗日救亡活动。

清远县工委成立不久，遇上清远大革命时期清远县农民主要领导人黄俊廉在抗日战争期间组织农民开展抗日活动被国民党龙塘乡乡长扣押的事情。清远县工委得知此事后，把"护干班"开到龙塘圩，与国民党龙塘乡乡长进行说理斗争。与此同时，广东省动员委员会撤退到清远县的战时工作队——七队（即抗日先锋队，简称"抗先队"）领导梁威林也带领抗先队员到此。"护干班"和"抗先队"发动群众包围了龙塘乡公所，声言若不放人就炸毁乡公所。龙塘乡乡长见势害怕起来，只好释放黄俊廉，还公开承认错误，说黄俊廉抗日无罪，扣留黄是为了公报私仇，并当众道歉。

广州沦陷后，清远县石角一带成了粤北抗日最前线。石角马头村成了党组织北撤的一个重要中转站，有不少党员甚至党的领导人路过都到马头村尚德小学住宿。为了保卫北撤党员的安全，为了民众抗日的需要，清远县工委决定发动群众成立抗日自卫武装组织。1938年12月，经过多方面努力，时任国民党清远县县长欧阳磊终于批准在石角兴仁一带成立清远县民众抗日自卫第十八大队。由于兴仁距日军花县赤坭驻地仅1万米左右，因而第十八大队是处于清远抗日最前沿。为了抵抗日寇侵略，筑起抗日斗争的铜墙铁壁，第十八大队到处发动群众开展抗日自卫的同时，在党组织支持下，开展劳军活动。他们在石角圩募捐 1000 多元，买了一大批物品，组织了 600 多人挑着慰问品到三水六和总队驻地慰问。部队官兵很高兴，当即送了 2000 发子弹给第十八大队。这样，一支由共产党掌握的抗日武装队伍便初步建立起来。

1940 年 1 月，中共北江特委决定成立清（远）花（县）工作委员会，谢永宽任书记，黎定松任组织委员。清花工委成立后，把分散的、互相之间没有联系的党员组成支部或党小组。在农村，主要在石角一带建立农村党支部，发展党员。工委领导还到三水的芦苞，花县的赤坭、白坭开展对国民党伍观淇部队的统战工作。

1940 年 4 月，赵炳权任中共清花工委书记。通过一段时期的努力，工委联系农民党员赖德林，恢复了庙仔岗农村活动点、高田横石一些地方武装，龙塘上黄塘（今属横荷街道）的农村党组织也得到了恢复。

1941 年下半年，中共北江特委派何俊才到清（远）花（县）三（水）边区工作，何俊才为特派员，领导北江第四挺进纵队抗日统一战线工作，在石角、国泰、白坭、赤坭、永平、大塘等地建立了党的组织，举办农民夜校，培养骨干力量，开展抗日宣传活动。

（二）以文洞为中心的文洞山区游击根据地

文洞山区，旁倚北江飞来峡段，东临粤汉铁路，毗邻笔架山区和鱼坝山区。北与英德县交界，距清远县城 50 多千米，群山环抱着文洞村庄，地势险要，是中共游击队开展游击斗争的好地方。

1940 年 1 月，党组织派打入国民党六十三军军民合作站的共产党员黄长光到文洞开展抗日宣传活动，在农民中培养建党对象，为开辟文洞游击根据地做准备。黄长光工作了 3 个月奉调离开，党组织又派了一个年纪只有 18 岁的女共产党员蔡莹到文洞，以教师职业为掩护开展抗日宣传工作。1940年9月，本地进步青年张耀伦参加中国共产党。1941年3月，文洞建立中共支部，有党员6人，9月，党员发展到8人。党支部针对国民党实行的保甲制度，从政治上加强对群众控制的情况，采取办法，巧妙地夺得了文洞保长位置，由文洞地下党组织负责人张耀伦任保长，使文洞的保甲政权变为"白皮红心"的政权。此后，张耀伦以保长名义为掩护，积极组织群众筹粮筹款，购买军火，组建咸泰乡抗日自卫中队，张耀伦任中队长。党组织还利用张耀伦保长的合法身份，为文洞群众谋取利益。

1943年4月，文洞党组织决定派张金广、张社扬率20多名青年到附城白庙加入由共产党员杜国栋任队长的国民党"挺二"第五中队。这样做一方面是因为白庙离文洞不远，有什么事情容易应对；另一方面又可积蓄力量，以便时机成熟时，连人带枪拉回文洞作为建立革命武装的基础，为发展扩大游击根据地做好军事力量的准备。

1945年春，奉上级指令，东江纵队（简称"东纵"）西北支队挺进清远文洞，与文洞党组织接上了关系。张耀伦、张祥、张焕等参加了西北支队，张社扬担任西北支队秘密联络员，沟通西北支队与地方党组织联系。在文洞群众支持下，在短短的时间内，西北支队从50多人扩充到100多人。

1945年6月18日，国民党清远县当局纠集600多人，分五路进犯文洞山区。6月30日，国民党当局又纠集800多人，从鱼坝、笔架再次进犯文洞，见人捉人、见物抢物，还放火烧毁了60多间民房。7月7日，敌人第三次进入文洞进行大"扫荡"，能抢得走的都抢光，不能拿走的就砸烂或放火烧光，整个文洞笼罩着一片腥风血雨。

在国民党当局血腥的镇压下，清远文洞的党组织没有被打垮，没有被吓倒。他们组织群众，在敌人烧掉的茅棚废墟上重新建起房子，在敌人践踏过的土地上种出粮食，没有了耕牛就用人力拉犁，在艰难困苦中坚强活了下来，在血色抗争中迎来了抗日战争的胜利。

（三）以上黄塘为中心的河东游击根据地

抗日战争时期，清远的洲心、龙塘、清东一带是敌占区和半敌占区，面积比较大，人口有10多万人，且靠近清城，是南下广州水路、陆路必经的地区。1944年，中共清远县委决定派钱青到这个地方开辟新的游击区。

清东日伪顽活动频繁，斗争情况比较复杂。为了安全起见，钱青挂着"北江第二挺进纵队第五中队小队长"的头衔到龙塘乡车头岗上黄塘村找到大革命时期清远县农会领导人、共产党员黄俊廉，传达县委关于开辟河东游击区的指示；找到黄标、黄新两位地下党员，决定恢复和建立党组织，组织本地青年建立"抗日同盟"。参加"抗日同盟"组织的骨干成员有黄俊廉的儿子黄浩、黄奇，进步青年黄炎、黄田。不久，县委还调派了陈智鸾（中共党员）来协助钱青工作。钱青把组织起来的青年在黄新屋背后秘密办了一期"抗日同盟训练班"，训练班结束后，又吸收了一些进步青年到"抗日同盟"中来。接着，钱青以"北江第二挺进纵队第五中队独立小队"的名义，将上黄塘一带农民组织的自卫武装（老更队）争取过来。那些敌伪汉奸看到"抗日同盟"人心齐、有武器，一般都不敢到龙塘胡作非为。

清远河东"抗日同盟"虽然是群众组织，但是其由共产党领导和掌握。他们除了做好地方自卫外，还积极帮助党组织做好各项工作。有一次，县委领导何俊才要求钱青到洲心、源潭一带寻找东纵一个脱险的游击队员。由于日伪军到处绢拿，中共组织派人寻找但没找着，钱青接受任务后带领"抗日同盟"队员秘密寻访。在当地群众的帮助下，终于找到了脱险的同志，把他安置在滗江口耕寮里养伤，然后按照何俊才的指示，钱青以"北江第二挺进纵队第五中队独立小队"的名义，带着他穿过日伪多重封锁线，安全到达县委驻地。

在中共清远县委领导下，清远河东"抗日同盟"在抗战期间积极开展有利于抗日的各种活动。他们积极配合珠江三角洲抗日游击队（南三大队）开赴粤北的行动。第九中队和第五中队起义后，与东纵西北支队合并成立清远抗日同盟军，清远河东抗日同盟军一部分成员后来也参加抗日同盟军。由于抗日战争时期上黄塘一带建立了游击区的基础，解放战争时期，河东地区成为中共清远县委重要的党的联络点和开展党的农村工作活动的阵地。

四、开辟特殊的战线

（一）红色特工黎沃能

抗日战争时期，中共清远县委利用各种关系，把共产党员黎沃能安插到国民党县政府工作，经历了三任县长，长达五年之久。他利用合法的工作身份，为党组织提供不少有价值的情报，掩护地下党员开展各项工作，反击反共逆流，团结抗日进步人士。他在另一个战场进行着另一场特殊的战斗。

1940年春，黎沃能根据中共清远县组织安排，到时任国民党清远县县长谢静生身边工作。由于黎沃能是国民党中央军校第三分校政训总队学员，因而受到黄埔军校第五期学员出身的谢静生的信任，安排黎沃能担任县政府译电员，把7本译电密码交给黎沃能保管。当时，国民党反共已逐步升级，清远县政府与战区、省政府与地方之间有不少防共反共的密令，抗日战场的各种情报以及军事调动等机密消息都被黎沃能获取后交给清城地下党交通员江艾，及时上送中共清远县委和北江特委，使党组织及时了解敌情动态，采取相应措施。

1941年1月，谢静生把到滨江办国民教育的任务交给黎沃能，还要他任军事指导员，以便清城有战事时，县政府可撤龙颈。黎沃能到滨江区后，按照中共清远县委指示开展工作，建立了各乡、中心学校和保一级国民学校。有学校就要有教员，黎沃能根据党组织指示，安排了10名地下党员到滨江地区以教师职业为掩护进行工作。

1942年夏，日寇侵占清城，县政府搬到龙颈。新任县长黄开山、滨江区区长王度慈要黎沃能组织战时临时指挥机构，同时检查、了解各乡武装力量，制定保卫龙颈县府所在地的安全措施。黎沃能利用这个机会掌握了鱼咀、坝仔、珠坑、河洞、石马等乡每天报来的日军动态，了解到每天这些乡长和自卫队活动的情况，为当时驻在龙颈圩附近的中共北江特委领导提供了信息，为确保北江特委领导安全提供了有利条件。

1943年秋，张云亮任清远县县长。这时，中共清远县委已恢复。中共北江特委和清远县委根据当时的形势，认为清远地处粤北抗日前沿，决定要加快抗日武装斗争步伐。黎沃能根据县委指示，利用各种手段取得张云亮信任。张上任清远县县长几个月，就把黎沃能提为国民党清远县指导员、助理秘书。黎成了张云亮心腹，专门为他办理机要工作，跟随他出巡各区、乡。任命官员的公文都由黎沃能去办理，向省政府、战区写的往来信件，经黎写后直接邮寄。黎沃能由此获得了大量有价值的情报，及时向党组织报告。

1944年，北江特委准备建立由中国共产党领导的人民抗日武装力量，需要了解国民党在全县武装力量分布情况。清远县委要求黎沃能配合提供有关资料。黎沃能利用县指挥所情报股负责人身份，收集了全县国民党武装部队人员、枪支、弹药基本情况，还将驻清远县地方的一个师、一个保安团以及别动军一个大队和税警队情况提供给清远县委，使县委在建立抗日武装队伍，开展抗日武装斗争中做到心中有数，清楚了顽固势力和中间势力的分量比例，为进一步发展进步势力、争取中间势力、打击顽固势力做好准备工作。

黎沃能在国民党政权机关从事地下党活动，不但经常向党组织提供有价值的情报，有时还利用自己的特殊身份做好县委领导掩护工作，使之化险为夷。1944 年 9 月的一天，中共清远县委书记何俊才急于从清城返回石马，途经飞水口国民党检查站，被检查站国民党兵扣留查问。何的爱人想方设法找到黎沃能，黎沃能即到检查站处理。当黎到达检查站后，哨兵班长见县政府来人，看到黎沃能这个派头，只好让他把人带回去，还很有礼貌地送黎、何离开。

1945 年夏，当时全国抗日形势随着世界反法西斯不断胜利而迅猛发展。国民党省政府和战区都知道中共王震部队要南下五岭，东纵要北上会师。国民党清远县保安团团长罗烈和别动军姓蔡的大队长在龙颈圩保安团的团部召开"围剿"共产党游击队会议。县长张云亮派黎沃能代表他参加这次军事会议。会议结束后，黎沃能马上把敌人要"围剿"游击区的情报送出。当国民党顽固派部队进犯时，共产党游击队早有准备，给了敌人沉重的打击。

（二）红色交通员霍理文

1940 年 1 月，清城第一次沦陷。中共北江特委为了加强党对清远抗日救亡工作的领导，8 月，特委机关从英德东乡迁回处于抗战前沿的清远县城。1941 年，中共北江特委和清远县委决定在地下党员霍理文家设立党的交通联络站，地址设在清城上廓街"霍荣记"。

根据地下党秘密工作安排，霍理文担任党组织交通员，采取的联络方式方法是多样的。凡是从外地寄来的信件，将"霍"字分开上下两部分，在信封上写"转雨佳先生收启"的则是要转党组织的机密信。有时有人到小摊档谈生意，在付款时把纸币折成三角形买完东西就走开，说明纸币藏有秘密字条，必须马上交给党组织。在一定情况下，用上级规定的暗语进行联络，每次接头联络必须慎之又慎。霍理文自从当上交通联络员后，从未出过差错。

1942 年 5 月，发生了牵动广东、福建、广西、江西数省的"粤北省委事件"。在广东国民党统治区的中共组织奉命停止活动。中共北江特委书记黄松坚接到上级关于"隐蔽活动"的指示后，迅速进入龙颈，分期分批分别会见北江特委所属各县党的负责人，传达中共中央南方局和周恩来关于"隐蔽精干，长期埋伏，积蓄力量，以待时机"的指示。这时，县城地下党交通站霍理文工作特别紧张和繁忙。他一次次安全接头后护送各县地下党负责人秘密到龙颈接受"家长"黄松坚的紧急指示，又安全地把这些同志接回送走。由于北江特委处理果断、及时，所属各县党组织迅速做好转移、疏散和转入潜伏工作，从特委书记到各县地下党同志都安然无恙。

1943 年冬，清远县党组织恢复活动，清城"霍荣记"仍然是党的主要交通联络站。自从霍理文家成了党的秘密联络站后，他的母亲黄丽霞、小妹霍少英都来协助接待来来往往的地下党同志。多年来，"霍荣记"在抗战时期接待的党的同志有黄松坚、邓楚白、黄炎光、李福海、赵炳权、冯华、何俊才、杜国栋、萧少麟、唐凌鹰、朱志明、方君直、郑肇端、黎沃能等。

霍理文不但每次都出色完成上级交办的联络任务，而且还细心入微，注意收集各方动态，提供给党组织。 次，他在与街坊聊天中得知国民党清远县别动军头子何继林有 10 船走私货沿着滨江河而上。他迅速向中共清远县委书记何俊才作了汇报，何俊才当即决定，联合东纵西北支队在迳口水上截击别动军。当国民党一个中队联防队员和别动军押着一批货物至迳口水段伏击圈时，两岸枪声大作，敌人溃不成军，伤的伤、死的死，余下的大部分当了俘虏，船上货物全部成了游击队战利品。

1945 年夏秋间，广东珠江纵队南三大队 500 多人奉命北上五岭，经清远需要夜渡北江。霍理文接到安排南三大队夜渡任务后，通过各种关系找好船只。由于南三大队女同志多、病号多，拖延了渡河时间，霍理文经过三天三夜才找到她们，到指定地点连夜渡河进入文洞山区。对那些伤病的女同志，霍理文分批带回家中隐蔽养病，然后由组织安排到各地教书。

从 1941 年建立"霍荣记"交通站到抗战胜利，一直延续到中华人民共和国成立，霍理文都安全地、出色地完成党交给的各项任务，是当时粤北地区时间长、安全可靠的一个地下交通联络站。

第四节 北江特委在清远

　　1938 年 10 月，广州、武汉相继沦陷，抗日战争逐渐进入相持阶段。1939 年 1 月 7 日，中共广东省委决定成立北江特委。7 月，中共北江特委在韶关西河成立，黄松坚任书记，黄炎光、廖宣、谢永宽为委员。北江特委成立后，管辖地区包括：曲江、南雄、始兴、仁化、乐昌、乳源、英德、翁源、清远、佛冈、从化、花县、阳山、连县、连山、三水、南海、番禺等部分中共组织。北江特委成立时，机关设在韶关西河八路军驻韶办事处。1939 年 9 月，中共北江特委书记黄松坚率北江特委机关人员到清远开展抗日活动。1941 年 2 月，北江特委根据清远实际情况，成立了中共清远县委，邓如淼任书记。

　　1941 年，国民党顽固派在全国掀起第二次反共高潮。1942 年 5 月 26 日，中共南委组织部部长郭潜在韶关花园被捕后叛变。27 日凌晨，郭带领大批特务先后拘捕了中共粤北省委书记李大林、组织部部长饶卫华等人，并逮捕了当时正在乐昌的八路军驻港办事处主任廖承志。这一事件史称"粤北省委事件"。中共中央南方局和周恩来获悉粤北省委被破坏消息后，即电告中央，同时连续电告广东省党组织采取紧急措施应对。南方局要求安全第一，防止事态扩大；南委书记方方立即转移到安全地方；南委各所属党组织继续贯彻"隐蔽精干，长期埋伏，积蓄力量，以待时机"的方针，党员以群众身份实行"三勤"（勤业、勤学、勤交友）

活动。

在这重大事件面前，中共北江特委书记黄松坚临危不惧，按照上级指示，沉着应对，妥善处理。当黄松坚接到中共粤北省委秘书长严仲通过各种周折转来的"粤北省委事件"电报后，在清远通过清远县城联络站，立即通知各处地下党组织撤销一切地下交通联络站；通知各县领导人迅速来清远县研究疏散隐蔽工作。来到清远的各县地下工作者，由李福海（中共北江特委组织干事）分批带来与黄松坚见面，布置任务后，留下通讯地址，回去后执行组织决定，开展工作。当全部人员都安全隐蔽后，北江特委机关才疏散转移。邓楚白夫妇到广西柳州任教师，李福海到中山医学院复学，饶华到桂林教书，各县委负责人也分头疏散到各地。黄松坚则利用在"挺二"工作的关系就地隐蔽，并与各主要骨干安排好联络信号，同时保持一定联系。由于应对措施及时，各地党组织执行疏散隐蔽指示，许多党员撤离了原来的工作岗位。由于北江特委处理"粤北省委事件"措施得力，这期间没有一个组织被破坏，没有一个党员被捕，粉碎了国民党当局妄图对北江地区党组织"一网打尽"的阴谋。

1943 年冬，接到上级通知，恢复党的活动。粤北各县在中共北江特委领导下，党的活动又重新恢复并掀起高潮。北江特委根据清远县抗日斗争实际情况，把清远划分为清东、清西两部分。以京广铁路为界，铁路以西成立清西县委，何俊才任县委书记；铁路以东的潖江一带与从化一部分成立潖从工委，陈枫（陈国梁）任工委书记。清西县委成立后，派一部分党员进入国民党县政府工作，团结中间派县长张云亮，打击政治反动势力；派一部分党员开展农村基层工作；派比较多的党员到文化教育阵地工作，既掩护地下党员，又在广大青年师生中宣传党的抗日救亡主张。

北江特委进驻清远后，看准了文洞山区独特的地理环境和良好的政治基础，1940年夏开始，在文洞举办了3期党员训练班（简称"党训班"）。党训班的开办得到文洞群众的支持。党训班设在地处偏僻的上文洞山背坑贫农张社扬（中共党员）家。参加学习的学员来自全省各地。第一期党训班有22人。中共北江特委宣传部副部长张志云（饶华）和廖宦两同志分别上课。他们主讲《共产党宣言》《列宁主义问题》《大众政治经济学》以及毛泽东著名论著《论持久战》。

经过党训班学习的党员，大大提高了马列主义水平。党训班结束，他们各自分赴抗日斗争最前线，为取得抗日斗争的胜利作出贡献。

1944年6月，清远沦陷后，日寇在县城上下廓、南门口、麦天合等地驻守，并在沿北江铁路线主要圩镇设立伪维持会和组织汉奸伪军，妄图长期占领清远。日寇经常下乡抢掠民众财产，强奸妇女，屠杀中国村民。国民党县政府和军警逃入滨江，龟缩一隅，还组织了全副美式装备的别动军进入沦陷区，与日伪相勾结蹂躏百姓。中共北江特委指示清远县委，要带领群众，建立自己的抗日武装队伍，打击日寇，保卫家乡。清远县委依靠赖德林党小组把庙仔岗村几支步枪拿出来，并动员群众有钱出钱、有力出力、有枪出枪，很快组建了二三十人的抗日游击队。北江特委通过熊河清（中共清西县委宣传部部长）回英德，做地下党员罗发工作，动员罗发父亲支持抗日，从家中取出一批枪支，并组织了一个抗日小队来清远参加抗日游击队。为了麻痹敌人，利于工作，中共北江特委书记黄松坚做莫雄的工作，组建清远抗日游击队，挂"北江第二挺进纵队第三大队第九中队"番号。赖德林为中队长，何俊才为政治指导员。与此同时，改造了"挺二"驻清远的第二大队第五中队。杜国栋任中队长，黄孟沾任政治指导员。这样，第五中队、第九中队这两支为共产党掌握的武装队伍，有

200多人。此外，在北江特委支持下，文洞山区党组织建立了以张耀伦为领导的游击小分队在高田一带活动。在清城对河的上黄塘，由钱青以"抗日同盟"的组织形式把当地青年组织起来，在龙塘、洲心一带开展抗日活动。

　　革命战争年代，党组织的活动经费十分困难。为了解决活动经费问题，1941年7月，中共北江特委派邓重行在清远县城先后开办了3个小型工厂：清远火柴厂、清远粉笔厂、清远伞柄厂。1945年，北江特委以"挺二"政治部名义，派邓重行、李学林、马秀居兴办昌兴运输社，与莫雄合股开设"志兴行"。此外，北江特委派邓重行到韶关，与外商办起了"工业合作社"。北江特委自力更生办企业，对北江特委和清远县委筹措活动经费起到很好的作用，还支持了当时进驻文洞的东纵西北支队5万元经费。

　　北江特委进驻清远期间，对清远县委抗日斗争进行面对面的领导，推进了清远县党领导的各项工作，进行抗日救亡的宣传，激发广大群众抗日保家乡爱国热情；贯彻执行党的抗日民族统一战线，团结一切可以团结的力量打击日本侵略者；建立文洞山区和其他一批大大小小革命根据地；建立清远人民抗日武装力量；克服无数艰难险阻，和全国人民一道迎来了抗日斗争最后胜利。

第五节 东江纵队挺进清远

抗战后期，东纵北挺迎接王震大军。北挺部队两次都经过清远，对清远人民的抗日斗争起到很大的推动作用。

一、东纵两度北上清远

1944年9月，为了粉碎日寇打通粤汉线，支援大东亚战争阴谋，根据上级指示，东纵派出游击队北上建立据点，牵制敌人。邬强和何为两个大队奉命北上。由于事前没有和沿途的地方党组织联系好，部队进入从化境内，遭受国民党军队、日伪军以及地方势力层层截击。何为带领的一个大队退回原地。邬强带领的大队经过半个月迂回运动，准备进入清远文洞山区建立据点。

当部队渡过北江河，进入清城，经田龙望天狮后，与从龙颈复出清城的国民党大部队相遇。由于天色已晚，情况不明，双方避开而走。部队在太和洞山脚集结后，分析了当时敌我力量悬殊情况，决定部队迅速经山塘渡北江，到龙塘、石角一带休整，然后回增城活动。部队在石角神石住了两天，被国民党军队发现，他们不但亲自上阵，还煽动受蒙骗和受操纵的乡村联防队包围东纵游击部队。在不打不行、打也不行（主要怕杀伤群众）的情况下，部队决定首先抢占神石脚山头，留一个排在村头阻击。经过激战，虽然打退了敌人进攻，突出了包围圈，但有一个班竟牺牲剩一个人。部队撤离神石到水芋塱，又遇到驻在铁路边的日军。该队日军有 100 多人，配有六〇炮、掷弹筒等火力较强的武器。接火后，日寇发起几次冲锋都被打退。战斗中，东纵战士对日本侵略者的仇恨从子弹中迸发出来。有的战士嫌天气太热索性脱掉上衣，对着日本鬼子猛冲猛打，终于打败了敌人。事后，目睹了这一战况的群众都称赞地说，只有红军打仗才有这样英勇。从此，他们知道，东纵是人民的军队，开始接近和支持部队的活动。

在这次北上清远战斗中，东纵手枪组组长张锦标奉命潜入清远源潭粤汉铁路线一带进行侦察时不幸被捕，在受尽伪军严刑拷打的情况下，张锦标和他的战友吴泽全，严守组织机密，宁死不屈，并大声斥责伪联防队队长陈淦才，劝他回头是岸，如果继续欺压百姓，则死无葬身之地。但是，死心塌地为虎作伥的陈淦才还是把张、吴送给了驻源潭的日军。

日军头目带着翻译，对绑在村边树上的张锦标进行审问。但他们问不出所以然，便将张、吴施以重刑：用点着的烟头丢进张的衣领灼烫，用辣椒水灌……张被折磨得昏死过去，他们又用冷水泼醒再施刑。经过两天两夜反复折磨，张锦标奄奄一息，但他仍小声鼓励战友吴泽全，要挺住，坚守组织秘密，宁死不屈与敌人斗争下去。

在被捕的第四个夜晚，张锦标挣脱了手脚上的绳索，叫醒吴泽全一齐钻铁丝网外逃。但吴泽全奄奄一息无力行走，他要张锦标先走，不要管他。张只好钻出铁丝网，冲出几十米便倒在一块稻田的水沟里。日军追问张的去向，吴泽全指了一个相反的出口处，使张锦标得以逃生。

张锦标在被捕四天四夜里，受尽敌人的各种摧残，终于以对党、对革命无限忠诚的革命意志战胜了敌人。他逃出了敌人魔掌后，在山腰找到一户独立人家。这家主人姓郑，得知张的情况后，既钦佩又同情,收留了张锦标,共食红薯饭,用麻袋当被给张取暖,在炉灶旁过夜。次日,张锦标急于找回自己的部队,向屋主人要了一套旧衣服和 3 升米,下山后,在群众黄佳、黄妹家养伤。这时,中共清远县委书记何俊才接到上级指示,要千方百计把失散的东纵战士找回来。经过多方努力,何俊才找到张锦标,待张伤势好转后安排到清远游击队手枪队工作。日本投降后,张锦标归队,随东纵北撤山东,参加了睢杞战役、济南战役、淮海战役和解放广东战役。

1945 年 3 月,东纵两支部队第二次北上清远。这次北上由于事前做了很多准备工作,沿途获得共产党组织和群众的配合与支持。邬强率的一个支队到达英德。蔡国梁、邓楚白率领的另一支队从潖江安全进入文洞。部队进入文洞后,在当地党组织和群众支持下开展了一系列抗日斗争活动,开辟了清远文洞地区抗日斗争新局面。

二、东纵在清远的战斗

(一)袭击日军水上运输线

1945 年 1 月,日军第五次侵占清城后派兵驻守。北江河段上至英德、韶关,下至三水、广州,日军运输船只占据了水上交通,每天来往不断运送他们的侵华物资。

为了破坏水上运输线,打击和破坏日军的后勤补给,东纵进驻文洞的西北支队决定伏击日军运输船只。6 月 3 日,西北支队西虎中队和刘黑仔中队进入高田圩,派出第一小队联合高田乡自卫队(队长系中共党员)在横石圩以北石角岭一带设下埋伏。13 日,当日军几艘运输船驶过设伏的江面时,游击队战士和自卫队战士居高临下向敌猛烈开火。当即击沉日船 3 艘,俘虏日军 6 名。此战,打击了日军,破坏了敌人的运输计划。

（二）攻打高田乡公所

1945 年 3 月，东纵进驻文洞后，西北支队由 50 多人一下子增至 100 多人，粮食问题成了扩军后游击队的当务之急。敌人为了消灭游击队，更加加紧了对文洞山区的经济封锁。高田乡伪乡长黄泽仁规定每个入山的人只准带 7 斤（1 斤 = 500 克，下同）粮食、3 包火柴、1 斤食盐，妄图以经济封锁困死文洞山区游击队。

6 月的一天，东纵游击队联络员张社扬筹集了一批粮食由高田圩运回文洞，途中碰上黄泽仁联防队，粮食悉数被抢去。高田乡联防队抢粮食事件激怒了游击队广大指战员。6 月上旬一个晚上，西北支队 100 多人包围了高田乡公所。战斗打响，乡公所联防队员来不及抵抗纷纷逃窜，当场被击毙 10 多人，活捉 2 人，黄泽仁逃到山边隐藏起来。

攻打高田圩的胜利，大长了文洞一带群众的志气，他们看到了共产党游击队的力量，看到了文洞山区未来的希望，很多青年要求参军。驻文洞山区的西北支队由 100 多人迅速发展到 300 多人。

（三）打击石古墩别动军

1945 年 6 月 7 日，西北支队西虎中队和刘黑仔中队袭击了驻附城石古墩国民党别动军，全歼 32 人，缴获机枪 2 挺和步枪、冲锋枪 30 多支。6 月 15 日，刘黑仔中队袭击了国民党别动军迳口走私船。仅半小时，击毙 8 人，俘敌 30 多人，缴获枪械物资一批，有力地打击了国民党反共逆流。

三、东纵北上

1945 年 8 月，在清远文洞的东纵西北支队奉命北上迎接王震南下部队，准备在五岭建立华南抗日游击根据地。接到命令后，张耀伦、张焕、张祥等文洞本地游击队员 20 多人也随部队北上。部队到达英德县黎洞时，经领导研究决定，为了保持文洞革命根据地，派钟水、张耀伦率领 18 人返回文洞继续坚持革命游击活动。

第六节

抗战时期的主要战役

一、王子山阻击战

1938 年 10 月，武汉和广州沦陷。日军为了打通粤汉铁路，实现武汉和广州的日军会师，进而控制中南，1939 年 12 月中旬，入侵广州的日军集结 7 万兵力，分三路北上：右翼由增城经新丰进犯，中路经从化由佛冈入侵，左翼经花都向源潭进攻。日军狂妄叫嚣要消灭粤北地区的中国军队，1940 年元旦前占领韶关。

面对气势汹汹的日本侵略者，国民党第十二集团军驻清远部队与共产党清远县组织领导的抗日武装力量团结一致，英勇抗敌，在第一次中日粤北会战中发挥了重要作用。

1939 年 12 月 7 日，日军 104 师团 1.6 万余人沿铁路北犯，向银盏坳（今属清远市清城区龙塘）猛烈进攻。国民党军一五二师官兵顽强据守。一支日军攻打银盏坳三兜松，另一支日军经花都狮岭偷袭银盏的王子山，并迅速抢占王子山附近的栋企石和天堂顶高地，迂回包围了据守在三兜松正在与日军作战的国民党军一五七师某连。随后，第十二集团军前敌总指挥缪培南命一五八师、一八七师增援，全面展开争夺王子山战斗。日军在增加兵力后，用飞机、大炮轰击守军阵地，继而用步兵发起集团式冲锋。守军投入了 6 个团的兵力，在方圆 10 多千米的区域内与敌进行了反复争夺。特别是王子山一带的战斗打得尤为激烈。守军两个连，在战斗中全部壮烈牺牲。在争夺王子山附近伯公坳战斗中，守军九四〇团两个营损失四分之三，营长连士英、副营长倪伟英光荣牺牲。

12月24日，一部分日军侵占江口的湖洞后山和源潭桂屈山，并以这个山为阵地，掩护其他日军在沙公塘抢渡北江。国民党军一个连据守尖锋岭，阻止敌军渡河。在该连官兵的英勇奋战下，阻止了敌人多次强渡北江。敌见屡攻不下，一面在沙公塘佯攻，一面另派两支队伍偷渡北江，抢占了江口禾仓、湄坑作桥头堡，沿旧岭、高田、高望经分水坳进入英德。

在20多天的王子山阻击战中，清远县群众积极支持中国军队打击日军。他们烧水、做饭、救护伤员、当向导，为击退日军作出了贡献。这次战役，国民党军击毙日军副联队长山本正一中佐和千余名日军，迫使日军不得不撤回广州。

二、清城保卫战

1940年1月2日，进犯粤北的日军在翁源新江一带被中国军队击败后，全面撤退。一路撤至清远高田经江埗退入清城，一路由文洞山穿越笔架山退入清城。国民党军暂八师奉命截击败退之敌。中、日两军在笔架山下的大岗寮（今附城）开战。敌人多次冲锋，都未能前进一步，只是一次次掉下不少尸体。这时，由高田经江埗准备入侵清城之日军，抢占了清城松树岗高地，并支援从笔架山下来的溃逃日军。暂八师前后受敌，被迫向西转移撤退至黄坑芋头岗，组织火力进行反击，利用围城的高基防洪堤作掩护，摸近松树岗敌据点，展开近距离的战斗，夺回据点。

另一支国民党军部队以挺进纵队为主力（有两个中队是共产党员当中队长），从南门街进攻驻守在县府大本营的日军，战斗打得异常激烈，双方在南门街一带展开巷战。经过一阵激战，敌增援部队到来，进攻部队不得不撤退。驻县府大本营日军马上腾出兵力，从北门街出，绕过三面塘，抢占大沙河风雨亭，切断暂八师的联系，集中火力向驻守松树岗的中国军队进攻。守军营长李其林，身先士卒，与敌人展开肉搏战，杀敌数十人后壮烈牺牲。营长牺牲后，其他战士同仇敌忾，奋勇杀敌，终因孤军无援而全部壮烈殉国。

5日清晨，日军加紧了对清城的进攻。下午5时，清城首次沦陷。日军进入清城后，到处烧杀抢掠。清城沦陷7天，被杀群众385人、团队政警52人，日军强奸妇女250人。10日上午，在国民党军4个团兵力的攻击下，日军败退。他们为了逃命，强抢民船，强拆居民房屋材料，在平安一街架设浮桥过北江，仓惶逃回花县的军田和赤坭。

三、夜袭南门街

1944年6月，日军第三次侵占清城。驻清城日军为104师团的一部。他们把总部设在城东麦天合地主庄园，庄园内建筑物高大，易守难攻。城中心南门街和下廓商业区均筑有炮楼，日军日夜防守。伪军驻在城西一带，与日军遥相呼应。

清远县城是粤北重镇，抗战时期由于广州沦陷，水路、陆路交通不便，清城便成了粤北南来北往物资集散地，上下廓街商铺林立，日军以之为财源广进之地。中共清远县委决定攻打驻守南门街的日军。

1945年5月13日晚，由中共领导和掌握的北江"挺二"第九中队和第五中队联合攻打南门街日军据点。

第九中队由何俊才、赖德林率领，从庙仔岗出发。第五中队由杜国栋率领，从清城后岗出发，按计划行动。第五中队负责警戒和阻击上廓方向的日军，第九中队负责攻打南门街。晚上11

时，战斗打响。南门街炮楼外的日军仓惶应战，被第九中队战士密集的火力迎头痛击，马上龟缩回炮楼，1名曹长、数名士兵当场毙命。驻上廓的日军被第五中队包围，也不敢出来增援。中队长赖德林在战斗中奋不顾身，手握机枪冲在最前面，对着日军猛打猛扫，不幸负伤，后因流血过多，撤出战斗后第二天牺牲。这次奇袭南门街战斗，是清城沦陷后，人民抗日武装打击日军的一次重要胜利。当时在广东战场上，包括国民党部队，能抗击日军，攻陷县城的很少有，清远的游击部队是其中之一。这就大大打击了日寇威风，人民兴高采烈，国民党报纸也大力宣传。

战斗结束后，攻打南门街的游击队将汉奸店铺及敌伪商行的物资全部没收，从南门口码头用船运回迳口附近的社田村。当时因为第九中队和第五中队挂的是国民党"挺二"番号，抗日打鬼子取得胜利，"挺二"司令莫雄脸上有光，十分高兴，当即拿出几万元来抚恤烈士家属和慰问参战官兵。自此，清远人民抗击外侮、打击日本侵略者的战火越烧越旺。

四、反"围剿"的战斗

1945年7月下旬，国民党清远县当局在龙颈（抗战时国民党县府搬迁至龙颈）召开会议，研究部署消灭驻文洞山区的东纵西北支队和清远抗日同盟军大队，摧毁文洞革命根据地。会后，他们纠集了驻清远县国民党军队和英德县、四会县保安团两三千人，气势汹汹地向文洞革命根据地扑来。事前，中共安插在国民党县政府任秘书的共产党员黎沃能把这一绝密情报送出，使游击队及时采取措施应对。当敌人进攻文洞时，游击队留小部分队员阻击敌人，大部分长途奔袭离文洞60多千米的国民党县府驻地龙颈圩。

7月27日，奔袭龙颈的中共游击队到达龙颈圩东南方向的滨江河东岸，刘黑仔手枪队为前锋突击。晚上9时整，战斗打响，游击队战士人人奋勇、个个争先，猛攻敌人炮楼，直捣龙颈圩中心县府。战士们高喊："打倒祸国殃民别动军，为民除害。"一时间，龙颈圩内枪声大作，家家关门闭户。反动的国民党顽固派党政军头目懵了，不明情况，各自逃命。那些在花艇上与妓女鬼混的别动军头目吓得跳水逃窜。时任国民党清远县县长张云亮无法组织抵抗，面对散沙一盘的局面，他急忙电令"围剿"文洞之兵回师救"驾"。国民党当局"围剿"文洞根据地，妄图消灭游击队的计划落空了。

5

第五章

为解放清远而斗争

（1945. 8—1949. 10）

第一节 抗日战争胜利后的清远形势

中国人民抗日战争胜利之后，国内阶级矛盾上升为主要矛盾。代表国内大地主、大资产阶级的国民党政府，坚持独裁、内战的方针，企图在全国保持其实行专制的统治。代表人民利益的中国共产党坚持要建立代表人民大众利益的新民主主义新中国。因此，抗战胜利后，中国围绕"建什么国家"问题展开两种命运、两个前途的斗争。

抗战结束，国民党在美国支持下，在全国抢占战略要点、抢占地盘，利用和谈欺骗手段，要共产党交出人民政权和人民军队。中国共产党提出"针锋相对，寸土必争"策略，以"革命两手反对反革命两手"。随后，人民解放军撤出广东、浙江、苏南、皖南、皖北、湖北、湖南、河南等解放区，但是，国民党反动军队仍不断向解放区进犯。1946 年 6 月，中国全面内战爆发。

在广东，抗战胜利后形势同样十分严峻。1945 年 10 月 20 日，国民党广州行营主任张发奎召开粤桂两省"绥靖会议"，策划开展内战，扬言在两个月内"肃清"共产党和人民武装。会后，张发奎在广东投入 8 个军 17 个师，以及地方武装 50 个团的兵力，对共产党武装限期"清剿"。国民党一三一师，将清远、四会划为重点"清剿区"之一，并在各地成立"清乡委员会"，妄图一举消灭共产党。

1945 年 8 月，在清远的东纵西北支队和同盟军，离开文洞北上五岭。考虑到清远的特殊情况，西北支队决定清远文洞游击队留守坚持斗争，张耀伦、张祥和西北支队钟水等 18 人返回文洞开展游击战争。为了应付东纵北撤后的复杂斗争形势，清远县党组织决定，一部分老弱病残人员回乡，一部分分散潜伏，划分好活动区域，保持一定联系，"坚持斗争，保持武装，保存干部"，做好长期隐蔽斗争打算。

1945 年 8 月、9 月间，国民党清远县反动政府 3 次出动数百人的军队"围剿"文洞，到处烧、杀，"扫荡"文洞游击队，并把群众的粮食、猪、牛和其他牲口抢得精光。为了避开敌人的疯狂杀戮，文洞党员张耀伦组织打猎队上山打猎，党员张社扬上山烧炭，在山上搭茅棚食宿，游击队伍实行分散活动，保持联系，等待时机恢复武装斗争。

第二节 恢复和发展武装斗争

1946 年夏，人民解放战争全面展开。根据形势变化和中共中央指示精神，中共广东区委作出了恢复武装斗争的决定，制定了"实行小搞，准备大搞，从无到有，从小到大，稳定前进"的方针，号召各地党组织留下坚持武装斗争人员，重新拿起武器，建立武装队伍，立即开展打击地方反动势力、保护人民群众利益的斗争。

1946 年 8 月，根据上级安排，广（宁）四（会）清（远）边区中共游击队派出苏陶任中队长兼指导员的只有 12 人的独立中队，到广四清结合部秦皇山区开辟以秦皇山为中心的游击区。通过一系列活动，1947 年初，队伍从 12 人发展到五六十人，有 1 个直属排，2 个武工队。

1947 年 4 月，中共英（德）清（远）特派员司徒毅生召集中共英德（不含英东）特派员谢洪照、中共清远县副特派员方君直在清远城郊开会，传达上级关于恢复发展农村武装斗争的指示。9 月，马奔（连江支队副司令员）根据粤桂湘边区工委指示，组织了一支 50 人的武装队伍（4 个班，2 挺机枪），由广清边游击队副大队长冯开平带领，从清远南冲三圣宫出发，取道秦皇、骆坑，过滨江河，经太和洞，沿笔架山小路到达文洞。部队与张耀伦率领的 10 余名游击队员合编为英清边游击大队文洞独立中队。这时，在抗战胜利后复员的隐蔽在农村的游击队员陆续归队。文洞中队在军事上与广四清边秦皇游击队两翼配合，相互呼应，有力地反击国民党的进攻。

在开展对国民党的革命斗争中，清远县党组织根据清远实际，一方面发动群众，粉碎敌人的"围剿"；另一方面开辟新的游击区，巩固和发展革命根据地。游击队抓住涉及农民切身利益的问题，组织群众开展反"三征"运动，宣传打倒蒋介石，解放全中国。在游击区的农村建立农会、自救会、妇女会、民兵组织。为了维护农民利益，根据地还开展减租减息运动，规定减租减息对象和比例。对一些守法的地主、富农、工商业者，部队也作了明确规定，使他们的利益得到一定的保障，以便更大限度地团结一切力量，打倒和推翻国民党的统治。

巩固和加强文洞根据地建设

革命战争年代，清远在中国共产党领导下的革命根据地具有一定规模的是现清新区秦皇山区根据地和现清城区文洞山区根据地。秦皇山区位于清远县西部，与广宁县、四会县交界。文洞山区位于清远县东部，与英德县交界，傍倚北江。

文洞山区，位于清远县县城东北部。它东临交通大动脉京广铁路，广东三大河流之一的北江像白练一样从山下轻轻飘过。山里层岩叠嶂，古木参天，峰回路转，形势险要。

早在第一次国内革命战争时期，文洞山区就受到革命浪潮的冲击，山区人民积极投身到以工农为主体的国民革命中。1924—1925年间，高田一带建立了农会和农军。文洞山区的潘观容、罗北清、罗师保等农民都参加了由中共领导的农会和农军组织。后来，农民运动虽然失败，但农民运动的革命精神已在高田、文洞一带留下深刻的影响，它激励着在黑暗中摸索前进的文洞人民去抗争，去奋斗，去创建美好的明天。

一、革命火种

1937年7月7日卢沟桥事变后，中国进入全面抗战。1938年10月，广州沦陷，清远成了抗日战争的前沿。1939年，蒋介石集团实行积极反共、消极抗日的政策，对共产党领导的人民抗日力量加以限制和破坏。粤北地区和清远县党组织根据中共中央和毛泽东指示，一面坚持党的抗日民族统一战线方针，团结一切可以团结的力量，狠狠地打击日本侵略者；一面加强建立敌后根据地，广泛开展抗日游击战争，有理、有利、有节地开展对敌斗争。1940 年，清远县党组织以设立军民合作站的名义在文洞地区开展革命活动。

1940 年 2 月，国民党第十二集团军六十三军驻扎在高田，军民合作站建在高田乡。当时，中共党员练铁、王长光、周作煦、叶春华等以公开身份担任抗日军民合作站领导。叶春华与六十三军军长吴瑞贵还是同乡。清远县党组织指示，要叶春华利用"同乡"关系，取得吴瑞贵的信任，以军民合作站为掩护，进入文洞山区开辟中共革命根据地。

练铁、王长光、叶春华等深入到文洞老百姓家中，与文洞群众同食、同住，访贫问苦，促膝谈心，不断启发群众提高思想觉悟，使他们明白世界上穷人为什么穷、富人为什么富的道理；明白只有跟着共产党，推翻不合理的剥削制度，农民才能翻身得解放。在练铁、王长光、叶春华等的培养、教育和帮助下，文洞山区发展了第一批中共党员，他们是张祥、张耀伦、张金广、张耀胡、张北林。1941 年 3 月，文洞建立党支部，书记张耀伦，委员有张金广、张祥。从此，文洞人民有了坚强的领导核心。他们在中国共产党领导下，与敌人进行不屈不挠的斗争。

二、革命的学校

文洞地处偏僻，文化落后，为了提高文洞群众的文化素质，党组织通过各种合法途径把当时的大围、大坪两间私塾合并为文洞小学。一方面开展教书育人，从少年儿童开始培养年轻一代；另一方面派出中共党员以教师职业为掩护，对群众进行革命思想教育，组织群众开展抗日救亡活动，把文洞办成教人学知识、学文化以及学习革命思想的大学校。

党组织派了时年 18 岁的女共产党员蔡莹到文洞小学任教。蔡老师在教学中以白话文代替文言文，对学生进行现代汉语教育。她还结合当时抗日救国的形势，对孩子们进行抗日救亡思想教育，利用教孩子们唱歌的机会，向少年儿童灌输抗日爱国思想。在课后，蔡老师还利用闲暇时间深入农家教大人和小孩唱革命歌。最有名的，在当地脍炙人口的是一首锄地歌：

你锄地呀我担泥，挖条战壕长又长，
为着赶走日本死贼佬，大家一齐来帮忙。
阿婶仔，唔使慌，
准备好，上战场；
东村李四扛子弹，张家大嫂运军粮；
细佬哥，去放哨，
后生仔，背起枪；
你来我又来，同心协力打豺狼，
打倒日寇保家乡，
我地部队铁一样，
唔管日寇来多少，
要佢统统都死光。

1941 年秋，中共清远县委派朱继良接任蔡莹的教师工作。朱继良其实是中共清远县特派员，他以文洞小学国文教师身份为掩护，以文洞小学为据点，利用教学的方式，把先进的抗日救国思想及人民求解放的道理融入教学中，结合实际，深入浅出，一听就懂，一讲就明，很受学生的欢迎。

朱继良在上课之余，还利用课余时间，无论白天和晚上，他都深入文洞民众家中，与广大农民交朋友，在询问群众疾苦的同时，向他们宣传中国共产党抗日时局的主张，宣传劳动大众翻身求解放的道理。在朱继良的精心培养、教育和帮助下，不少文洞青年走上了革命道路。抗日战争期间，文洞有 30 人参加了中国共产党领导的抗日义勇军西北支队，走上了为赶走日本侵略者血战沙场的道路。抗战时期的文洞山区，既是教育少年儿童读书识字的学校，同时也成为群众学习革命思想的社会大学校。

文洞山区的独特地理环境和良好的政治基础，得到了上级党委的重视和信任。1940 年夏开始，中共北江特委在文洞举办了 3 期党训班。党训班的开办得到文洞群众的大力支持。党员张金广出面联系，把党训班设在地处偏僻的上文洞山背坑贫农张社扬家。参加党训班的学员来自全省各地。第一期党训班有 22 人。中共北江特委宣传部副部长张志云和廖宣两同志上课，他们主讲《共产党宣言》《列宁主义问题》《大众经济学》以及毛泽东著名论著《论持久战》。

为了确保党训班顺利进行，文洞群众除了为参加学习的同志提供住宿方便外，还主动做好党训班的保卫工作。有人对党训班图谋不轨，被张金广用各种手段吓跑。张社扬白天为学员购买生活用品和运送粮食，晚上站岗放哨。办班结束，张社扬也秘密参加了中国共产党。

3 期党训班在中共北江特委主持下，在文洞群众支持下，顺利地进行。参加学习的学员经过训练后，大大提高了马列主义水平。党训班结束，他们各自分赴抗日斗争最前线，为取得抗日斗争的胜利作出贡献。

三、智夺"保政权"

1938 年 10 月，广州沦陷。清远县国民党顽固派当局面对国破家亡，不是考虑如何带领群众抗日救亡，而是处心积虑如何加紧搜刮民脂民膏，大发国难财，人民处于水深火热之中。国民党顽固派当局不顾人民死活，在文洞出入的山路口设立关卡，抽缴苛捐杂税。战乱时期，食物匮乏，物价飞涨。文洞山区人民挑1担（1担＝50千克，下同）山货只换回1升多大米，卖1担木柴也只得1斤半番薯，加上旱灾荒年，人民根本无法生活。山路上，到处是卖儿鬻女，沦为乞丐者不计其数，饿死者比比皆是。国民党顽固派不得民心的行为自然激起民众的愤怒，自发抗丁抗税行为时有发生。为了从政治上加强对人民控制，国民党顽固派当局在农村推行保甲制度，以防止人们的抗争行为。

这时，刚成立不久的文洞党组织决定把国民党顽固派当局在高田文洞最基层的权力夺过来，为群众办好事。

那时，文洞的保长叫张池，他贪污受贿，敲诈勒索，横行乡里，公事办得一塌糊涂，群众对他恨之入骨。文洞党组织根据群众意愿，组织了一场驱逐张池下台的斗争。一次，高田乡乡长梁佩玱要开保长会议，党组织布置一些人把张池拉进烟馆过烟瘾，使之缺席会议，派党员张金广参加保长会议。当梁佩玱问张池为什么不来开会时，张金广大讲张池的不足。梁佩玱平时就听到群众对张池的不少意见，现听了张金广的说词，更是气得七窍生烟，当即宣布撤销张池保长职务。党组织乘机通过群众出面，推选革命积极分子张耀伦当保长，暗中为文洞山区群众服务。此后，文洞党组织在张耀伦"保长"名义掩护下，开展筹粮筹款，为游击队购买军用物资，发展武装力量。党组织还以张耀伦"保长"名义出面，为文洞群众办实事、好事，受到群众的赞扬。如，1941年，天逢大旱，加上连年战乱，文洞山区遭遇前所未有的困难。由于瘟疫流行，使文洞山村短时间死去100多头耕牛，大片土地难以种植农作物，张庚、张海两村庄100多人扶老携幼到外地逃荒。莫屋、大坪、横坑口、牛栏坑、太平坑等村因外逃人员多而田园荒芜。面对天灾人祸，文洞党组织巧妙利用张耀伦"保长"的合法身份，带领当地民众代表到清远县府申灾求助。党组织领导朱继良亲自代写了一份文洞灾情报告，要求县府赈灾，由"保长"张耀伦交给时任清远县县长谢静生。由于反映情况详尽，言辞恳切，群众要求强烈，感动了县长，当即由县府拨发一批粮食和救济物资给文洞群众，解了燃眉之急。这次赈灾，救济品虽然是国民党清远县当局下发的，但整个过程都是文洞党组织策划和运作的。文洞群众从这次赈灾事件中看到了共产党人是真心实意为群众着想的，为群众谋福利的，从而更加坚定了跟着共产党干革命的决心。

四、反封锁斗争

1943 年 4 月，文洞党组织不断发展扩大。张耀伦任文洞保长进行筹粮购枪之事泄露，被国民党顽固派宣布为"奸匪"，文洞山区划为"匪区"，并悬赏通缉张耀伦。敌人从政治上、经济上对文洞山区全面封锁。面对敌人的封锁，文洞党组织决定由党员张金广、张社扬带领 20 多人到附城白庙参加国民党挺进纵队的杜国栋（中共党员）中队，以便在时机成熟时，连人带枪起义回文洞。

1945 年 4 月，中国共产党领导的抗日义勇军西北支队在队长蔡顺发、政委邓楚白的率领下挺进文洞山区与文洞党组织接上了组织关系。西北支队在文洞一带开展抗日宣传，打击土匪恶霸，动员参军参战。在短时间内，支队由 50 多人扩充到 100 多人。地下党员张耀伦、张祥、张社扬等都参加了抗日义勇军，张社扬还担任秘密联络工作，任西北支队联络员。由于张是本地人，人熟、地熟、情况熟，在他的努力下，为党组织提供了不少有价值的情报。

文洞根据地的发展壮大，引起了敌人的更大恐慌。高田乡乡长黄泽仁下令对文洞山区实行更严密的经济封锁：规定每个进山的人只准带7斤粮食、3包火柴、1斤食盐，妄图以经济封锁手段扑灭文洞烽火。在党组织领导下，文洞山区人民进行了反封锁的斗争。文洞群众同附城群众联系好，每天把山货一担一担地挑到文洞山脚，然后把事先已准备交换的粮食一担一担地运进山里，形成一条"驳脚运输线"，粉碎了敌人封锁文洞的阴谋。

在与敌人进行反封锁斗争中，文洞党组织不是一味消极忍让，而是采取主动出击。虽然当时抗日战争接近胜利，但国民党顽固派妄图消灭共产党的险恶用心没有变。一次，张社扬由高田圩运一批粮食回文洞，途中碰到黄泽仁联防队，他们不问情由把粮食全部抢去。当晚，西北支队100多人包围了黄泽仁驻地，不消一小时，打垮了黄的联防队，缴获2支步枪，黄泽仁侥幸逃脱捡回了一条命。接着，西北支队捣毁了横石联防队部，击毙联防队员10多人，活捉2人。这场胜利，大长了文洞山区人民革命志气。这时，白庙挺进纵队杜国栋见时机成熟，率部到文洞参加了抗日义勇军。此时，西北支队由100多人扩充至300多人，文洞烽火越烧越旺。

五、血色的抗争

黄泽仁联防队被西北支队歼灭后，次日，国民党顽固派当局召集全县联防队和反动武装对文洞山区进行疯狂的报复。1945年6月18日，在县挺进大队大队长何继林、县联防队队长李达颜、汉奸陆珊率领下，由侥幸逃脱的高田乡乡长黄泽仁带路，600多名顽敌兵分五路，气势汹汹向文洞山区进犯，把文洞村庄围得水泄不通。由于敌人是连夜袭击的，次日凌晨，村民见到大批"牛骨"（国民党顽固派军队）进村，连粮食、衣物都来不及拿走便往后山跑。西北支队和敌人激战了一阵子，由于敌人太多，又要执行马上北撤任务，便不得不撤出战斗。敌人进村后，对文洞实行"三光"（烧光、杀光、抢光）政策。来不及逃走的村中老人张四及张桂扬被杀死。敌人抢走了耕牛 200 多头、大猪 93 头和粮食衣物一大批，烧毁民房 53 间、学校校舍 8 间，往日山清水秀的文洞顿时变得乌烟瘴气，废墟一片。

由于西北支队奉命北上，文洞山区只留下张耀伦等 18 名游击队员坚持敌后斗争，革命的力量相对薄弱了。但是，文洞党组织仍然发挥中流砥柱的作用，带领文洞人民与敌人血战到底。

离上次偷袭文洞仅 20 天时间，国民党顽固派当局再次集中800 多人，从鱼坝、笔架出发，第二次进犯文洞。这次，早有预防的文洞村民闻讯后即逃往深山老林或石洞之中，敌人端起机枪漫无目标向后山乱扫，想用威吓的手段把群众逼迫出来。为了不让其他乡亲暴露目标，大坪村张德新躲在石洞中，用手帕捂着年幼小孩的嘴巴，由于捂的时间过长，小孩被活活闷死，在场的群众见状无不悲伤流泪。敌人这次进山"扫荡"两天，烧毁房屋 60多间，抢去粮食、衣物一大批。

仅仅过了一个星期，敌人又对文洞进行了第三次"扫荡"。这次"扫荡"把文洞所有猪、牛和粮食抢得精光，搬不走的就放火焚烧或打碎砸烂。

敌人的血腥镇压和高压不但没有动摇文洞人民跟着共产党干革命的意志，相反，高压力量越大，反抗力就越强。文洞人民发出铁骨铮铮的誓言："旧文洞不去，新文洞不来。"村民们掩埋好同伴的尸首，揩干身上的血迹，又继续战斗。敌人抢走了耕牛，他们就用人力拉犁、耙，没有家具就用茅竹节当饭碗，用双手在废墟上重新搭建茅棚，在荒凉的土地上重新种出米粮。在这艰难困苦的岁月，文洞人民把仇恨记在心里，决心血债要敌人用血加倍偿还。

六、在斗争中发展壮大

1945 年 8 月，抗日战争胜利。10 月 10 日，国共双方签订《双十协定》。1946 年 1 月 10 日，国共双方签订《停战协定》。1946 年 6 月 26 日，国民党以 30 万军队围攻中国共产党的中原解放区，受到中共武装力量的有力回击，人民解放战争全面展开。

为了加紧摧残革命力量，消灭共产党。1946 年 6 月，国民党清远县当局出动大批兵力扑向文洞大围村，想捕捉文洞共产党领导人张耀伦。在其他同志和群众掩护下，张耀伦机智地逃脱了敌人的追捕。

为了加强文洞根据地建设，发展和壮大文洞山区游击队武装力量，1947 年，上级党组织决定，把在广宁县山区和清远县石马山区一带活动的游击队 50 多人，带着 2 挺机枪和其他武器弹药，与文洞山区游击队合并，成立英清边游击大队独立中队，张耀伦任中队长。从此，文洞山区的革命斗争又出现了新的局面。新成立的独立中队以歌曲、标语、群众会议、走家串户等多种形式宣传中国共产党的方针、政策，宣传党的"三大纪律、八项注意"，使群众明白中国共产党是为人民谋利益的党，是领导农民翻身闹革命、人人过上好日子的党。针对当时国民党苛捐杂税严重和到处拉壮丁搞得民不聊生的情况，文洞山区游击队根据上级要求，发动群众开展对国民党进行反"三征"的斗争。对于那些在文洞山区为非作歹的土匪、恶霸、自卫队等反动分子，游击队给予狠狠的打击，并把他们消灭。对于隐藏在文洞山区的国民党特务，则发动群众进行清查，及时拔掉这些定时炸弹，确保根据地巩固、壮大和发展。

1947 年 10 月，根据群众举报，高望村保长陈葵早在 1945 年就捕杀中共西北支队 2 名革命战士，并夺去 2 支驳壳枪。抗日战争胜利后受其上级指使，潜伏在文洞游击区，伺机破坏。文洞游击队得知情况后迅即将其抓获，摘掉了一颗毒瘤。

文洞山区是个"山高皇帝远"的地方，1947 年前，盘踞在这里有吴神佑、胡浩泉、曾东木、梁炳等多股反动土匪。他们打家劫舍，搞得民众不得安宁，有的甚至袭击游击队，破坏反"三征"工作。1947 年秋至 1948 年春，文洞游击队用了半年时间集中打击和消灭了这些为害一方的土匪，抓获 150 多人，对罪大恶极的匪首进行了处决。当游击队把罪大恶极的匪首胡浩泉公开执行枪决时，文洞群众无不拍手称快。

1947 年 7 月，人民解放战争进入战略反攻阶段。为了巩固和发展文洞根据地，党组织决定扩大游击队活动范围，由连江支队第四团（简称"连支四团"）领导方君直带领一部分游击队员向英德边界推进，开辟游击新区。隆冬腊月的一个晚上，文洞游击队员冒着寒风冷雨，连夜奔袭英德黎洞乡公所。由于组织严密，行动迅速，游击队一枪未发便俘获了乡长和所丁，缴获长短枪 10 余支、子弹千余发、粮食 8 万千克和其他一批物资。进入黎洞山区后，游击队还一鼓作气剿灭了盘踞黎洞多年的土匪，活捉土匪 6 名，缴获长短枪 10 支和物资一批。扩大了根据地范围后，游击队迅即返回文洞，加强根据地基层建设。他们组织了几个武工队，分别到高望、横石、附城、高田、江埗等地开展宣传、侦察、收缴枪支、筹粮等活动。经过几个月的工作，筹得粮食几十万千克、步枪数十支。文洞根据地发展壮大，游击队人数也由成立文洞中队时的 10 多人发展到近 200 人，活动范围控制着高田、附城、鱼坝等地区，文洞党组织也由秘密转向公开。

七、反"围剿"斗争

1947 年 7 月至 1948 年 9 月，人民解放战争从战略反攻进入战略决战阶段。国民党清远县当局看到了人民解放战争的节节胜利，看到了他们的末日即将来临，因此百般疯狂地加紧向文洞根据地进攻，妄图拔掉插在他们心脏的这把尖刀。

1947 年，宋子文的忠实走狗、反动军官出身的廖琪出任清远县县长。廖上任后，"剿共"特别卖力。1948 年春的一个下午，廖亲率县警察局局长赖岗和县联防队队长何继林、高田乡乡长潘子彬，趁着朦胧的雨色偷袭文洞根据地。由于事发突然，游击队不得不仓促应战，但是局势很快就被游击队控制住。由于敌人分成几小股偷袭，分散了力量，被游击队集中火力狠狠地痛打了一顿。廖琪见偷袭不成，慌忙带领残兵败将逃窜了。

小股敌人不敢直接进入文洞袭击游击队，但他们却经常在文洞外围骚扰，探听情况，一有机会就又发动新的"围剿"。一日，国民党一个中队的联防队从笔架经文洞往高田，准备联合高田乡自卫队"围剿"文洞，游击队在文洞山口打了伏击，打死 2 人，俘虏 1 人。

敌人是不会甘心失败的。1947 年下半年至 1949 年两年的时间，以廖琪为首的国民党清远县反动当局先后 18 次对文洞根据地进行"围剿"。据不完全统计，共烧毁房屋 200 多间，杀害群众 7 人，劫走耕牛 102 头、大猪 144 头、稻谷 3.25 万千克、大米 750 千克、杂粮 5000 千克、棉被 102 张、蚊帐 61 张、衣服 370 套、农具 119 件，被拉到县城监狱的有 79 人。

尽管国民党当局对文洞根据地进行多次"围剿"，凶残地杀害文洞群众，但文洞人民在中国共产党领导下，没有屈服。文洞游击队遵照毛泽东关于开展游击战争的军事原则，采取"敌进我退，敌驻我扰，敌疲我打，敌退我追"的战术，使得国民党近20次对文洞的进攻、"围剿"都以失败告终。相反，在文洞的共产党游击队却越战越强，文洞中队在成立时只有10多人到1949年发展到近200人，最终取得了革命的胜利。

八、真正的铜墙铁壁

1947年夏秋之间，驻清远县的国民党反动军队保四师对文洞山区实行封锁，妄图困死共产党的游击队。他们在进入文洞的各个主要道口设置卡哨，禁止群众多带粮食和生活必需品入山，使文洞游击队生活遇到了很大困难。

文洞游击队面对困境，一面发动群众积极开展大生产，自力更生，克服困难；一面组织民兵从山外运用各种方法抢运粮食进山，以粉碎敌人封锁文洞、困死游击队的阴谋。文洞群众对游击队反封锁做法十分支持。

有一天，民兵张谷、张有、张南3人接受了上级任务，去鱼坝执行运粮任务。他们3人化装成做工农民模样，巧妙地从鱼坝圩把150千克粮食挑了出来，趁天黑赶回文洞。突然，前面有一支敌人的巡逻队，3人便迅即绕向后山。不巧，又被敌人一个暗哨发现，并鸣枪拦截。3人每人挑着50千克的粮食没有停留，在黑夜中向前飞跑。他们互相鼓励，不管脚下莨箕头划破了脚板，也顾不得腿累腰酸，也不怕耳边飞米的子弹啾啾作响，只是坚定一个决心，完成运粮任务，不能让游击队员饿肚子去打"牛骨"。敌人越追越近，连"抓活的"声音都听得到。3人中领队的张谷发现前面有几棵大树和一大丛山草，于是急中生智，示意其他两同志借着树影，跳进草丛，藏好粮食后向另一个方面跑去。当敌人追到树跟前不见了人，便漫无目的地乱放了一阵枪，走到另一个山头搜索去了。趁敌人乱哄哄的时候，张谷3人又迅速摸黑回原地，找到粮食，挑起就走，安全地返回了文洞山村。文洞山区群众冒着生命危险为游击队挑粮的事迹，表现了战争年代军民鱼水之情。

有一次，文洞民兵莫观金接受了一个侦察敌情的任务，刚进"敌管区"，就迎面遇上了一股国民党保四师的部队。敌一个排长喝问莫去什么地方，莫机智地回答去探亲，敌人不信。敌一个连长上来硬逼迫莫观金带路去文洞，找游击队。面对突如其来的情况，莫观金脑子一转，很快冷静下来，他想，既然敌人要他带路，说明敌军没有"地头蛇"，不妨来个将计就计，于是一口答应下来。莫观金像牵牛一样，牵着敌人在各个山头转来转去，有时穿过光秃秃的山头，好让游击队发现敌情；有时走进荆棘丛生的树林，搞得敌人晕头转向；最后把敌人带到一个前无去路的死山谷。敌人见有些不对头，又害怕又恼火。敌排长用枪气势汹汹地逼近莫观金。这时，螺角声呜呜作响，声震山谷，步枪、机枪响成一片。莫观金大喊："游击队来啦！"趁势一脚踢倒敌排长，迅即转入山沟，甩开了敌人。文洞游击队和民兵已三面包围了山头，打得敌人死的死、伤的伤，一瘸一拐地逃回驻地。原来，莫观金带着敌人在文洞山头兜圈子，有意暴露了敌人行踪，游击队和民兵迅速集结，设好埋伏。当莫观金把敌人带至死山谷时，游击队开始扎口袋，打得敌人狼狈不堪。事后，人人都称赞莫观金机智勇敢。

1945 年 8 月，西北支队北上粤赣湘边界，留下张耀伦带领仅有 18 人的文洞武装小分队，根据地力量减弱，斗争越来越残酷。国民党把文洞划为"匪区"，多次对文洞进行"围剿""扫荡"，"小剿"不断，"大剿"连连。五年间，国民党清远县当局组织百人以上对文洞进行"围剿"达 18 次，最大规模的一次达 3000 多人。每次"围剿"，敌人见屋就烧，见人就抓，见物就抢。群众家里的锅头、水缸被砸烂，家具被破坏，连烂蚊帐、烂棉被都被撕出几处裂口，文洞群众出入山都要来回盘查。位处文洞出口要地的飞桥村，更是国民党当局严查的地方。群众入山的一两（1两＝50克，下同）盐、一盒火柴、一对电池、一件药品都要检查，加以限制。但是，文洞人民没有被国民党白色恐怖吓倒，相反，更加激发了文洞人民的反抗精神。

从1940年中国共产党在文洞建立革命根据地到中华人民共和国成立的九年多时间，清远文洞人民经历了抗日战争和人民解放战争最困难的时期。在党的领导下，文洞人民不怕杀头、不怕流血、不怕坐牢、不怕火烧家园，英勇顽强、不屈不挠地与日本侵略者和一切反动势力作斗争。文洞的党组织和游击队，在文洞人民大力支持下，从无到有、从小到大、从弱到强，走向胜利。人民群众的支持，是文洞共产党游击队克服无数艰难险阻的力量，是文洞这面革命红旗永远不倒的基础。正如毛泽东所说，真正的铜墙铁壁是什么，是群众，是真心实意拥护革命的群众。文洞人民一如既往地对共产党的无比信任和支持，一如既往地配合和参与游击队打击敌人，筑起文洞山区的铜墙铁壁。任敌人10多次"围剿"、长时间封锁以及对文洞实行"三光"政策，但文洞根据地却巍然屹立，红旗不倒，在对敌斗争中不断发展壮大，其根本原因也正是"战争的伟大力量之最深厚根源存在于民众之中"。

第四节 连支四团在清远

清（远）英（德）边位于北江以西，连江与滨江之间的一片山区，东临粤汉铁路。面积约 1000 多平方千米，人口 20 多万人。在解放战争时期，这里是清英边区人民解放军大队（后编入中国人民解放军粤桂湘边纵队连江支队第四团）活动和控制的地区。

1945 年 1 月，根据中共中央指示，广东省临委决定东江纵队和珠江纵队派部队北上五岭，迎接王震部队南下，创建华南抗日根据地。在东纵西北支队领导下，清英边组建了以王式培为中队长的英德黎溪人民抗日自卫中队和以清远文洞张耀伦为中队长的咸泰（高田）乡民众抗日自卫中队。中共清远县委书记、同盟军大队长何俊才领导清远人民抗日同盟军大队协同西北支队转战清远。

1945 年秋，西北支队和同盟军大队向五岭进发，离开了清英边北上。黎溪人民抗日常备中队、咸泰（高田）抗日自卫中队在清英边区特派员领导下，继续坚持斗争。

9 月下旬，根据中共北江特委指示，黎溪中队和咸泰（高田）中队缩减人员后，游击队员部分复员或调出，只留下张耀伦、张祥、张五常、张焕等 18 名游击战士转入地下斗争。

1946 年 6 月，人民解放战争全面展开。11 月，中共中央发出《关于开展南方各省游击战争》的指示。1947 年 4 月，中共英德县特派员谢洪照、清远县特派员方君直在清远城郊开会，听取了上级党委关于恢复发展农村武装斗争的指示。会后，方君直进入清北，首先健全石板党支部，部署石板刘九以共产党为核心秘密成立抗征组织。全乡抗征组织发展到 19 条村，45 人，为游击队扩兵、交通、了解敌情提供了有利条件。其次，方君直从石板进入文洞，接收了抗战后坚持地下斗争的文洞党支部和张耀伦带领隐蔽的武装人员。

9 月，广四清边部队负责人马奔根据中共粤桂湘边区工委指示，组织了一支 50 人的队伍，由冯开平带领，从清远南冲出发，取道秦皇、骆坑、横渡滨江河，经太和洞，沿山间小路到达文洞，与张耀伦带领的 10 余人武装队伍合编为英清边游击大队文洞独立中队。

英清边游击大队文洞独立中队成立后，进行了一系列的对敌斗争工作。

一、打击政治土匪

由于清远与英德交界山高林密，民国时期土匪经常出没，打家劫舍，民不聊生。一些土匪被国民党当局利用，干起反共反人民勾当。英清边游击大队文洞独立中队成立后，首先打击那些披着游击队外衣、干着杀人越货勾当的政治土匪。1947 年 10 月，盘踞在文洞下塘角的土匪胡浩泉，受地方反动势力指使，假冒地方游击队名义，在高田、后江等地拦路抢劫，强奸妇女，民愤极大。独立中队出击，消灭了这股无恶不作的政治土匪。接着，根据人民群众的控告和请求，独立中队一举歼灭了清远、英德交界的 22 股政治土匪，击毙 36 名匪首，为民除害，群众拍手称快。

二、打击国民党反动势力

1948 年 1 月，为了打击国民党反动势力，配合广清四边区军民反"清剿"斗争，独立中队从文洞出发，开赴英德边境的黎洞，打击反共反人民的国民党黎溪乡反动政权。这一仗，俘获反动副乡长吴国强、反动乡队副谢钦铭及下属20多人，缴获长短枪10多支和粮食、物资一批。

独立中队东进黎溪乡后，扫除了国民党当局设置在新村、山口、上坑、黎明等地的障碍，瓦解了村自卫队，打开了文洞以北、黎洞以西的清远、英德两县通道，连成了清英边走廊地带。

4月，独立中队从文洞出发，攻打文洞北边鱼咀新圩，全歼国民党升平乡联防中队，俘获联防中队长以下30余人，缴获长短枪30多支。国民党清远县县长为报复，带着县警大队"进剿"文洞。独立中队从鱼咀开到笔架设伏，洪流小队直奔县政府进行偷袭，县长廖琪不得不撤兵窜回清城。

国民党高田乡乡长潘子彬从1947年开始收买反动地主、富农和流氓地痞，组织了反动武装保卫团。这股反动武装除了对群众进行残酷的欺压，到处烧、杀、抢外，还勾结国民党保四师，对文洞革命根据地进行经济封锁和军事"围剿"，对人民犯下了滔天罪行，英清边游击部队下决心摘除这颗毒瘤。

1949年10月初，游击队得知潘子彬要在5日早上到横石圩庆贺"巡官"上任，于是作出了歼灭潘子彬的周密部署，决定利用仙人石这个地方的有利地形，打伏击战。4日晚上11时后，游击队按部署3个组24人进入阵地，张开口袋，等待敌人自投罗网。

14日清晨，潘子彬带着20多名兵丁大摇大摆进入仙人石地段。游击队的机枪响了，当场击毙了2个兵丁，接着地雷一声巨响，又有几个兵丁丧生。当他们想向后撤时，游击队的长枪队早已严阵以待。这时，潘子彬见势不妙，依靠山边掩护，企图顽抗，伺机突围。但是，游击队的机枪组已占据了有利地形，并与步枪组相互配合。一阵猛烈的射击，一下子又击毙了七八个"牛骨"。说时迟、那时快，张灶安和石俊标当即带领手枪组和长枪组冲出阵地，向敌人压去。垂死挣扎的潘子彬正在指手画脚组织"牛骨"们反抗，一颗仇恨的子弹击中了他，当即倒地，和他一起又有9个"牛骨"被击毙。

这次战斗，击毙潘子彬等23人，游击队无一伤亡，震慑了敌人，吓破了敌胆。当高田乡公所的10多名所丁得知潘子彬被游击队消灭后，马上逃到江口圩不敢回高田。

三、开展反"围剿"斗争

1948年4月，根据中共粤桂湘边区工委指示，成立英清边区人民解放军大队（简称"英清边大队"），大队长王式培，政委方君直，辖文洞、英风、洪流、红阳4个队和直属手枪班、爆破班、武工班。

6月，国民党清远县县长廖琪和英德县县长杨璞如策动地方反动势力，"围剿"英清边游击区。廖琪签发"围剿"命令：一是派四乡办事处主任何继林率所部"进剿"笔架山、文洞游击区；二是派兴靖区民众常备中队中队长林其率部"清剿"文洞一带；三是派王汉雄指挥鱼咀、坝仔两乡民众自卫队"清剿"大罗山一带。当敌人集结时，连江支队火箭队从清远浸潭向连阳进军，敌方为了截住向北挺进的游击队，派出大部分兵力纠缠在鸡罩山，无法腾出兵力按原计划"合剿"英清边游击队。只有林其带领兴靖区200余人的反动武装"进剿"文洞，当即受到英清边大队文洞中队、红阳中队奋力还击，上赤坭一战，损兵折将，只得狼狈逃窜。

英德县县长杨璞如、国民党英德党部书记徐英群为配合清远县县长廖琪"清剿"计划，调动英德县警大队、县反共自卫总队在水边、高道集结，妄图把英清边游击队逼回文洞，与廖琪一起聚歼游击队。但是，英清边大队及时识破敌人阴谋，他们采取声东击西的战术，东出流陈乡，镇压水边反共自卫中队骨干分子，接着西进大洞破获英德县反共情报组，又马不停蹄南下湖溪，袭击徐英群老巢，缴获长短枪18支。当敌人摸不着头脑时，英清边大队从东向西转到清北的文洞，与连江支队飞雷队会合，联合作战，打击"进剿"之敌。

7月，在连江支队政委周明统一指挥下，英清边大队和连江支队飞雷队联合作战，只用了30分钟，在鸡春坝全歼英德县反共自卫总队第四中队，击溃敌自卫队，俘获国民党英德县党部监察委员、县"清剿委员会"副主任、本路"进剿指挥官"邓配儒以下官兵60余人，缴获日式轻机枪1挺、长短枪70余支和各种军用物资一批。至此，清远、英德两县国民党当局"围剿"英清边游击区计划宣告失败。

四、建立基层政权，肃清残敌

1949年3月，根据中共粤桂湘边区军委决定，建立连江支队第四团。英清边大队晋升为连江支队第四团，王式培任团长，谢洪照任政委，方君直任副政委兼政治处主任。这时，连支四团兵力已有700多人，全团辖3个独立中队、3个连、4个直属武工队。第一中队中队长张耀伦，第二中队中队长朱克，第三中队中队长陆奕年。

连支四团成立后，在英清阳边区县委（1948年12月成立，谢洪照为书记，方君直为副书记，王式培为委员）领导下，开展建立基层政权，肃清区内残敌的斗争。

6月，英清阳边区县委举办地方行政人员训练班，着手整顿农会、民兵组织，培训农村基层干部。教学主要内容是阶级教育、形势讲解、民主政权基本知识。在大洞、文洞、黎溪连续办班 3 期，参加学习的有英清边 10 多个区、乡 120 多人。

高田成立民主乡政府后，石俊标任乡长，杨德贵任副乡长。乡政府整顿了农会，吴六任高田乡农会主任，罗杨石任民兵队队长。乡政府领导农会在农村反"三征"和开展"二五"减租减息运动。

为了巩固新建立的基层政权，肃清边区残敌，迎接人民解放战争的全国胜利，连支四团加大了打击力度，开展肃清英清边一带国民党反动势力的斗争。

1948—1949 年一年多时间，连支四团先后消灭了英德、清远交界的国民党南坑反共自卫中队、水边反共自卫中队、大洞反共自卫中队、高田（咸泰）反共自卫中队等。连支四团第一中队在陈重文、张祥领导下，在政治攻势和军事攻势并重下，促成了横石圩国民党警察所所长邓康投诚，缴交轻机枪 1 挺、长短枪 30 多支和弹药一批。

五、钢铁战士张五常①

1948 年 3 月中旬，连支四团战士张五常在执行任务中不幸被国民党政府军捉住，押回清远县监狱。为了从张五常身上获取共产党游击队的情报，国民党当局采取惨无人道的手段折磨、摧残张五常的肉体。但是，张五常面对敌人的酷刑，咬紧牙关，没有吐露游击队任何情况。敌人用竹竿扎入张五常 10 个指头，"十指痛归心"，但张五常没有屈服。接着用电刑来折磨张五常，仍然撬不开张五常的口。最后，国民党清远县县长亲自出马，软硬兼

---

① 清远县文化局编：《清远县革命斗争故事》，内部印刷，1963 年 10 月版，第 38 页。

施,请张五常到办公室,有酒有肉进行招待,引诱张五常讲出游击队秘密,但都遭到张五常义正严辞的拒绝。1948 年 6 月,张五常被国民党杀害,年仅 30 岁。张五常宁死不屈,为了党组织秘密不被泄露,忍受了敌人惨无人道的酷刑,为党、为人民献出了宝贵的生命,表现了一个共产党员坚强的革命意志和对党、对人民无限忠诚的高贵品质。

开辟附城新区

1947 年冬，秦皇山区游击队粉碎了国民党清远县县长廖琪带兵"围剿"，取得了"石坳头大捷"后，决定开辟靠近县城的附城、笔架游击新区（当时笔架属附城管辖）。

开辟新区工作担子很重，由黄日带领一支只有 16 人的武工队开赴笔架山区，困难不少。由于到新的地方开辟战场，因此有些队员产生了故土难离的思想。1948 年春节，黄日带领武工队在骆坑过节，集中全体队员进行思想教育，要求队员们要树立为全中国人民战斗的革命思想，为解放全中国而奋斗。通过学习，队员们都提高了认识，纷纷表示"暂别秦皇水，去饮笔架茶"，到笔架新区干出一番事业。

一、打击恶霸势力，站稳脚跟

1948 年农历初九，黄日武工队进入笔架山区后向各村张贴共产党游击队布告，向群众宣传"共产党是为穷人翻身打天下的""游击队是人民的军队"，使群众熟悉、了解游击队，从而支持游击队工作。

武工队进入笔架山不久，有群众反映，有些山下的人经常成群结队上山，乱砍滥伐山民毛竹，这些人蛮不讲理，稍加制止，就喊打喊杀，群众要求游击队出面帮助制止。游击队接纳山民意见后，便在笔架山入口处张贴布告，要求山上山下群众共同保护群众利益，不要乱砍山民毛竹。但是没有效果，乱砍毛竹的事情还是继续发生。究其原因，原来是一个地方保长和一个恶棍在怂恿和支持入山的人乱砍滥伐。游击队起初是劝说，后来有一个带头的竟然还粗口骂山民是"贱民"，并指挥上山的人继续大砍乱砍毛竹。游击队不得不把此人捉住，押回笔架山驻地。对方还恶狠狠地说："你敢动我一根头发，我就叫人来把笔架山铲平。"经了解，这人原是一个流氓，经常依附反动势力欺压百姓，为虎作伥，罪恶不浅，群众又惧又怒，民愤极大。游击队决定就地处决了这个坏家伙，群众拍手称快。

事件刚平息，下田心保长赖社桂和当地恶棍襧十不甘心同党被杀，勾结清城恶势力，由襧十带领一帮反动武装，封锁了笔架山出入口，把笔架山出来县城的竹器全部没收，使山民断了生计。赖社桂还傲慢地说：你不准我进山，我就不准你出山，你过山虎斗不过我地头龙。赖社桂的做法，切断了游击队山里和山外的联系，严重影响了游击队各项活动。游击队领导决定，尽快铲除这条地头蛇。在一个伸手不见五指的黑夜，游击队派员直闯下田心村赖社桂家，把他捉住押回笔架山，第二天当众枪毙了。群众闻之拍手称快，到处传颂游击队惩恶除奸的事情。接着，游击队又把恶棍襧十捉住押回笔架山处决了。

游击队为了群众利益，打击地方恶霸的事情传遍了笔架山区和附城一带。群众到处都讲游击队英勇、正义，为群众着想，他们从开始怀疑、担心游击队到信任、支持游击队，积极配合游击队打击国民党反动势力。

二、打击政治土匪，严惩叛徒

1948 年 5 月，笔架武工队从建队初的 16 人发展到 50 多人，奉命扩编为笔架独立中队，管辖石板刘九武工队、回澜袁荣平平原武工队，以及李志的鱼坝武工队。

鱼坝武工队起初在珠坑、鱼坝一带活动时受到群众冷落，见到游击队员时有的群众避开绕道走。经调查，原来是土匪陈十全冒充苏陶游击队到处打家劫舍，三坑滩尾村一次被抢 6 个妇女卖去英德。为了澄清事件真相，保护群众利益，为民除害，游击队把这伙土匪包围起来，全部俘虏，镇压了罪恶累累的匪首陈十全等 5 人。对陈十福等犯罪轻微的匪徒释放，体现了游击队的宽严政策，大快人心。自此，群众拥护游击队，协助部队筹粮筹款。

这时，在回澜的袁荣武工队侯飞、谢生、何祥、陈华叛变投敌，乘游击队连长麦乃到太平看病之机突袭围捕，麦乃奋勇冲出重围，通讯员陈彬为掩护领导而牺牲。游击队在事后通过各种办法严惩了这些叛徒。

三、打击国民党反动势力，开辟附城新局面

1948 年 8 月，笔架独立中队附城石板刘九武工队开展了一系列打击国民党反动势力的活动。他们惩罚了长埔乡副乡长黄永章，打击了上春园保长丘海，联城乡长黄子轩（枪毙），新村副乡长、县参议员黄应湘。对于那些敌视共产党，欺压群众，横行乡里的恶霸、反动分子，毫不留情地进行打击。如长埔乡陈葵、曾八，珠坑李九营等一一得到了严惩。

1949 年初，笔架独立中队正式命名为连江支队第三团（简称"连支三团"）清远附城独立中队，黄日任中队长兼指导员，何润为中队副。第一小队长卢标，第二小队长袁荣。中队部有 3 个直属武工队和 1 个突击组，突击组组长赖虾公。

突击组成员年轻、胆大、作战英勇，专门锄奸杀霸，为民除害，专门打击国民党反动势力骨干分子。清城飞水渡口"撑渡佬"监视游击队活动并向敌人告密，为国民党当局通风报信，使

游击队筹粮多次落空，造成游击队粮食十分困难。独立中队突击组组长赖虾公带着两名队员化装成搭渡的农民，船到江中，赖虾公拔枪处决了这个该死的"撑渡佬"，拔掉了国民党当局安插在飞水渡口的"钉子"。

国民党城乡联防队副队长陈金土作恶多端，民愤极大，突击组将其捉到笔架处决。国民党县城有一个姓陆的征粮员，下乡破坏共产党反"三征"，突击组在附城大塱将其抓获审讯后就地处决，吓得国民党征粮员人人自危，不敢下乡。大地主麦振拔拒不执行共产党减租减息政策，突击组在江背鱼塘边将其抓获，对他进行训话和警告，使他认识错误，遵章减租和依约送筹粮款。

独立中队一连串惩恶锄奸，打击国民党反动势力的行动，大快人心，国民党反动势力气焰收敛，不敢随便出城欺压群众和干扰共产党游击队活动。

党组织建设的发展和人民武装力量的壮大

一、共产党组织的发展

1945 年 9 月至 1948 年 3 月，建立中共清远县委，先后属中共北江特委和中共西江特委领导。县委领导人称特派员。肖少麟任中共清远县特派员，副特派员有唐凌鹰、谢洪照、方君直。

1946 年春至 1948 年 9 月，中共广东区委副书记黄松坚派司徒毅生到清远，任中共清（远）英（德）佛（冈）三县特派员，驻清远。

1948 年 4 月，中共粤桂湘边区工委任命苏陶为中共清远县委［又称中共广（宁）四（会）清（远）花（县）边区县委］书记至 1949 年 10 月清远解放。

1945 年 2 月至 1946 年 2 月，中共英（德）清（远）边区县委成立，特派员为杜路，副特派员为黄孟沾。1948 年 3—12 月，中共英清边区县委特派员为谢洪照。1948 年冬，中共粤桂湘边工委批准建立中共英（德）清（远）阳（山）边区县委，谢洪照任县委书记。

在建立县一级党的组织的同时，各地根据实际情况建立了适应对敌斗争需要的党的基层组织。如，文洞山区建立文洞独立中队党组织，附城独立中队建立中队党组织，等等。

在解放战争三年中，清远的党员从 20 多人发展到 142 人（未含湛江地区）。

二、人民武装力量的发展

1946 年春，广四清边区派员回到清远秦皇山开展武装斗争，建立秦皇山独立中队，中队长苏陶，中队人数 12 人。

1948 年 2 月，秦皇山独立中队扩大为广四清边区大队，大队长苏陶。

1949 年 1 月，经粤桂湘边纵队司令部批准，建立连江支队第三团，苏陶为团长兼政委。1949 年 10 月，连支三团拥有 4 个主力连、1 个手枪排、5 个独立中队、4 个直属武工队，人数达 870 多人。

1949 年 1 月，文洞建立连江支队第四团文洞独立中队，中队长张耀伦。中队人数从 1945 年 9 月的 18 人发展到 1949 年 10 月的 190 人。

迎接清远的解放

1949年，随着人民解放战争的全面发展，中国人民解放军在完成了辽沈、平津、淮海三大战役决战后，向南挺进，解放长江以南地区。清远地方党组织在中共粤桂湘边区工委领导下，做好迎接清远解放各项准备工作。

一、为接收城市做准备

6月，连支三团派朱志明等城市工作组成员配合附城独立中队组成城市工作队（简称"城工队"）。朱志明带领城工队员穿插渗入县城活动，做工商界人士统战工作，使这些人理解、支持共产党的主张。这时打入国民党县政府任职的郑肇端给县府官员发了一封公开信，号召他们弃暗投明，促进了国民党内部政权的瓦解。

为了控制清远县城，城工队以附城牙鹰岗为据点，控制周边村庄，争取了城郊芋头岗、榨油村白卫队向游击队投诚，形成了农村包围城市的态势。

7月，附城独立中队何润率队配合城工队夜袭清城，在县城西门冈向敌炮楼发起进攻。县城大乱，次日，国民党当局派兵出城，被早已埋伏好的何润武工队、袁荣武工队迎头痛击，狼狈逃窜。清城人民看到人民解放战争大好形势，十分喜悦。国民党县政府人员则人心惶惶，纷纷自谋出路，为城市工作开展创造了有利的条件。

二、支持南下大军的过境

从 1949 年 4 月开始，英清阳边区县委成立各乡动员委员会开展迎接全国解放的支前工作。全区组织了运输队、担架队 1 万多人，筹备军粮 17 万多千克。

地处文洞山区的高田乡高塱村（行政村），为迎接南下大军，群众自觉筹粮 3200 千克，西坑村筹粮 2500 千克，白石村筹粮 500 千克，石颈村筹粮 2.5 万千克，旧岭樟洞村筹粮 2500 千克，旧岭铺背村筹粮 1000 千克，新桥村筹粮 3.5 万千克。

附城的长埔乡政府为迎接南下大军，群众自觉筹粮 2 万千克，黄金布行政村筹粮 7 万千克。1949 年 10 月，当南下大军到达黄茶塱，上级通知急需 700 千克大米，在附城中队武工队动员下，群众马上筹足了粮食，让南下解放军顺利过境。

三、清远的解放

1949 年 10 月 2 日，中国人民解放军第四、十五兵团和两广纵队奉命进入广东。其中第四兵团主力于 7 月解放粤北重镇韶关后继续南下。12 日傍晚，二野四兵团十四军四十师从英德以南 60 千米处下步圩出发，水陆并进，8 小时挺进 90 千米。13 日拂晓，四十师到达京广铁路边的江口镇与敌展开了激烈的战斗，击退了国民党六十三军二一一师、二一三师。在战斗打响的同时，四十师一一八团二营和一一九团一营在横石圩上岸追击敌人，歼灭了在江口禾仓村的国民党部队，直抵清城后岗。从江口溃败回清城的敌人二一一、二一三师集结清远县城郊，解放军一一八团二营和一一九团一营协同作战攻下了城北高地后岗，敌弃城西逃。在回澜，逃跑敌人遇上粤桂湘边纵队司令员梁嘉率领的连支三团主力，经过一小时战斗，歼敌一个营和一个整连，俘获敌副营长以下官兵 100 多人。

13 日黄昏，粤桂湘边纵队机关与连支三团赶到清城，与南下大军四十三军会面，紧接着成立了清远县军事管制委员会，苏陶任主任，冯华任副主任。14 日上午，连支四团第一中队一部由陈重文率领从横石随解放军四十师南下进入清城。15 日，粤赣湘边纵队北一支队六团团长黄信明率两个连 150 人以及南下工作团李海涛等 12 人到清远与苏陶会合。清远宣告解放，从此，清远县的历史翻开了新的一页。

6

第六章

人民政权的建立和完成社会主义的过渡

(1949.10—1956.9)

清远地方人民政权的建立

一、建立县级人民政权

1949 年 10 月 20 日，中共中央华南分局批准成立中共清远县委员会和清远县人民政府，任命云昌遇为县委书记兼县长。李海涛、苏陶为副书记，黄信明为副县长，同时设立县委、县政府有关机构，开展日常具体工作。10 月 24 日，组建清远县公安局，许光任县公安局局长。是月，成立中国人民银行清远支行。11 月，清远县保安团成立。县委工作机构设有秘书室、民运部、组织部、宣传部。县人民政府工作机构有秘书室、民政科、文教科、司法科、建设科、财粮科、工商科。

1950 年 2 月，成立中国新民主主义青年团清远县工作委员会，黄日任团工委书记。6 月，成立清远县民主妇女联合会筹委会，民运部部长叶涤如兼任主任。9 月，成立清远县工商业联合委员会。11 月，成立清远县人民法院、清远县人民武装部。

二、建立区乡人民政权

清远县是个农业大县，农村人口占全县人口的大部分。农村基层政权与农民群众关系密切。根据广东省人民政府的指示要求，清远县委、县政府把加强农村基层建设作为大事要事来抓，在农村紧紧依靠农会及其领导下的民兵组织，认真开展农村基层政权的建设工作。

1950年5月，清远县委、县政府实行县区建制，把滨江、回岐、兴靖、浥江4个区划分为10个区49个乡。一区（洲心）辖洲心、联城、合兴、高田、镇南、回澜6个乡；二区（源潭）辖源潭、大连、江口、龙塘、连和5个乡；三区（石角）辖石角、兴仁、共和、界牌、德和5个乡；四区（山塘）辖山塘、陂头、三坑、太平、民兴5个乡；五区（龙颈）辖龙颈、河马、南冲、石坎、珠坑5个乡；六区（井建）辖井建、沙河、禾云、新洲、鱼咀、坝仔、长洞7个乡；七区（石潭）辖石潭、桃源、浸潭3个乡；八区（龙山）辖四九、汤塘、联卫、龙山、信靖、仁安、义永7个乡；九区（鳌头）辖鳌头、龙潭、泰安、高平、联洞5个乡；设立城关区（清城）辖附城乡。

1953年上半年，土地改革复查结束，建立乡级政权，全县划分为19个区，每个区级镇辖6个乡级镇。

为了提高乡干部队伍素质，树立政府工作人员良好形象，1951年5—10月，在进行县区建制的基础上，对乡一级政府开展整顿和清理干部队伍工作。把犯有严重错误、历史污点大、严重脱离群众的干部清理出去。对新上任的乡干部，县委进行培训教育，提高他们的思想水平和工作水平。全县培训了基层干部227人。

三、召开各界人民代表会议和农民代表大会，实行民主建政

1949年9月，中国人民政治协商会议通过了《中国人民政治协商会议共同纲领》规定："在普选的地方人民代表大会召开以前，由地方各界人民代表会议逐步地代行人民代表大会的职权。"这是中华人民共和国成立初期建立人民代表大会这一国家根本政治制度之前的过渡形式，这是人民群众参政、议政的一种管理国

家的手段。

清远县于 1950 年 4 月 28 日，召开清远县第一届各界人民代表会议。11 月 12 日，召开第二届各界人民代表会议。1951 年 10 月 28 日，召开第三届各界人民代表会议。1952 年 1 月，召开第四届各界人民代表会议。1952 年 12 月，召开第五届各界人民代表会议。各界代表会议界别有工人、农民、党政干部、驻军、复员军人、民兵、妇女、青年、工商界、教育界、宗教界、医药界知名人士，英模代表。参加会议人数每届 200～700 人不等。每届会议的内容都紧密围绕党和国家的中心任务，结合清远县实际，作出具体实施的决议，由各级政府组织执行。5 届各界人民代表会议，先后就加强人民政权建设，建立县、区、乡农会，恢复和发展国民经济，支援前线、清匪反霸、退租退押，抗美援朝等重大事情作出决议。

为了加强党对农村工作的领导，发挥农民当家作主精神，1950—1952 年，清远县召开了 5 届农民代表大会。

1950 年 11 月，召开第一届农民代表大会，会议讨论了准备开展土地改革和兴修水利问题。1951 年 7 月，成立清远县农民协会，县委书记李海涛兼任农会主席。11 月，召开第二届农民代表大会，会议作出贯彻落实县委、县政府关于"争取明年秋完成土地改革，彻底镇压反革命分子和加强抗美援朝、保家卫国运动"的决议。1952 年 1 月 18—20 日，召开第三届农民代表大会。6 月 4—6 日，召开第四届农民代表大会，会议布置第二阶段的土地改革工作。7 月 16—19 日，召开第五届农民代表大会，会议主要讨论了布置夏粮征收工作。

县各界人民代表会议和农民代表大会的召开，使全县区乡民主建政工作得到推进，基层政权建设进一步得到巩固。

第二节

开展巩固人民政权的斗争

一、剿匪斗争

中华人民共和国成立初期，清远县匪情比较严重。据不完全统计，清远县隐蔽、潜伏的反动武装、残余势力、地方反动势力和各类型土匪，加上国民党残兵败将（"反共救国军"），"青年党"（国民党反动党团组织），原国民党乡长、保长，地方反动劣绅和恶霸及不法分子等共有近万人。这些反动势力时而公开、时而隐蔽，多次袭击新生的人民政权，杀害党政干部、积极分子。有的投毒放火、打家劫舍，破坏生产，破坏社会新秩序。1950年1—4月，"反共救国军"清（远）从（化）佛（冈）花（县）纵队司令谭砥纯、地方匪首梁猛洪、黄华胜等率多股土匪共5000多人，先后袭击潖江区、回岐区31个乡人民政府。共和乡乡长梁俊锋、石角乡乡长黄镇扬等34名乡干部被土匪抓走，其中14人被杀害。

为了巩固新生人民政权，建立社会新秩序，保护人民生命财产，保证国民经济建设顺利进行，清远县委、县政府在上级领导下，在人民解放军剿匪部队的支持和配合下，领导清远人民开展了全面的剿匪斗争。

清远县的剿匪斗争分为四个阶段。第一阶段为1949年10月至1950年2月。这个阶段是剿匪工作逐步展开，战绩显著。

1949 年 12 月，石角、源潭地区反动武装土匪破坏人民政府的征粮工作，活动猖狂。县公安局秘书兼治安科科长宗学钟率多人乔装打扮进行 7 天侦察活动，摸清敌情，制订剿匪行动方案。然后，由县公安局率公安连战士开赴石角兴仁，于乡政府做好埋伏。随后以开会的名义，由政府邀请匪首黄春赴会。当匪徒出现后，即被公安剿匪战士擒获 8 人，缴获手枪 7 支、步枪 1 支。其他土匪想负隅顽抗，被公安部队打败，被逼缴械投降。接着召开公审大会后，继续追剿余匪，把这股 50 多人的土匪消灭。

源潭地区匪首，原源潭乡乡长、国民党联防大队大队长潘学文为霸一方，活动猖獗。1950 年 1 月 9 日，县公安局剿匪部队开赴源潭，捕获土匪 27 人，缴获手枪 6 支、步枪 19 支和子弹 240 发，促使该股土匪全部瓦解，源潭、石角两地区治安从而得到稳定，征粮工作顺利开展。

1950 年 3—7 月，剿匪工作进入第二阶段——全面进剿股匪。

1950 年 4 月 18 日，经北江行政督察专员公署批准，县公安局在县城西门岗对潘汉岳、赖瑞图、黄春等匪首执行枪决。4 月 28 日，清远县召开第一届各界人民代表会议，作出全面进剿股匪的决议。5 月初，中国人民解放军三六八团一营、二营进驻清远，县公安局、县大队各区乡民兵积极配合解放军展开大规模的军事进剿行动。先后摧毁了甘国雄、黄华胜、梁斯伟、谢芬、黄芬才、李奇、谭佩芳、何锡焕、薛德光、徐耀武等武装股匪。擒获匪支队长甘国雄及副支队长和中队长等一批匪首。

1950 年 8 月，剿匪工作进入第三阶段。

中国人民解放军三九〇团一部接替三六八团进驻清远，在县保安团、公安连及各区乡民兵配合下，共击毙土匪 188 人，俘虏土匪 550 人，自首投降的土匪共 2379 人。

1951 年 7 月至 1953 年 9 月，清远剿匪进入全面肃清残匪阶段。

按照上级指示，清远县委、县政府成立清匪治安委员会，对全县 8 股土匪发动强大的政治攻势，使清匪斗争成为群众性的运动。1951 年下半年，共破获匪特案 5 宗，俘匪 362 人，其中匪首 31 人，缴获各种枪支弹药一大批。清远剿匪斗争的胜利，为医治战争创伤，开展新中国的建设打下坚实的政治基础。

二、镇压反革命

中华人民共和国成立后，国民党反革命残余势力不甘心失败，他们同新生的人民政权作殊死的较量，进行各种破坏活动：组织反革命团队，网罗反革命残余力量，与人民政府对抗；组织暴乱，袭击区乡人民政府，杀害政府工作人员；破坏交通，烧毁民房，抢劫仓库，扰乱社会秩序；扣押人民政府征粮工作队；破坏土地改革，破坏生产；采取各种手段阴谋颠覆新生的人民政权。

1950 年 3 月 18 日，中共中央向全党、全军、全国人民发布《镇压反革命活动的指示》，要求对于反革命进行武装暴动、杀害干部、抢劫各地区仓库物资的行为，各地必须给予坚决的镇压和剿灭。1950 年 11 月，清远县召开第二届各界人民代表会议，在县委、县政府领导下，在人民解放军协助下，集中主要力量，开展一场镇压反革命的运动。至 1953 年 10 月，共镇压反革命分子 3828 人，其中判死缓、无期徒刑的有 1297 人。

首先，拘捕犯罪分子。据 1950 年 10 月 10 日至 1951 年 9 月 30 日的统计，全县捕获特务、"三青团"（全称为"三民主义青年团"，是国民党控制的反动组织）骨干、匪首、恶霸共 1237 人，处决了反革命首恶分子 254 人。其中，破获反革命案件 10 宗，敌特地下军案 8 宗，敌特潜伏案 3 宗。缴获长短枪 1035 支、轻机枪 4 挺、炮 2 门和弹药一批。

其次，清理历史积案，对在押反革命犯罪分子案件进行审查，依规依法处理。1951年6月中旬至10月5日止，共清理各种反革命案犯833人。对这些案犯，凡罪大恶极、不杀不足以平民愤者，坚决判处极刑；对罪该处死，但民愤不是很大的则采取"判处死刑，缓期执行"；对其他案犯，视其情节轻重分别予以处理。在清理反革命分子的案件中，判死刑的有95人，判死刑缓期执行的有18人，判无期徒刑的有71人，判有期徒刑的有407人。

再次，打击反动会道门。1953年1月，根据上级部署，清远县公安局开展取缔反动会道门工作。3月，县公安局在飞霞、藏霞两洞开展秘密调查取证的基础上，把先天道头子、藏霞洞主持钟仁及飞霞洞司理邹应中二人密捕审查。5月2日，县委成立"清远县取缔反动会道门指挥部"。县政府发出布告，明令取缔先天道和同善社。19日，勒令其组织人员办理登记，并限期停止一切活动。6月4日，县召开公审大会，处理了一批道首。6月，取缔了吕祖道和归根道两个组织，逮捕道首2人，查封道堂3个23间，缴获经书1万余卷，道具1480余件，登记办理退道共2325人。

三、开展禁毒、禁赌、禁嫖娼运动

中华人民共和国成立初期，清远县城乡仍然流行着吸毒（抽大烟）、赌博、嫖娼等旧社会的丑恶现象。1950年2月24日，政务院发布《关于严禁鸦片烟毒的通令》。清远县委、县政府按照政务院"各级人民政府及人民代表会议，除作广泛禁毒宣传外，还须订出限期禁绝办法"的指示精神，成立"禁烟、禁赌、禁嫖"机构，并发出《禁烟通告》和《禁赌嫖令》，在全县开展了一次禁烟（禁毒）、禁赌嫖的专项斗争。县公安局对10多家赌坊和所有烟馆进行扫荡，查处赌博案件18宗，涉案55人；查处贩毒吸毒案件208宗，涉毒401人。对个别农村种植的罂粟予以铲除。县公安部门对清城南门口至上廓街一带的水上花艇从事卖淫嫖娼活动进行了全面打击，共收容暗娼30多人。

1952年7月，按照上级部署，清远县进一步开展禁烟、禁毒运动。7月9日，北江公安处发出《关于禁烟禁毒的紧急通知》。23日，县政府成立禁烟禁毒委员会，县长李祥麟兼委员会主任，县公安局局长王锋任副主任，成立专门的"禁烟、禁毒"办公室，开展禁烟、禁毒、禁赌嫖专项斗争，明令吸毒分子限期登记自新。此期间，查处贩毒、吸毒案件135宗221人；追缴鸦片烟土112两，收缴吸毒工具一批；有171名吸毒分子登记自新。

1952年，禁毒、禁赌、禁嫖娼运动结束，这次斗争净化了社会风气，整治了社会治安，并使社会新风尚逐渐形成。

四、开展退租退押运动

1950年5月31日，中共中央华南分局作出《退租退押反霸运动几个具体政策补充规定》，文件规定退租年限从1949年秋季起，退押不应约束于年限。6月6日，华南分局又发出《对当前退租退押运动的几项指示》，规定了退租退押的步骤和方法。接着，华南分局于6月26日再次发出的《对退租退押反霸运动的几项指示》中指出："剿匪反霸、退租退押'运动目的'是打倒地主当权派统治，组织农民队伍，并满足农民部分经济要求，为进一步消灭剥削制度准备条件。"

清远县委、县政府执行上级指示精神，结合清远县实际情况，在县、区、乡分别成立了以雇农为骨干的"双退"委员会或"双退"领导小组，10个区49个乡全面开展退租退押和反霸斗争。1951年1—7月，全县取得的斗争成果，可折合稻谷500万千克，斗争恶霸324人。

退租退押运动是中华人民共和国成立后"八字"（清匪反霸、退租退押）运动中一项农村工作的重要内容。"退租退押"使农民直接得到经济利益，增强了对共产党的信任与拥护，为建立和巩固农村基层政权提供了政治基础和经济基础。

五、抗美援朝，保家卫国

1950年6月，朝鲜战争爆发。9月15日，美国纠集15个国家的军队，打着联合国旗号，在朝鲜仁川登陆，并不顾中国政府一再警告，把战火引向中国东北边境，严重威胁中国的安全。根据朝鲜方面的请求，中国决定抗美援朝。

清远县委、县政府坚决响应中共中央"抗美援朝，保家卫国"号召，于1950年11月成立广东省抗美援朝保家卫国委员会清远分会，在全县掀起"抗美援朝，保家卫国"热潮。1951年5月1日，全县各机关、团体、学校等各界人士共16.4万人分别举行抗美援朝的游行活动。在抗美援朝清远分会的组织下，清城有万人签名反对美帝国主义侵略朝鲜的行为。1951年6月，清远有200名青年参加志愿军赴朝作战。

为了支持抗美援朝，清远县委、县政府发动全县人民开展"厉行节约，以支持中国人民志愿军"的活动。工厂工人开展爱国生产劳动竞赛。农民群众提出"快交粮、交好粮、多交粮"，"支援志愿军多打美国鬼子"的口号。全县各行各业都制订爱国公约，以实际行动支援抗美援朝，保家卫国。

1951年6月28日，抗美援朝清远分会按照北江分会要求，发动工商界和其他各界捐款支援抗美援朝。全县共捐献"清远人民号""清远工商号"战斗机2架（每架折人民币15亿元，第一版人民币）。捐献子弹、手榴弹折合人民币5262.1万元（第一版人民币）。全县在抗美援朝中共捐款34.2亿元（第一版人民币），不含捐献的黄金。

1951年6月29日，一区联四乡召开农民代表大会，革命老区石板村农民代表提出挑战，看谁能搞好生产，增加粮食，为抗美援朝多贡献。其他村的农民代表纷纷应战。蟠龙村代表回去后，组织群众开荒扩种粮食6亩多，动员少年儿童看好家禽牲畜，并向邻村儿童提出挑战，尽自己一点小小的力量帮助大人搞好农业生产，多打粮食为抗美援朝贡献力量。

10月，清远县召开第三届各界人民代表会议，讨论并通过了关于加强抗美援朝，保家卫国的决议。会议要求全县各界人民继续深入开展爱国主义和国防支援教育，订立爱国公约，以实际行动支援抗美援朝；同时还要求各地要加强优待烈士家属，军人家属工作。11月25日，在清远县第二届农民代表大会上，邀请了志愿军战斗英雄刘文华到会作报告，报告感动了全场代表。七区代表当场感慨地说："志愿军三天三夜没饭吃还坚持战斗，我们要尽快交好公粮。"十一区飞水乡代表回去后，马上把1万千克原准备上缴公粮的赤谷换上优质粮，群众还说："志愿军在前线出生入死，我们要让他们吃好吃饱，狠狠地打击美国鬼子，保卫我们的国家，保卫我们的家园。"

第三节 农村的土地改革

1950 年 6 月 30 日，中央人民政府颁布了《中华人民共和国土地改革法》后，清远县委、县政府根据中共中央华南分局和北江地委要求，在全县开展土地改革运动，把农村土地所有制变革为农民土地所有制。

土地改革前，清远县地主占有土地 591395.8 亩，占全县土地的 59.1%，人均占有土地 21.4 亩；富农占有土地 71047.6 亩，占全县土地的 7.1%，人均占有土地 3.3 亩；中农占有土地 161107.8 亩，占全县土地的 16.1%，人均占有土地 1.23 亩；贫农占有土地 145097 亩，占全县土地的 14.56%，人均占有土地 0.49 亩；小土地出租者及其他占有土地 32021.5 亩，占全县土地的 3.14%，人均占有土地 1.04 亩。①

1950 年 11 月 12 日，清远县第二届人民代表会议召开，对清远县土地改革工作作出了部署。接着，召开了清远县第一届农民代表大会，商议农村土地改革有关问题。此后，区乡的农会逐步建立，入会农民不断增加，农村青年、妇女、民兵组织相继建立，为开展清远县土地改革提供了法律保证和组织保证。

1951 年 4 月，清远县土地改革正式开始，经过两年的努力，

---

① 清远县土地改革志编纂委员会：《清远县土地改革志》，内部出版，2011 年 9 月版，第 210 页。

彻底废除了封建的土地所有制，在农村实现农民土地所有制，使农村发生了根本的变化。

1951 年 5 月，清远县首先在平原区开展土地改革工作。是月底在一区（洲心）、二区（源潭）、四区（山塘）、八区（龙山）的 4 个区 36 个乡中进行。地区和县领导伍晋南、张根生、周明、李文华、李海涛、李祥麟亲临重点区联系和指导。在重点区取得经验的基础上，由点到面，点面结合，全面推进土地改革的进展。

清远县土地改革分三个阶段进行。

第一阶段：清匪反霸，退租退押。

从 1951 年 5 月开始至 1951 年底，土地改革工作队进村后，广泛宣传土地改革的目的、路线、政策、法令，组织起以贫农为核心的农民队伍，发动广大农民进行"清匪反霸，退租退押"的斗争。反霸斗争主要对象是大恶霸、大地主、当权派。经人民法院依法判决，镇压了一批血债累累的反动恶霸。在土地改革中，全县参加斗争恶霸群众大会 456455 人（次），参加诉苦的群众 48345 人（次），共斗争恶霸 1723 人。罪大恶极，批准枪决的有 896 人，送劳动改造的有 1366 人。

第二阶段：划分阶级，分配土地财产。

清远县依据 1950 年 8 月 4 日政务院第 44 次政务会议通过颁布的《关于划分农村阶级成份的决定》，按照"讲阶级""评阶级""通过阶级""批准阶级"四个步骤进行。

1952 年末，全县共划阶级成分 121698 户，其中：地主 4734 户，占总农户的 3.89%；富农 3332 户，占总农户的 2.74%；中农 24988 户，占总农户的 20.53%；贫农 66415 户，占总农户的 54.58%；雇农 13170 户，占总农户的 10.82%；其他农户 9059 户，占总农户的 7.44%。

到 1953 年 4 月止，没收地主和征收公堂、富农的土地有

473491 亩，山林、鱼塘 75566 亩，房屋 35274 间，耕牛 11061 头，农具 114659 件，稻谷 3746.9 万千克。

没收征收后，土地改革工作进入分配土地和财产阶段。除按《中华人民共和国土地改革法》规定收归国有的之外，全部由乡农会接收，统一分配给无地、少地及缺乏生产资料的贫苦农民。分配原则是"依靠贫雇，满足贫雇，公平合理，有利生产"。分配方法是以村为单位，以乡统一调整分配。

第三阶段：进行复查，解决遗留问题。

1952 年 12 月中旬开始，清远县有 278 个乡进入土地改革复查阶段。土地改革复查的主要内容为：查阶级成分是否有错划、漏划，阶级敌人是否已被打垮；查土地是否有隐瞒、分散；查农村基层干部的培养情况；查土地面积是否准确，定产是否恰当；等等。复查工作本着有错必纠、有漏必补的原则，解决遗留问题。

中华人民共和国成立后的土地改革，是在总结中华人民共和国成立前老解放区土地改革经验基础上进行的。因此，中共中央和中央人民政府对新解放区的土地改革在若干政策上作出了新规定。

第一，将消灭富农经济政策，改变为保存富农经济，中立富农的政策。

第二，由没收地主在农村中的一切财产，改为只没收地主的土地、耕畜、农具、多余的粮食及其在农村中多余的房屋，其他财产均不予没收。

第三，规定在土地改革中必须注意团结和保护中农。

第四，对小土地出租者有别于地主阶级的规定。

第五，规定在土地改革中，要注意团结一切可以团结的力量，组成广泛的反对封建主义的统一战线。

第六，要求各地在土地改革中认真贯彻群众路线，注意发动和依靠群众，防止"和平土改"。

一区（附城）在土地改革中认真做好复查工作，纠正错划阶级，解决遗留问题。全区总户数5672户，人口24811人，在划阶级时，错划阶级成分的有180户956人。其中：地主19户115人，富农36户268人，中农112户534人，贫农1户，小土地出租者3户11人，其他（债利生活者、贫民、手工业者、副业生产者、工商业者）9户24人。1953年在土地改革复查成分时分别予以纠正，其中：错划地主成分后改为富农的9户7人，中农4户27人，小土地出租者5户16人，小商贩1户1人；错划为富农的全部改为中农。

1953年4月，全县核实，已划分阶级成分的共有118624户。其中，地主4420户，占3.72%；富农3030户，占2.55%；中农23037户，占19.41%；贫农66357户，占55.92%；雇农13159户，占11.1%；其他8621户，占7.3%。

土地改革后，农村土地所有制发生了根本变化。全县农民占有土地人均为1.99亩。其中，地主1.57亩，富农2.33亩，中农2.2亩，贫农1.91亩，雇农2.46亩，其他1.68亩。

土地改革的完成，使中国农村土地占有关系发生了根本变化。随着土地改革的逐步完成，粮食、油料等主要农产品的产量逐年增加。在农业生产发展的基础上，农民收入普遍增加，生活明显改善。土地改革的基本完成，在经济、政治、文化等方面都对清远县城乡产生了极为深刻的影响。从根本上铲除了封建制度的根基，带来了农村生产力的大解放、农村经济的大发展，农民生产积极性大提高。

恢复国民经济生产

一、组建国营工业企业，保护发展私营工业、手工业企业

1949 年，清远县私营工业有 14 个行业，共有企业 105 户，从业人员 774 人。1949 年 10 月至 1953 年，县政府先后接管了光远电灯公司，清（城）银（盏）公路行车公司、华记、广济清（远）广（州）客运航运、大燕口砖瓦厂、永丰年辗米厂、民兴火柴厂，没收了大华印务局，根据中共中央有关指示和《中国人民政治协商会议共同纲领》关于"凡属有关国家经济命脉和足以操纵国计民生的事业，均由国家统一经营"的规定，组建了 5 家地方企业：光远电灯公司、人民印刷厂、民兴火柴厂、大燕砖瓦厂和粮食加工厂。

对私营工业、手工业企业，县政府采取保护和扶持发展的政策。1953 年，经重新登记的私营企业 120 户。1954 年 8 月，全县个体手工业 11317 户，从业者 16587 人。

1949 年 10 月至 1953 年，县政府对国营企业实行优先发展，对私营企业和手工业采取委托加工。计划订货和包购包销、联产联销、生产自救的政策，努力促进企业的发展。1950 年，开始在清城的铁器、雨帽行业组建联营组。1951 年，有宝兰、英兰等 10 家私营烟丝厂组建联营厂。1952 年，有生和、彬恒等 39 家私营酿酒厂自愿组合成联营酒厂。民安、民生、民光私营

火柴厂组合成联营火柴厂。1953 年 4 月，县成立手工业者协会，并使之成为协助县政府联系、管理、维护手工业者权益的组织。

二、以农业为基础，发展粮食生产

水利是农业的命脉。清远县位于北江中下游。北江大堤位于北江下游的左岸，是保卫清远、花县、三水、南海和广州的一条江堤。据统计，北江大堤清远段的 18.34 千米堤段自清康熙末年（1722 年）至 1937 年的 215 年间，曾决堤漫顶 18 次。中华人民共和国成立后，清远县政府立即组织人力、物力、财力对北江大堤进行培修加固。1951 年冬至 1953 年冬，完成第二道防线的遥堤建设，完成土石方 34.6 万立方米，建排水涵闸两座。干堤整修加固出险堤段共完成土石方 53.97 万立方米。

在培修北江大堤的同时，县政府于 1951 年 12 月 7 日，在洲心镇召开各方代表会议，组成清东围委员会，准备筹建清东围。按照民办公助原则，由国家拨款资助，珠江水利工程总局北江工程队派出技术人员协助，于 1951 年冬至 1952 年春，修筑了三棵竹至二岭、乌石寮至黄塘墩两段支堤，全长 12 千米，完成土方 157 万立方米。然后，把其他干支堤联成起来。1953 年冬，清东围进行全面加固，完成土石方 89 万立方米。

水利环境的改善为粮食生产发展提供了有利条件。县政府把大力发展粮食生产作为中华人民共和国成立后的重大事情来抓，在扩大粮食种植面积、拓展粮食种植品种、提高粮食产量等方面上下功夫。

1949 年，全县粮食播种面积为 1257367 亩，1950 年扩大至 1358960 亩，1951 年为 1462070 亩，1953 年为 1530269 亩，1953 年比 1949 年扩种 272902 亩（含复种）。

1949 年，全县粮食总产为 13496 万千克。1953 年，全县粮食总产为 16830 万千克。1953 年比 1949 年增加 3334 万千克。其他粮食作物如小麦、薯类、旱粮等，1953 年比 1949 年在种植面积总产方面都有较大的增长。

三、建立县级财政

中华人民共和国成立后，清远县建立了县级财政。

（1）1950—1952 年，执行统收统支的财政管理体制，县财政收入全部上缴中央，支出由中央层层下拨。收入方面：所有农业税（公粮）统交中央粮库保管。凡中央已公布的课税，统一入中央金库，由当地税局统一征解。

县地方收入，主要是契税，公有财产孳息，公有企业盈余、规费、罚没收入等。公粮附加，公粮超任务部分提成，城市政教建设费和经上级批准征收的各种税费。

（2）1953 年开始实行划分收支，分级管理的财政体制。

县级财政收入包括：地方税收；县地方国营企业利润、提取基本折旧基金、固定资产变价及缴回流动资金收入；事业收入；规费收入；罚没收入；公产收入；其他杂项收入；上年结余收入等 8 项。

1950 年，全县财政收入 606.9 万元，其中工商税 254.8 万元，农业税 345.6 万元，其他收入 6.5 万元。1951 年县财政收入为 863.6 万元；1952 年为 940.5 万元；1953 年为 936.6 万元，其中工商税 533.1 万元，农业税 379.8 万元，其他收入 23.9 万元。

四、开展稳定经济秩序的斗争

（一）打击金融投机，稳定市场物价

中华人民共和国成立初期，清远县市面上有不少港币流通，

一些不法商人趁机炒卖外币，加上解放前夕国民党当局溢发钞票引起通货膨胀的影响，一度使清远县的金融和物价处于波动状态，造成市场混乱。

为此，清远县委、县政府在接管国民党留下的金融机构后发出通告，宣布禁止使用国民党金圆券，一律以人民币为本位币，成立中国人民银行清远支行。对于金融投机活动，从三个方面进行打击：一是查封、取缔非法地下钱庄和"剃刀门楣"（兑换钞票的档铺）；二是向商人进行支前捐款，紧缩银根；三是动员工人、学生进行广泛深入地拥护人民币的宣传，拒绝港币在市面上流通。

1950年6月，县政府发出布告，强调用人民币收兑港币和金圆券、银圆券，禁止外币在市场流通使用，禁止用金银作价，流通和变相买卖。至1951年上半年，全县共收兑港币66357元，银圆22618元，提高了人民币的信用，稳定了金融，稳定了市场物价。

（二）开展"五反"运动，整顿市场秩序

中华人民共和国成立后，通过"八字"运动和土地改革，农业生产得到了恢复和发展。1950—1952年，清远县工农业总产值11075.92万元，社会商品零售累计总额6068万元。随着经济建设规模的扩大，资本主义工商业也在迅速恢复和发展。一些不法资本家和工商业者出现违法经营的行为。他们拉拢腐蚀国家工作人员以摆脱国家政策和法令的约束。他们偷税漏税、偷工减料和盗窃国家经济情报，盗窃国家资财，扰乱国家经济秩序，全县偷税的私营工商户有852家。

1952年1月，中共中央发出《关于在城市中限期开展大规模的坚决、彻底的"五反"斗争的指示》。清远县从1月16日起，在全县私营工商业者中开展了一场反对行贿、反对偷税漏税、反

对盗骗国家财产、反对偷工减料、反对盗窃国家经济情报的"五反"运动。县委成立"五反"运动指挥部,组织了强有力的运动工作队,在全县工商业比较发达的集镇作试点,取得经验后在全县铺开。

在查处违法资本主义工商业者中,严格掌握政策,采取"过去从宽,今后从严""坦白从宽,抗拒从严""工业从宽,商业从严""普通商业从宽,投机商业从严"的政策。县政府对检举出来的852家有偷税行为(占工商私营企业85%)的企业分别作出了处理。"五反"斗争遏制了不法资本家的"五毒"(行贿、偷税漏税、盗骗国家财产、偷工减料、盗取国家经济情报)行为,使党的政策法令在工商业者中得到贯彻和执行,使广大工商业者明确了依法依规的经营方针,转变经营理念和作风,促进了社会经济的发展。

过渡时期总路线的贯彻和第一个五年计划的制定

1953 年 6 月，中共中央提出党在过渡时期的总路线："要在一个相当长的时期内，逐步实现国家的社会主义工业化，并逐步实现国家对农业、对手工业和对资本主义工商业的社会主义改造。"

1953 年 11 月开始，清远县委按照中共中央指示，逐级召开各种会议，积极传达贯彻党在过渡时期总路线的精神，加强对总路线精神实质的理解。党在过渡时期总路线向党和全国人民提出了逐步实现国家的社会主义工业化的任务，首先就是充分发展社会主义工业，建立一个基本上完整的工业体系，使中国由农业国变为工业国。过渡时期的另一重要任务，就是逐步完成对农业、手工业和资本主义工商业的社会主义改造，把生产资料私有制改造成社会主义全民所有制和集体所有制，使社会主义公有制成为中国的经济基础。

1953 年 11 月 20 日，清远县委召开扩大会议，学习贯彻宣传党的总路线。会后，各地结合当地的中心工作，分别运用大小会议、黑板报、大字报、广播筒等多种形式广泛宣传党在过渡时期总路线的内容、目的和要求，使党在过渡时期总路线深入人心、家喻户晓。

1953 年，政务院总理周恩来在中国人民政治协商会议第四次会议上提出了第一个五年计划，其指导方针和基本任务：一是集中力量发展重工业，建立国家工业化和国防现代化的初步基础；二是相应地发展交通运输业、轻工业、农业和商业；三是相应地培养建设人才；四是有步骤地促进农业、手工业的合作化；五是继续进行对资本主义工商业的改造；六是保证国民经济中社会主义成分的比重逐步增长，同时正确地发挥个体农业、手工业和资本主义工商业的作用；七是保证在发展生产的基础上逐步提高人民物质生活和文化生活水平。

清远县委、县政府按照国家第一个五年计划要求，从实际出发，提出了清远五年计划第一年的任务。主要是"以发展农业生产为主，（把发展）农业生产（作）为压倒一切工作的中心工作，并结合查田定产发证，以稳定农村农民生产情绪，有领导，有步骤地发展互助合作组织，爱国增产运动"。通过一年的努力，1953 年，全县工农业生产取得了较大的发展，文教卫生、财经、基本建设都取得一定的成绩。

粮食统购统销政策的实施

1953 年 11 月 23 日，中央人民政府发布了《关于实行粮食计划收购和计划供应的命令》，对粮食实行统购统销。

清远县委、县政府十分重视粮食统购统销工作，在"一五"计划实施期间，根据上级各个时期不同要求，认真抓好粮食统购统销工作。1953 年，清远县农村按农户自报田亩产量，留足种子、口粮、饲料等必要生产、生活用粮后，剩下余粮，经民主评定，均卖给国家。当年，全县征购粮食 4677 万千克。

1954 年上半年，清远县委、县政府在实行国家对粮油统购统销的同时，还组织了 24 个国家初级粮食市场，方便农民进行粮食余缺的调剂。

8 月 1 日，广东省人民政府颁发《广东省粮食随征带购试行办法草案》，清远县在全县范围内试行征收公粮的同时，按农业税的比例规定一个带购粮收购农民的余粮。在实施统购统销政策的第一年中，全县完成粮食征购任务 5987 万千克，超额 3769 万千克，超额率 169%。

1955 年 2 月 27 日，广东省人民委员会发布《关于执行 1955 年度粮食统购统销制度命令》，提出粮食统购统销的"三定"（定产、定购、定销）要形成制度。清远县委、县人民委员会于 6 月开始在农村落实执行省"粮食开展三定"的命令。第一批在 95 个乡进行，6 月底结束；第二批在 155 个乡进行。粮食"三定"

以近两年平均产量为定额，扣除农业税、种子、口粮、饲料后，多余部分按比例定购。当年，全县定产面积为人均 1.6 亩，核定总产量为 17739 万千克，人均负担 324 千克，全县定购粮食任务为 2053 万千克。1955 年，全县收购粮食 3709 万千克，销售粮食 2575 万千克，纯调出粮食 1008 万千克。

1956 年 6 月 10 日，广东省人民委员会发布《广东省 1956 年农村粮食统购统销实施细则》，实行以农业社为单位计购计销。清远县实现农业合作化后，全县总征购粮食任务为 2834 万千克。

粮食生产中统购统销政策的实施，是中华人民共和国成立后继财经工作、稳定物价后党在经济工作中的又一重大政策。它在维持人民基本生活水准上解决了全国人民的吃饭问题，保证了国家工业化建设，保证了人民生活的基本稳定。

社会主义制度的确立和各项事业的发展

一、农业的社会主义改造

清远县农民有以换工、帮工、互助等形式从事农业劳动的传统。1951年，源潭的龙狮田村农民曾组织了16个以3～5户为单位的季节性劳动互助组。在附城（今东城）、洲心等地相继出现农村临时互助组的形式。土地改革后，农民都有了土地，他们经常开展相互间的农事互助活动。有的甚至成立常年互助组。在当时，这是农民团结起来，克服困难，搞好农业生产的好办法之一。

1953年2月，中共中央发布《关于农业生产互助合作的决议》。清远县委及时召开工作会议，在全县迅速掀起互助合作热潮。1954年初，全县建立临时互助组16332个，入组农民63455户，常年互助组4166个，入组农户12775户，互相联组829个。通过以工换工、变工互助、分工合作等各种形式的互助活动，使不少农民解决了耕牛、劳力、耕作经验不足等困难，促进了农业生产的发展。

1954年初，清远县委、县政府贯彻中共中央《关于发展农业生产合作社的决议》，引导农民组织成立农业生产合作社。先以源潭台前一社等8个乡村作为试点，办起初级农业合作社。初级农业合作社实行土地入股，耕牛农具折价入社，农副业生产统一经营，收益分配按土地分红45%、劳力报酬55%。3月，全县先后办了 2 期农村干部和农村互助组组长培训班，培训了 3875 名办农业合作社骨干。在县、区、乡、村 2 万多名干部和互助农民代表带动下，全县农业合作化运动蓬勃发展。1954 年上半年，有 26 个农业合作社实现增产增收后，全县建立初级社 419 个，入社农民 11278 户。第五区旧岭乡（今飞来峡镇）有 52 名团员全部参加合作社，带动了全乡 86％ 的农户入社。1954 年底，全县初级社发展到 925 个，入社农户 44420 户。

1955 年 7 月，在中共中央召集的省委、市委、自治区党委书记会议上，毛泽东在报告中提出了加快发展农业合作社的可能性，农业合作社的优越性，组建农业合作社的原则，建立农业合作社的步骤、方法等问题，要求加快农业合作社的建立和发展。

1955 年 9 月下旬，县委指导群众试办高级农业合作社。最初办起的有洲心沙湖和源潭台前等 4 个高级农业社，以点带面，推动全盘。1956 年 2 月，全县共建立高级农业社 784 个，入社农户 124692 户，占全县农户的 94.5％。

为了指导好高级农业社搞好经营管理，县委抽调县、区干部 133 人深入到各区、乡蹲点驻社，实行"三包一奖"（包工分、包成本、包产量，超产奖励）的经营管理，实行超产奖励、欠产扣除工分、减少分配得益的办法，调动了农业社社员生产的积极性。1954—1956 年，由于农业合作化运动的开展，全县连续三年粮食实现增产增收。

1955 年下半年，为了加强农业社的领导，解决个别地区出现闹退社的现象，县委分析了全县闹退社的 2210 户农户和已退社的 517 户农民的情况，发现在农业合作化运动中有的地方出现"改造要求过高，工作过粗，形式也过于简单划一"的问题。针对此情况，县委及时派工作组到有关区、乡社队进行深入细致的思想教育，使退社农民重新入社。接着，县委从加强农业领导班子着手,从县、区机关抽调了 179 名干部到农业社任职。共青团清远县委积极协助巩固农业社加强领导班子建设,要求共青团员中有条件的到农业社担任一定的领导职务。1955 年,团员到农业社担任社主任的有 37 人,副主任的有 85 人,社务委员的有 492 人;担任生产队长的有 201 人,会计员 100 人,技术员 46 人,这为农业社建设提供了组织帮助。

二、手工业的社会主义改造

1953 年 9 月,党在过渡时期的总路线中提出了手工业的改造任务。11—12 月,中华全国合作联合总社召开第三次全国手工业生产合作社会议,明确规定对手工业的社会主义改造要"积极领导,稳步前进",步骤由小到大,由低级到高级循序进行。

1953 年 4 月,清远县成立手工业协会,成为协助政府联系、管理、维护手工业者权益的组织。12 月,在清城组建了第一个手工业生产合作社——农具生产合作社,入社人数 17 人。1954 年 7 月,清城镇的盆桶、木履、农具 3 个行业建立了 4 个生产合作社。1956 年 7 月,全县建立手工业合作社 126 个,入社行业有 16 个,入社人数 3733 人,占从业人数的 97.23%。

清远县委、县政府在对手工业的社会主义改造中,认真贯彻党的有关政策,一是实行入社自愿,退社自由;二是入社要交一个月的工资额作股金;三是生产资料折价入股,逐步退还;四是集体经营,按劳取酬,自负盈亏。

三、私营工商业的社会主义改造

1955 年冬,清远县委、县政府贯彻执行党的路线、方针、政策,按照上级统一部署,全面开展对私营工商业企业的社会主义改造(以下简称"私改")。1956 年 1 月,清远县成立私营工商业社会主义改造领导小组，组织工作队 883 人在全县开展私改工作。5 月，全县 120 户私营工业企业志愿加入公私合营，组建新的公私合营工业企业 15 家，从业人员 944 人。

通过私改后，国营商业有百货、贸易、石油、糖烟酒、食品、纺织品、水产、医药、文化用品、针织品、蔬菜等 11 个专业公司。下设 4 个国营综合商店和县辖 16 个圩镇食品购销站。合营合作商业通过私改后，1956 年底有合营商店 394 户，合作商业 120 户，合作小组 81 个。

私营、个体商业参加公私合营的有 713 户，参加合作商店的有 2057 户，从业人员分别为 1866 人和 3116 人。

清远县对农业、手工业和私营工商业的社会主义改造的完成，标志着由新民主主义向社会主义过渡任务的完成，社会主义基本制度在清远县的确立，是清远县委领导全县人民进行社会主义改革的伟大胜利。

四、各项事业向前发展

（一）第一个五年计划的完成

1953—1957 年，清远县实施了第一个五年计划。

农业生产得到较大发展，在"一五"计划期间，加强农田基本建设，兴建了江口六盎、黄竹坑，龙塘新塘、长冲、大坑，洲心狮子头、石角横坑、筒洞坑、六房、牛角冲、老冲、了哥岩，附城井坑塘，高桥梅坑 14 宗小型水库，灌溉面积达 3 万多亩。培修了大厂围、安丰围、龙塘围、清北围、飞水围 5 条江堤，总长51.22 千米，捍卫耕地面积 9.48 万亩。1953—1957 年，全县水利建设投资 927 万元，其中国家投资 420.58 万元，群众自筹 423.66 万元。水利建设完成土石方 1183.55 万立方米。

"一五"计划期间，县政府重视林业生产，组织全县人民开展植树造林，绿化荒山活动。县政府于 1953—1957 年先后组建了银盏、笔架、天堂山、飞霞洞、大罗山、水迳、太和洞 7 个国营林场，还有不少镇区办起了镇区林场。

在粮食生产上，"一五"计划实施期间，由于土地改革后实现了耕者有其田，农民生产积极性大大提高，加上水利环境的改善，科学种田的逐步推广，粮食耕种面积扩大。一些单造改双造，旱地改水田，复耕指数提高，粮食生产出现了中华人民共和国成立后的第一个高峰期。1953 年，全县粮食总产量为 16830 万千克，比 1952 年增产 4123 万千克，增幅 32%，1957 年仍比 1952 年增产 3467 万千克。

工业生产规模扩大，工业生产效益提高。"一五"计划实施期间，县委、县政府在原有 5 家国营企业基础上兴办了食品厂、酱油厂、糖厂、电瓷厂、机械厂等国营工厂，组建了 15 家公私合营企业。1957 年，全县有国营企业 16 家，职工人数 3738 人，生产工业产品 29 种。当年工业总产值为 2618 万元。

商业贸易不断发展。1956 年，国家对私营商业改造完成后，全县国营商业化为主体。1957 年，全县社会商品零售总额 4132 万元，比 1952 年增长 85.96%。

清远县在"一五"计划实施期间，全县工农业总产值 26730.10 万元，年均 5346.03 万元，农业总产值 19444.1 万元，年均 3888.82 万元。财政收入总额 4934.5 万元，年均 986.9 万元，比 1952 年增长 4.93%。工业、农业、交通、文教卫生年均投资比 1952 年分别增长 9 倍、11 倍、10 倍、1.8 倍。

（二）教育文化卫生事业的发展

随着国民经济的发展，"一五"计划期间清远县教育事业也逐步发展和壮大。

1953 年，全县有小学 393 所，学生 49188 人，教职工 1476

人。1954年底，经过调整和改进，全县小学394所，在校学生64532人，教职工1759人。学生和教职工人数比1949年分别增长67.7%、25%。

1953年秋，全县在校学生中学生1504人。1956年，全县有完全中学1所，初级中学2所，在校学生1664人。至1958年，全县有普通中学11所，在校学生4806人。

1954年，全县18个区分别成立扫盲协会，开展全民扫盲活动。全县有15.35万文盲和半文盲的青壮年，通过扫除文盲的学习，脱盲的有20451人。

随着群众文化水平的提高，全县文化事业逐步得到发展。1953年11月，在四区（今源潭镇）建立县区合办的第一个文化站。1957年，全县建立农村俱乐部500多个。

农村文化生活的不断丰富和发展，农村文艺汇演、农村电影、图书展览、《清远农民报》发行，清远人民广播站规模扩大，使20世纪50年代中期农村群众的文化事业以崭新的面貌向前迈进。

卫生事业在整顿中发展。1953年7月起，县政府先后将私人经营的卫生所改为联合诊所34间，分站68间，建立县、区、村三级防疫网。实行"防重于治"方针，开展对传染病、慢性病、血吸虫病的防治。1954年，在清城成立合群保健站，1956年改为妇幼保健站，1958年改为妇幼保健院。

（三）清远县人民代表大会的召开

1954年6月23—28日，清远县第一届人民代表大会第一次会议在清城召开。代表412人。大会听取和讨论了县委书记王东生传达《中华人民共和国宪法草案》的报告，听取和审议了副县长张景堂作《关于清远县人民政府四年来施政工作总结报告》和《关于今后政府工作报告》的报告，通过了《关于深入开展以互助合作为中心的农业爱国增产运动》的报告。1955年6月13—16

日，清远县第一届人民代表大会第二次会议召开，选举产生了县人民委员会委员、县长、副县长和县人民法院院长。

人民当家作主是社会主义制度的内在属性。中华人民共和国成立后，中国是一个工人阶级领导的、以工农联盟为基础的人民民主专政的国家。在国家中，人民是主体，人民当家作主体现了国家的性质和方向。为进一步健全人民民主制度，根据上级指示，清远县于 1954 年 6 月召开了第一届人民代表大会第一次会议，1955 年的第一届人民代表大会第二次会议选举了县人民委员会委员、县长、副县长和县人民法院院长，这样，清远县建立了人民代表大会制度，清远县的政权建设进入了一个新的阶段。

清远县在完成土地改革和进行了农业、手工业和资本主义工商业三大改造后，农民、手工业者劳动群众个体所有的私有制基本转变为劳动群众集体所有制，资本主义私有制基本转变为国家所有，即全民所有公有制。清远的国营经济领导地位明显增强，以公有制为主体的社会主义经济体系已形成，社会主义基本制度在清远已经确立。

（四）党的建设不断加强

1. 县、区党委的建立。

1949 年 10 月 20 日，成立中共清远县委员会，设书记 1 人，副书记 2 人，委员 7 人。云昌遇任县委书记，李海涛、苏陶任县委副书记。1950 年 5 月，李海涛任县委书记。

1951 年 10 月至 1953 年 4 月，中共韶关地委常委周明兼任清远县委第一书记。1953 年 5 月，韩慰农任县委书记。8 月，华云接任县委书记。1954 年，王东生任县委代理书记。1955 年 3 月至 1958 年 12 月，胡明任县委书记。

1950 年 5 月，实行县区建制，全县设立 10 个区、49 个乡人民政府，成立 10 个区党委或工委。1951 年下半年，划分为 19 个区和 1 个区级镇。1953 年上半年，划分为 19 个区、1 个区级镇和 6 个乡级镇，与此同时，设立相适应的区、乡级党的组织。

2. 基层党支部的建立。

中华人民共和国成立初期，清远县党员有 105 人。1951 年至 1953 年 4 月（土地改革期间），根据中共中央指示精神，暂停发展党员。1953 年下半年，根据中共中央组织部提出"积极慎重"发展党员的方针，重新开始发展党员。清远县 1953 年发展党员 1274 人；1954 年发展党员 1973 人；1955 年发展党员 2377 人，其中农村党员 2061 人。

1955 年底，全县 18 个区 249 个乡，建立党支部 240 个，党员人数 4175 人，其中农村党员 3933 人。1956 年，有农村党总支 78 个，党支部 498 个，农村党员 6449 人。

3. 召开中共清远县第一次代表大会。

1956 年 5 月 9—14 日，中共清远县第一次代表大会在清城召开。县委第一书记胡明作大会报告。大会讨论和审议通过了《关于中共清远县第一次代表大会报告一年来工作总结及今后工作任务的决议》，选举产生了中共清远县委领导班子，提出了今后一段时期的工作任务。大会号召全县共产党员和各级党组织，要在社会主义建设高潮中增强党的团结，加强党的领导，为夺取社会主义和共产主义事业胜利而奋斗。

第七章

全面进行社会主义建设

(1956. 9—1978. 12)

第一节 人民公社化运动

1958 年 5 月 5 日，中共八大二次会议召开，会议正式通过"鼓足干劲，力争上游，多快好省地建设社会主义"的总路线。这次会议后，总路线、"大跃进"、人民公社被称为"三面红旗"，以"大跃进"为中心的国民经济建设在全国范围内的各行各业开展起来。

1958 年 5 月，县委召开全县第 29 次干部扩大会议，贯彻党的总路线精神，根据清远县情况，提出全县各行各业开展全面的"大跃进"。在清远的"大跃进"中，农业"大跃进"一马当先。

1958 年晚稻插秧前，县委提出水稻亩产 1500 千克的高指标，每亩水稻实行 60 万株的高度密植。为了消灭三类禾，江口公社（今飞来峡镇）把 1339 亩三类禾苗移到塘田。随着"大跃进"升温，"浮夸风"盛行。秋收时节，全县放出水稻实现亩产 5000 千克的"卫星" 13 个，亩产 2500 千克的"卫星" 687 个。

1958 年 6 月底 7 月初，中国第一个人民公社成立。根据上级指示精神，清远县委在洲心办人民公社试点。1958 年 8 月 23 日，办起了全县第一个人民公社——清远县洲心人民公社。1958 年 9 月，县委推广洲心公社办社经验，全县建立人民公社 20 个，入社农户 136595 户，占全县农户数的 99.7%。

一、"大而公"的人民公社管理体制

人民公社实行"政社合一"，工农商学兵相结合的体制。实行一套机构，一套人马的管理制度，乡人民代表大会就是公社社员代表大会，乡人民政府就是公社管理委员会。公社管理委员会内设10个部门。公社党委设正、副书记。公社管理委员会下设耕作区，耕作区以下分生产队。人民公社成立后，实行高度集中统一的经营体制。一是"七集中"（集中劳力、土地、农具、种子、资金、肥料、牲畜）；二是"五统一"（生产计划由公社统一安排，生产劳动工作由上级统一指挥，物资由公社统一调拨，财务由公社统一收支，收益由公社统一分配）。

在人员管理上实行组织军事化、行动战斗化、生活集体化。组织军事化，是指农村民兵组织与生产组织相结合。公社为民兵团，每一个村耕作区为民兵营，生产队为民兵连，下设排班，其任务是平时搞好生产和军事常识教育。公社民兵团团长由社主任担任，公社党委第一书记任政治委员。民兵营连长由大队，生产队正、副职担任。实行生活集体化，主要是办公共食堂和托儿所、幼儿园。实行公社化一个多月时间，全县办起2600个公共食堂。行动战斗化，是指公社集中统一使用全社劳动力。在分配形式上全县实行粮食无价供应（吃饭不用钱），实行"拼命劳动，不计报酬"。

对于建立公社中的各种经济问题的处理，县委作出了十个方面的规定：凡参加人民公社各单位的一切生产资料、一切公共财产都必须全部地、无偿地（国有部分除外）归集体所有；原来由社员经营的自留地、荒地、果园地、竹园地等生产资料一律归集体所有；社员的房屋、猪屋、牛栏、柴房、厕所等全部无偿归集体所有；所有农民生产工具无偿归集体所有；社员自养的生猪、

"三鸟"折价归集体；社员应分未分的现金，公社仍然确认；社员加入供销股金和信用社股金全部转入供销部和信用部作活动资金，不用分红；社员家庭日常用品归社员所有；各农业社加入公社后，各乡原来的债权债务由公社负责收缴和清还；未入社的单干户加入人民公社，必须无偿地把土地房屋及一切生产资料交给公社，多不退少不补。

二、大规模的水利建设

1957 年 9 月，中共中央国务院作出大规模兴修农田水利建设的决定。清远县和全省一样掀起大力开展水利建设热潮。1958 年冬至 1959 年春，人民公社成立后，推动了清远县大规模水利建设的高潮。

现属清城区的主要水利工程有迎咀水库、银盏水库、花兜水库等。

迎咀水库，位于源潭镇迎咀河中下游双面村旁。该水库是一宗以灌溉为主，结合防洪、发电、养鱼的综合利用工程。水库集雨面积 102 平方千米，设计灌溉面积 9.3 万亩，相应最大库容 6684 万立方米，坝高 39.24 米，坝顶宽 3.5 米。第一期工程于 1956 年 8 月动工；第二期于 1957 年动工；第三期于 1958 年 8 月动工，1960 年 9 月发电送清城，1963 年 3 月投产并网。

迎咀水库建设先后经过了七年时间。为了加快水库建设，1958 年人民公社成立后，县委跨公社、跨地区抽调到工地施工的劳动力 9000 多人，实行"大兵团"作战，其中洲心镇 5000 多人，源潭和滨江各镇共 2700 多人，按计划完成了水库建设任务。水库和灌溉建设，总计用去国家投资 1000 万元，完成土方 423.8 万立方米，石方 12.11 万立方米。建有总干渠、支渠、斗渠共 171 条，总长 116.6 千米。

　　银盏水库，位于龙塘镇银盏河上游蕉坑村。该水库是一座以灌溉为主，结合防洪、发电、养鱼和旅游的综合利用工程。水库最大库容2332万立方米，灌溉面积4.2万亩。

　　水库工程于1959年1月动工。主坝工程完成土方131.84万立方米，石方22.656立方米。用去国家投资325.32万元，投工239万个工日。

　　花兜水库，位于清远县石角乐排河上游。该水库是一座以灌溉为主，结合防洪、发电、养鱼的综合利用工程。

　　水库工程于1959年12月动工，1960年3月基本完成。工程建设完成土方31万立方米，投工13万个工日。

　　建设和修筑了一批抗洪的堤围。

　　防二十年一遇洪水的江堤有：北寮围，位于江口镇（今飞来峡镇），1958年动工兴建，全长3.05千米，捍卫耕地面积1.58万亩。大厂围，位于华侨场，滆江下游，全长11.043千米，1954—1958年陆续建成，捍卫耕地面积1.06万亩。安丰围，位于龙塘大燕河左岸，全长5.46千米，1958年始建，捍卫耕地面积1.2万亩。清北围，位于附城镇北江下游右岸，全长14.22千米，捍卫耕地面积2.7万亩，1957年始建，1958年完成。

　　1958年建筑防十年一遇洪水的堤围有：稔坑围、白石咀围、黄洞围、旧横石围、白鹤汛围、禾仓围、饭店围、德和围、舟山围、果园围、大连围、连塘围、新马围、梁园围、叔伯塘围、源潭围、秀溪围、罗田围、天吉围、小河围、莲安围、高桥围、东坑围、元山围、仓坑围、独树围、岗咀围，共27条。

　　1958年，在全县组织水利大会战中，全县团员带头，组织青年积极投入攻打"水利关"战斗，成立青年突击队2048个，有突击队员63181人。洲心公社三角团支部在迎咀水库工地上，由23名共青团员带头，组织了22个共有340人的青年突击组，坚持八天八夜战斗在水利工地（每天休息两小时），完成土方9500多方。洲心公社沙湖大队的共青团员黄乘福，带领两个青年，冒着严寒，跳进迎咀水库进行工程抢险，在4米多深的冷水中连续战斗4小时，排除了险情，保证了工程顺利进行。

水利是农业的命脉。清远县经过人民公社化的水利大会战，水利条件得到极大的改善，为农业生产发展打下了坚实的基础。

三、人民公社的整顿

（一）调整人民公社的管理体制

1959年2月27日至3月5日，中共中央政治局在河南郑州召开扩大会议。着重解决人民公社所有制、积累和分配的关系。会议起草了《关于人民公社管理体制若干规定》，提出：统一领导，队为基础；分级管理，权力下放；三级核算，各计盈亏；分配计划，由社决定；适当积累，合理调剂；物资劳动，等价交换；按劳分配，承认差别，并以此为整顿和建设人民公社的方针。

清远县委执行中共中央指示，1959年3月26日，下发了《对执行中央关于人民公社管理体制若干规定》，规定了人民公社、生产大队、生产队的组织规模；规定了人民公社八个方面的职权和任务。1960年底至次年5月，全面取消公社供给制；恢复按劳分配政策，恢复社员自留地和允许搞一些家庭副业。1961年，贯彻中共中央以生产队为基础核算单位的指示，再次调整人民公社的规模和下放管理权限。1962年初，全县调整为21个人民公社，658个生产大队，7020个生产队。对农村队实行"四固定"（即劳力、土地、耕牛、农具固定给生产队使用），生产队有了自主权，社员实行按劳分配，调动了农民生产的积极性。

（二）调整农村经济政策

1958年的人民公社化采取平均主义的分配制度，粮食是供给制，社员是"拼命劳动，不计报酬"。1961 年取消供给制，6 月 25 日，县委召开建立人民公社以来第一次分配工作会议，研究部署当年农村人民公社夏收分配问题。此后，农村一年一次社员年终分配成为制度化。

1961 年 5 月，县委在洲心公社塘坦大队试行对产负责水稻田间管理责任制，即在水稻田间管理期间，把水稻田间管理面积划分到户。评定产量工分，由各户负责施肥除草、中耕等农事活动，收割后奖励工分和实物。由于责任明确，社员的劳动成果直接与劳动挂上钩，群众欢迎，因而调动了生产积极性。1962 年 7 月 27 日，中共广东省委发文，肯定了"洲心经验"。当年，清远县晚造推广"洲心经验"、实行田间管理责任制的生产队有 1356 个。

允许生产队在完成粮食生产任务后大力开展扩种，收入归生产队所有，生荒五年、熟荒三年不计产、不计征购、不计入上级口粮安排。允许社员利用"五边地"（路边地、村边地、树边地、河边地、地边地）进行开荒扩种，收入归社员所有。允许社员经营自留地，乡村零星果树归社员所有。允许社员私养生猪和"三鸟"，贯彻私养私有为主方针。允许农副产品按规定到农贸市场交易。

粮食生产实行增产不增购。对于农村春收小麦、雪豆、木薯、杂粮等按政策规定可到粮食部门兑换大米。城镇生产工业品按有关规定可兑换相应的粮食。

（三）调整中的恢复和发展

1962 年，全县粮食播种面积 1837312 亩，比 1961 年增加 191653 亩，增幅 11%。粮食总产 1962 年为 20584 万千克，比 1961 年增加 4920 万千克；1963 年为 22936 万千克，比 1962 年增加 2352 万千克；1964 年、1965 年又连年增产。从 1962 年农村的调整恢复后，清远粮食连续四年增产，1965 年粮食总产比 1961

年增加 10594 万千克，增幅为 67.6%。1962 年，全县生猪饲养量 108773 头，比 1961 年增长 55.4%。"三鸟"饲养也有较大的发展。

（四）纠正"共产风"

在"大跃进"和人民公社化过程中，由于受极左思想影响，清远县和全国一样，出现"一平二调"的"共产风"。"平"即平均主义，调就是以"上调、协作、支援、摊派、投资"等名目无偿占用群众的财物和劳动力，其表现形式，在过渡问题上存在"抢先"的思想；在发展经济上实行"拿来主义"；在收款问题上实行"扣光扣净"；在具体行动上无偿调拨大队、生产队的土地、鱼塘、果园、耕牛、农具、农副产品；过多地抽调生产队劳动力；无原则地没收大队、生产队各种厂（场），组织大协作没有坚持等价交换原则。由于"共产风"无偿剥夺农民对生产资料的所有权，农村"七集中"、人民公社"五统一"的做法动摇了人民公社的根基，"拼命劳动，不计报酬"政策挫伤了农民生产的积极性。

1960 年 11 月，中共中央发出《关于农村人民公社当前政策问题的紧急指示信》，"要彻底清理一平二调，坚决退赔"。1960 年 12 月 29 日，中共广东省委发出《关于纠正"共产风"的几项政策》。清远县委执行中共中央和广东省委有关指示，慎重处理"共产风"问题，先在源潭公社试点，取得经验，全县推广。根据清远县实际情况，县委制定了关于处理"共产风"的 11 条政策，在时间上划清界限，明确不要把公社化前的债务和公社化后"共产风"连在一起，在性质上应把互相支援协作和"一平二调"的"共产风"区别开来，在查清账目的基础上层层兑现。从 1960 年底至次年 5 月，基本完成"共产风"的清理工作。全县共赔退社员因"共产风"平调的财物折款 1649.7 万元。

"洲心经验"的探索

1959 年 3 月起，清远人民和全国人民一样，进入"大跃进"后的三年经济困难时期。清远县委贯彻执行中共中央 1961 年 1 月提出的"调整、巩固、充实、提高"八字方针，在农业生产上进行了"洲心经验"的大胆探索，得到中共广东省委的肯定。

一、摸索

洲心公社塘坦大队从 1959 年晚造开始，在生产队中试行"小组包段、个人包块、评比奖励"的田间管理责任制，1960 年又在此基础上继续实行"田间管理评比责任制"。两年执行的结果，责任制都无法到底，主要是这种责任有两个问题难以解决：一是评比奖励标准掌握困难。由于生产条件各异，水稻作物的品种、规格、长势就会产生较大的差异，仅评禾苗生长情况很难统一评比标准。二是评比奖励只是工分，负责管理的禾苗只有收割增产后才能超产多得实物，如果生产队不超产，奖励工分再多也没有用。因此，社员对自己的田间管理责任田不关心，田间管理质量没有抓细抓到底，粮食增产得不到保证。

"三分插、七分管"。在总结两年来实行"组包段，个人包块，评比奖励"的基础上，塘坦大队根据群众意见，把田间管理责任制进一步完善细化，把田间管理工作好坏和社员个人利益挂钩，以调动群众搞好生产的积极性。

二、实践

1961 年晚造,塘坦大队田间管理责任制发展成为"按田定产,固定管理地段,工分一次计算到人,成本由生产队负责,超责任指标奖励"的对产负责田间管理责任制。

按田定产。插田后,在"三包"定产基础上,参照备耕质量好坏、插秧规格、季节情况等制约产量的条件,定出每块责任田的产量指标。定产最基本出发点是维护集体经济的调动社员生产积极性。定产要区别对待一级水田和低产田的产量要求。产量指标要留有余地,让社员通过努力可以得到,把希望留给责任心强、工作努力的群众。

固定管理地段。从插田后至收割前的各项工作,包括查苗补苗、中耕施肥、除草除虫一次包工到人。在固定地段上一次性包到个人的时候,还要考虑到田段质量高低的差异,做好搭配工作,实行一次固定 2~3 年不变,促使社员对承包地段地力的投资和精心的管理。

工分报酬。根据生产队制定的田间管理工作数量和质量要求,按照定额报酬标准,一次计算到人。

成本核算。按照田间管理对施肥数量的要求一次性拨给社员支配使用,结余部分不收回。肥料除生产队统一安排部分外,由社员自行设法解决。

超责任指标奖励。超责任指标以外的粮食产量,全部以实物奖给负责管理的社员,达不到责任产量指标但达 80% 以上产量的不予处罚。如按生产队所定措施质量要求去做仍然达不到 80% 以上的,同样不予处罚。对不积极进行田间管理的社员,实行收回所负责田块,由生产队另行安排管理。质量不好的要进行返工或扣减工分。

三、效果

第一，保证了田间管理农活的质量，为粮食增产提供了坚实基础。塘坦大队 1961 年晚造全面实行"四定一奖"的超产奖励田间管理责任制，全大队晚造超产 43%，比 1960 年增产 11.5%。干部社员都认为这是搞好生产的好办法，纷纷要求坚持下去，不要轻易改变。

第二，超产部分集体得大头，社员得小头，既增加生产队的收入，又使社员多劳多得。村头生产队 35 户人，参加管理责任田的有 31 户，受奖 29 户。当造超产奖励社员 1479.5 千克稻谷，生产队超产收入 9774.5 千克，奖励社员部分占生产队超产部分的 15%。

第三，有了明确的责任目标，社员责任心大大加强，农活质量有保证，真正体现了多劳多得的原则。社员从过去争工分，变为现在的争产量。生产队简化了天天评工记分手续。农村干部也从过去排工记工的烦琐事务中解脱出来。

第四，把社员的人力、物力、财力挖掘出来，为集体生产服务，促进了农业生产的发展。全大队过去一天出勤人数 800 人左右，现在男女老少齐上阵参加田间管理，出勤人数达 1150 人。为了增加责任田肥料投入，全大队 644 户，有 212 户社员卖鸡换化肥。福塘一队 30 户，有 23 户社员共卖鸡 80 只，换回化肥 1053 千克。全大队形成人人关心发展粮食生产的可喜局面。

四、推广

洲心公社实行产量责任制的做法及其明显的成效，引起各级领导高度重视。1961 年 11 月 3 日，县委调查组写出的洲心公社《关于塘坦大队实行"对产负责的田间管理责任制"的调查报告》，由县委呈报上级党委，下发给县内各公社（场），在全县大力推广洲心塘坦对产负责田间管理的做法。1962年6月，中共中央中南局第一书记陶铸带领工作组到洲心公社调研，肯定了洲心的做法，把实行产量责任制的做法誉为"洲心经验"。1962年7月27日，中共广东省委发出《介绍清远县洲心公社实行产量责任制——批转省委工作组的一个调查材料》，将"洲心经验"向全省各地区、各县（市）推广并上报中南局和中共中央。

清远县委将广东省委文件印发给参加县三级干部会议每个成员，在全县再次推广"洲心经验"。1962年下半年，全县有1356个生产队推行"洲心经验"，1964年发展到2789个生产队。

"洲心经验"的推广，促进了全县农业生产发展，1962—1965年，全县稻谷年产量持续四年增长。

农业学大寨运动

1963 年，大寨大队被山西省树为自力更生、发展生产的典型。1964 年 2 月 10 日，《人民日报》以"大寨之路"为题，介绍了大寨的事迹和经验，号召全国学习大寨。1966 年 8 月 12 日，在党的八届十一中全会闭幕发布的新闻公报中，将"农业学大寨"作为毛泽东的决策正式提出。从此，农业学大寨运动勃然兴起，直至 20 世纪 70 年代末。

在长达 14 年多的农业学大寨运动中，清远县委带领清远人民学习大寨人自力更生、艰苦奋斗的精神，联系清远县实际情况，下功夫改变清远农业生产条件。然而，在农业学大寨运动中有的地方出现了偏差，他们看见大寨粮食产量高就搞"以粮唯一"，置经济作物不顾；看到大寨开山垦田就刻意模仿，破坏山林，在山上造"人造小平原"，破坏了生态平衡；不顾条件去搞围塘造田，影响了农林牧副渔的全面发展。但是，在清远县委领导下，清远"农业学大寨"，发展农业生产是取得了一定成绩的。

一、以抗洪治涝为重点加强水利建设

1966 年、1968 年，清远县遭遇特大洪水后，全县结合"农业学大寨"，发扬艰苦奋斗精神，掀起全面培修加固堤围的热潮。1967 年，共计完成水利建设土方 571.87 立方米。除 1950 年外，为历年完成土方量最多的一年。1971—1976 年，全县每年完成水利建设土方均四五百万立方。在附城，1966 年建成了白庙围。1970—1972 年，清城区建成了松塘、叔伯塘、源潭、联岗等堤围。

北江大堤是水利堤防建设重点。20 世纪 60 年代主要整治石角圩至蚬壳岗险段，填砂压渗，打减压井，共计完成土方 82 万立方米，石方 2 万立方来。1970—1975 年，清远县组织群众进行全线堤围加高加厚大会战，完成土方 65 万立方米，石方 1.8 万立方米，砂方 2.6 万立方米。

在搞好抗洪工程建设的同时，县委还大力治理内涝，兴建排涝工程（下列今属清城区电力排水站）：

清东围电力排水站。围内集水面积 127.7 平方千米，水田 7.4 万亩，建立工程设施排水量 1134 万立方米，洲心、横荷的沙塘、龙沥、元罗岭、鸡乸岗、七星岗、明眼塘等电力排水站装机 37 台，4415 千瓦。清北电力排水站。围内集水面积 65.65 平方千米，围内耕地面积 3.3 万亩。装机 11 台，1210 千瓦。黄坑电力排水站。排涝耕地面积 6422 亩。装机 5 台，550 千瓦。神石电力排水站。位于龙塘围，围内集水面积 64.4 平方千米，内涝面积 2.1 万亩。装机 12 台，1400 千瓦。黎塘大泵站。位于白庙围，围内集雨面积 38.25 平方千米，内涝面积 1.7 万亩。装机 2 台，1600 千瓦。大厂电力排水站。位于大厂围（华侨场）滃江河右岸，集水面积 17.52 平方千米，内涝面积 1.9 万亩。装机 2 台，260 千瓦。

100～500 千瓦的电排站有 25 个：黄洞、升平、禾仓、石梨、岗咀、叔伯塘、独树、新马、果园、大莲、莲圹、踵头、鸡乸岗、明眼塘、安丰、鱼仔迏、三大丫、德和、舟山、小河、牛车塘、新桥、平塘、黎塘、望天狮。

二、建设一批小型的山塘水库

1966—1976 年十年中，清远县每年都利用冬春季时间，在大力修建抗洪治涝工程的同时，修建小型的山塘水库，既可拦截山洪，也可蓄水灌溉。全县在农业学大寨期间修筑的小（一）型以下山塘水库 200 多个。附城黄藤峡水库，于 1972 年 7 月动工兴建，1976 年竣工。水库集雨面积 11 平方千米，总库容 464.97 万立方米，灌溉面积 4461 亩。

三、电网建设初具规模

1960 年 10 月，随着迎咀水库投产，清远县开始建设电网。农业学大寨期间，农用电网建设逐步完善。

今属清城区变电站的有：源潭变电站、石角变电站、七星岗变电站、江口变电站、大厂变电站、清城变电站。

源潭变电站线路长 94.55 千米，石角变电站线路长 203.3 千米，大厂变电站线路长 6 千米，江口变电站线路长 138.88 千米，七星岗变电站线路长 232.86 千米，清城变电站线路长 137.74 千米，合计线路总长 813.33 千米。上述变电站的建成，为农业用电提供了有力保障，有效地发挥了电力在农业生产中的"先行官"作用。

四、开展农田基本建设

根据中共广东省委指示要求，把开展农田基本建设作为一项重要内容来抓。一是平整土地，建设旱涝保收、稳产高产农田；二是发展小型水利；三是抓管理、促配套、夺高产。清远县农田基本建设主要是在 20 世纪 70 年代初期开展的，全县经过几年努力，整治田间管理排灌系统 31.54 万亩。

在开展农田基本建设中，清远县还把农田基本建设和消灭血吸虫工作结合起来，使过去杂草丛生、荆棘成林的血吸虫寄生的钉螺窝（钉螺是血吸虫唯一宿主）改变成"沟渠成线田成方，机耕大道树成行"的新田地。

血吸虫病流行清远县有百多年的历史，过去称为"大肚病"。1889—1949年60年中，华侨农场（今属飞来峡镇）大埔村死于血吸虫病的有302人，绝户有61户。附城黄金布村绝户24户。20世纪70年代，清远县血吸虫主要疫区（今属清城区的）有：江口黄口、独树、湖洞32个生产队；附城澜水、白庙、长丰、江埗等53个生产队；洲心车头岗4个生产队；龙塘安丰、井岭4个生产队；高桥2个生产队；石角9个生产队；华侨场26个生产队；源潭9个生产队。连同清新县，全县血吸虫疫区共有12个公社，53个大队，353个生产队，是广东省血吸虫病重疫区县之一。

清远县防治血吸虫病从1951年开始。在做好现疫病人的治理外，重点是铲除血吸虫寄生体钉螺的滋生环境。从1958年起，全县开展大面积的灭螺工作，对全县有钉螺的地方进行全面整治。具体分布：石角46.1亩、龙塘8亩、洲心10.1亩、附城927亩、江口1342亩、源潭139.1亩、高桥30亩、华侨场1112.1亩。

1969年初，清远县委在贯彻广东省革命委员会（简称"革委会"）在大旺农场召开的血防工作会议精神后，在全县疫区先后组织群众进行了4次灭钉螺高潮，出动民众22189人次和推土机7台，对1418亩有螺水域进行药杀灭螺。

1970年，在清远县委领导下，在做好防病治病的同时，各疫区公社都成立以党委书记、革委会主任为首的消灭血吸虫病指挥部，组织群众开展消灭血吸虫的大会战。全县连续三年实行群众运动与专业队伍相结合的办法，采用土埋、药杀、开新坑埋旧坑、开垦种植、修建排涝工程排出低洼地积水等方法，对新旧钉螺点进行灭螺。县委一名常委、一名副主任挂帅，1971 年从非疫区抽调 1.13 万名民工支援大厂围等地的灭螺工作。1971 年，全县疫区公社（场）开挖灭钉螺的坑 22 个，填塘坑 71 宗，完成沙土工程 36 万多方，灭螺面积 3152 亩，扩大耕地 1643 亩，改善了 2 万亩农田排灌条件。

江口公社独树大队和华侨场都是重疫区。1972 年起，独树大队用了三年时间，结合农田基本建设，在兄弟大队支持下，建设了集雨面积为 23.74 平方千米的低洼水利的排灌工程，既消灭了钉螺，又把原 1500 亩内涝严重的低产田变为稳产高产田。华侨场从 1970 年起连续三年利用秋冬时间发动职工挖土填坑，平整土地，既消灭钉螺，又扩大了 1500 亩的耕地。

经过连续几年消灭血吸虫的大会战，到 1974 年底，全县基本消灭血吸虫有螺面积。1983 年，全县实现消灭血吸虫病。1984年，广东省人民政府下发了《清远县消灭血吸虫病批准书》。

五、艰苦奋斗，治穷治愚

清远县是个贫困的地方，易旱易涝，穷山恶水。中华人民共和国成立后，在党的领导下，人民生活不断得到改善。但是，由于种种原因，经济发展还不够快，特别是农村，生产的发展满足不了农民生活的需求。在农业学大寨运动中，广大农民把脱贫致富、改变家乡面貌作为重要奋斗目标。

清远人民在农业学大寨运动中主要是学习大寨自力更生、艰苦奋斗精神。大寨人把七沟八梁一面坡的穷地方改造成为米粮仓，艰苦奋斗建设山区的行为鼓舞和激励清远人民去学习、去奋斗。

在《人民日报》介绍《大寨之路》先进事迹一年后的 1965年 4 月，源潭公社黄溪大队团支部书记肖昂带领本大队 30 多名团员，在大队党支部支持下，组成耕山队向本大队荒山进军。他带领青年，日以继夜，吃住山上，劈山造地，造林种果，将5个小山头开辟成120多片，他们的行动感动不少群众，上山参加义务劳动的社员最多一天有190多人。经过半年的奋斗，在荆棘丛生的荒山开出120多片梯级地，种上7000多棵菠萝、青梅树、黄皮树，使荒山变成了果园。黄溪大队团支部带头艰苦奋斗，向荒山进军，开展造林种果的行为，受到共青团清远县委、共青团韶关地委的表扬。肖昂被评为县优秀青年突击手。共青团韶关地委副书记关惠明到场对团员青年进行慰问。

高田公社（今属飞来峡镇）大水坝生产队6名团员，1970年，在农业学大寨中组成突击队，在党组织支持下，带领群众，坚持八年，开展治山治水，改变家乡面貌的战斗。为了改变生产条件，这个生产队首先开挖山坑水圳，建设渡槽，劈山造田，办花果山。八年来，这个突击队每个队员义务开夜工550多工时。为了改造村前庙㘵坑工程，1974年，以团员带头和社员一起苦战22个晚上，裁弯取直，新开一条100多米长、12米宽、5米深的坑，拦截了山洪水，保护了农作物和民居安全。

从1972年开始，在公社党委和大队党支部支持下，大水坝生产队办起了水力综合加工厂，修建了4千米的环山公路，建设了水电站厂房。至1978年，生产队面貌发生了大变化，营造杉林1350亩，种毛竹670亩、果树1000棵，开荒扩种24亩。大水坝生产队青年突击队于1979年被共青团中央命名为"新长征突击队"，全国表彰。

在农业学大寨中，清远县委在引导群众自力更生，艰苦奋斗，改变家乡面貌的同时，还注意引导群众学文化、学科学，开展科学种田，为打造一代有文化、有知识的新型农民，改变农村贫穷愚昧的落后状况而努力。

早在1959年，清远县就开展全民扫盲活动。当年，全县成立以团员、青年为主体的扫盲队 1060 个，扫盲对象主要是在农村。1965 年，根据县委指示"农村文化室由共青团管起来"，至 1966 年 3 月，全县办起农村文化室 237 家和一批共产主义夜校，参加学习、活动的农民有 4.67 万人。

江口公社（今属飞来峡镇）罗塘大队回龙围小组，从 1964 年开始，办起生产队文化室，连续 12 年以文化室为阵地，组织群众学习文化，学习科学知识，学习党的路线、方针、政策。他们每晚坚持上课，办起文化学习组、理论辅导组、文艺创作组、文艺宣传队，把文化室办成有多种功能的业余学校。12 年来，在文化室的教育培养下，这个村有 2 人加入共产党，21 人加入共青团，5 人参加中国人民解放军，2 人选送读大学、中专，4 人担任民办教师。1976 年，回龙村文化室被评为县、地区文化教育战线先进单位。

随着农村广大群众文化水平的不断提高，农民科技兴农的热情也不断高涨。从 1972 年开始，在县委领导下，县科学技术协会牵头对水稻杂交育种进行了多次探索。当杂交水稻出现小面积高产时，1977 年，县委组织有关部门和公社到海南岛进行加速水稻杂优育种。1978 年，全县制种面积达 1.76 万亩。这为清远县水稻稳产高产打下了良好基础。1980 年后，全县推广杂优水稻大面积种植获大增产，1984 年，全县粮食总产量列全省第七位。

第四节 掀起备战高潮

20 世纪 60 年代，美国推行其敌视中国的政策，美国不仅保持其在台湾和台湾海峡的军事存在，还发动了侵略越南的战争，企图从南面威胁中国。苏联则不断对中国施加压力，在中苏边界和中蒙边境增兵，挑起边界流血冲突，以此威胁中国。中国共产党领导中国人民坚决反对美苏控制，顶住苏联的威胁，坚决反对美国的叫嚣和制造"两个中国"的阴谋。1969 年 8 月 28 日，中共中央发布命令，要求全国军民坚决响应毛主席"提高警惕，保卫祖国""要准备打仗"的伟大号召，高度树立敌情观念，克服麻痹轻敌思想，充分做好反侵略战争的准备。

1969 年 10 月下旬，广东省革委会召开常委扩大会议确定，要以战备为中心部署今冬明春工作。

清远县各级党组织坚决执行中共中央命令和广东省革委会指示，成立由县革委会和县武装部领导组成的 9 人清远县战备领导小组。以中共中央"8·28"命令为标志，全县进入战备工作的高潮。

一、开展战备思想教育

中共中央"8·28"命令下达后，清远各级党组织、革委会、武装部门在全县开展声势浩大的战备教育。各单位和各部门都召开专题会议开展战备动员。举办各类型学习班，利用广播、电影、幻灯、图片、漫画、墙报、文艺宣传等形式进行广泛的战备宣传，加强群众性的战备宣传教育。不少公社还组织战备教育宣传队深入农村生产队开展战备宣传，使战备工作做到家喻户晓。为使战备教育做到经常化，全县民兵组织分级成立武装连排，按照平（时）战（时）结合原则，实行经常化训练。在日常生产工作中，结合工业学大庆、农业学大寨、整党建党、征兵工作和退伍军人接待安置工作等开展国防动员和战备教育，从而提高有关人员的战备观念，确保工农业生产顺利进行。

二、开展全民办后勤

根据韶关专区革委会、韶关军分区要求，1970年初，清远县革委会、武装部在附城公社开展全民办后勤的试点工作，然后推广到全县。

清远县全民办后勤，主要进行"三线"编组、演练和"四网"建设的落实。

"三线"编组，是以民兵为骨干把全县农村贫下中农和政治可靠的人员以平战结合的原则进行编队。第一线人员为武装民兵、基干民兵，随时准备参军参战或担任战勤任务（抢修铁路、公路、桥梁，运送伤兵、物资）；第二线人员以普通民兵为基础组成，以担负战时勤务为主，必要时补充到第一线；第三线人员由45岁以上的中老年人和未满18岁青少年组成，战时以维护社会治安和照顾伤病员为主，必要时也可担负警戒任务。1971年6月，全县25个公社366个大队落实了"三线"编组，编入"三线"人数总计近20万人。

"四网"建设，是指战备物资供应网、交通运输网、医疗卫生救护网、车辆和枪械修理网。

物资供应网：以粮食为重点的物资供应网，除代省、专区储备粮食外，全县设有集体储备粮食和社员个人储备粮食。清远县建成了太和洞、石潭、浸潭、山心等战备粮仓并投入使用。1969年、1970年，因战备工作需要，全县粮食征购任务比1968年增加10.4%，1971年后每年征购任务随着国际形势的缓和而减了下来。

交通运输网：全县按照平战结合、军需民用结合原则，把汽车、拖拉机、电单（动）车、单车、板车、手推车、电船、民用船进行战备编队。全县客货车编成一个营，下设一个运输连、一个综合连。全县的电单（动）车、单车编成25个队。电船、民船编成一个营，形成一个全县能够统一调动的交通运输网。

医疗卫生救护网：建成以县、公社、卫生院为骨干，农村合作医疗站为基础的平战结合医疗救护网。全县有700多个赤脚医生、4000多名卫生员参加战备医疗卫生救护网，组织了几千副担架进行战备编队。

车辆和枪械修理网：县及各公社的农械厂配备枪械维修设备和技术人员。生产大队建立车辆修理组。

三、建设战备工程

1971年，广州至北京的地下电缆战备通讯"二一〇"工程建设正式启动。"二一〇"工程清远段地下电缆全长120千米，途经11个公社（场）35个生产大队，要翻越420个大小山头，穿过8条河流、66处鱼塘和水渠。沿途大部分是石头山，地形复杂，工程难度大、时间紧，质量要求高。

清远县委、县革委会、县武装部接受了上级下达建设"二一〇"清远战备工程任务。按上级要求，成立了由县革委会副主任、武装部部长、党委书记刘铁栅任组长的工程领导小组，成员由施工部队领导、电信局领导等7人组成。计划参加施工的

12 个公社都成立指挥部，有施工任务的生产大队成立指挥小组。

1971 年 2 月 7 日，"二一〇"工程清远段的建设正式开始。

全县 12 个公社（场）171 个生产大队的几万名民兵以军事建制编队开赴工地投入紧张施工，县属单位从人力、物力、财力方面大力支持战备工程的施工。在各方面的积极配合下，"二一〇"工程清远段建设于 1971 年 4 月底基本完成主体工程的施工。工程施工期间，正值春耕大忙，但为了早日完成战备工程，全县先后出动 52454 人（次），按照高速度、高质量的要求完成了挖缆沟工作。完成缆沟开挖 85.6 千米，布设大小永线 3 条，建设增音站 2 座，建挡土墙、挡水墙 307 处，缆沟回填加固 307 千米。经验收，任务完成达到上级要求。1971 年 5 月，广州军区、省革委会、省军区有关领导对清远县完成工程质量作出一致好评。清远县武装部领导和施工先进单位在有关会议上广泛介绍了经验体会。

1970 年前后的全国性战备高潮，是在当时中苏、中美关系处于紧张状态的国际环境中产生的，清远县广大人民执行中共中央指示，在县委领导下以临战姿态投入战备工作，完成了上级下达的战备任务，稳定了大局，保证了工农业生产的发展。

工业的支农生产

　　清远县国营企业在第一个五年计划时期的 1957 年有 16 家，职工 3738 人。1960 年有国营企业 37 家。1961—1963 年调整为 32 家，职工 2884 人。1965 年，国营工业总产值达 3676 万元，年利润 276.49 万元。1967 年 11 月，清城"文化大革命"期间发生大型武斗，工厂长时间停工停产，国营企业总产值下降 25.1%。1976 年，国营工业企业有 56 家，职工 5970 人。

　　历年来，清远县委都比较注重支农工业的生产。对支农关系比较大、关系密切的工业行业，县委都积极兴办和大力支持。

一、化肥工业

（一）清远化肥厂

　　清远化肥厂，前身是硫磺厂，1957 年转产研制农业化肥，开始生产固氮细菌剂，不久改产磷肥。1960 年生产磷酸钙 1707 吨，经农民试用，水稻亩施 20 ~ 30 千克和不施磷肥的田比较产量增加 20%，很受农民欢迎。1961—1963 年，清远县委贯彻中央对国民经济实行"调整、巩固、充实、提高"八字方针，在调整过程中曾打算把化肥厂停办。县委工业交通部部长宁成玉到农村进行调查，获悉磷肥对山坑冷水田增产效果显著，农民乐意施用，遂请示县委，将停产 20 多天的化肥厂恢复生产，为了支援农业，继续生产。1964 年，经过改造，建设了较大的 4 座燃烧炉，当年产磷肥 25632 吨。1965 年，筹集资金 75 万元，增加了设备。1966 年又改造了生产线，生产过磷酸钙 30535 吨。1958—1981 年，该厂年盈利累计实现总利润 1412.5 万元。

（二）清远氮肥厂

清远氮肥厂，厂址设在附城白庙峡山脚下。1966 年投资 188.2 万元兴建，1970 年 4 月投产。初建时年产能力为合成氮 3000 吨，当年实产碳酸铵 3205 吨。1973 年，经技术改造创新，年产合成氨 5000 吨。1975 年和 1976 年，向全县大队生产队集资入股，每股 500 元，实行每年每股优先供应碳酸铵 2 吨，共筹集 7783 股，389.15 万元（后已分期分批退还了股金）。1976 年，扩建为年产合成氨 1.5 万吨能力的工程竣工投产，有力地支援了农业生产。

二、农业机具的制造

1958 年，清城铁农社、铁钉社与李裕兴厂合成地方国营清远农具厂。20 世纪 60 年代，二轻工业几经整合后，在清城办有农机厂、机械厂、汽车修理厂，各公社铁农社全部改办为农械厂。

20 世纪 70 年代，在县委转轨支农的指导下，清远县已能生产较大型的农业机具，如水泵、鼓风机、烘谷机、补堤机（补水利堤围消灭白蚁洞机具）。县农机厂生产的强弓牌 190 型手扶拖拉曲轴是名牌产品，畅销省内外。1971 年，全县生产脚踏打禾机 3446 台，1978 年为 18375 台，大大解放了农村劳动力。

三、农村小水电站

1961 年 8 月建成全县第一座小水电站——迎咀水库坝后电站。1966 年全县小水电装机容量 1832 千瓦；1970 年装机容量 1860 千瓦；1980 年底装机容量 10261 千瓦。由于有 20 世纪六七十年代的小水电建设的基础，至 1987 年，全县装机 100 千瓦以上的小水电站共 44 宗 99 台，有 14 个镇主要用电是农村小水电站供给的。

1961—1980 年，清远县农村小水电总装机 500 千瓦以下且并入电网的电站（属今清城区）有：黄腾峡、龙潭、青龙一级电站和大茅坪、庙窟、大塘峡、梅坑、金骨、大坪、大围共 10 个小水电站。

农村小水电站的发展，既可增加农村经济收入，又解决农村动力不足的困难，使农村逐步向机械化、电气化迈进，为建设现代化农业打下基础。

四、农副产品加工业

（一）粮油加工业

实行粮油统销以后，清远县粮油加工企业全部由国营粮食部门经营。全县 1958 年有粮油加工厂 9 家，1965 年有 12 家，1975 年后发展到 18 家。

1958 年，全县加工大米 3109 万千克；1960 年为 4814 万千克；1965 为 6064 万千克；1970 年为 4677 万千克；1975 年为 4188 万千克；1979 年为 3926 万千克。

粮油加工企业还积极为农村加工饲料，帮助农民发展养猪业。1958 年，全县粮油加工厂加工饲料 759 万千克；1963 年为 746 万千克；1965 年为 1913 万千克；1970 年为 1991 万千克；1975 年为 2442 万千克；1978 年为 2288 万千克。

（二）制糖业

20 世纪 50—70 年代，甘蔗种植区以江口、洲心、回澜、附城、龙塘、石角、源潭、华侨场、三坑、山塘、太平为主。1957 年为 19363 亩，总产 37330 吨；1965 年为 19382 亩，总产 41849

吨；1978 年为 25999 亩，总产 67050 吨。

为了解决甘蔗的加工，1955 年 1 月，在县委支持下，广东省华侨投资公司投资人民币 290 万元兴建清远华建糖厂（后称清远糖厂），1967 年后先后 4 次投资 330 万元不断扩大生产能力，使日榨蔗糖能力提高到 800 吨，年产砂糖量提高到 11520 吨。

制糖业的发展促进了农村甘蔗种植的发展，开拓了经济作物的生产门路，增加了农民的收入。

第
六
节 **徘徊中前进的两年**

一、拨乱反正的开始

（一）提出调整农村经济政策的建议

1977 年 5 月 6 日至 6 月 10 日，清远县委由 1 名常委带队，组织了 18 名干部，连同韶关地委派来参加的干部，组成地、县、公社三级共 75 人参加的调查组，着重调查了解农村农副产品购销政策情况。经过一个多月的调查，写成调查报告并上报中共韶关地委。报告分折了清远农业生产发展情况，肯定了现行政策的积极作用。报告就当前农村经济政策中存在的一些问题，主要是统购统销和派购政策问题，提出了六个方面的看法和建议：一是农村经济政策一经制定，就必须执行，不能走样；二是制定农村经济政策，必须正确处理国家、集体、农民三者之间的关系；三是农村经济政策制定，必须体现"以粮为纲，全面发展"方针；四是经济政策应保持相对的稳定和统一，政策不宜多变，"变"要有利于农业生产的发展，有利于调动农民生产的积极性；五是农村经济政策涉及面广，各地差异大，不能搞"一刀切"，要创造性地执行党的经济政策；六是要用社会主义思想教育农民。调查报告得到韶关地委的肯定。

（二）解决农民不合理的负担

1978 年，中共中央下发文件，转发了湖南省湘乡县委《关于认真落实党的政策，努力减轻农民不合理负担的报告》。中共中央在转发报告时加了批示，随后又要求各级领导转变作风，采取切实可行的措施，减轻农民负担，调动广大农民生产积极性，把农业生产搞上去。

清远县委从 7 月 11 日到 9 月 11 日，先后 5 次召开常委会议和县委扩大会议，学习和领会中共中央文件精神，举办了宣讲中央文件骨干学习班，参加学习的有 2.1 万人。全县听传达和听宣讲中央文件的人数 27.6 万人。

为了解决农民不合理的负担，中共清远县委书记陈国生、副书记汤瑞芬深入农村进行调查，掌握第一手材料，抓住主要矛盾，逐个解决。通过调查，1977 年，省、市、县、社各级共有 42 个部门和单位向农村生产队伸手要钱、要物，加重了生产队的负担，金额达 1250 万元，农村每人平均负担 17 元。

在大量调查研究基础上，根据群众意见，清远县委召开了全县三级干部会议。在会上，经过充分讨论，制定清远县减轻农民负担的 16 条措施：

（1）关于县委领导问题。县委必须集中主要精力抓农业，关注农民的生产生活问题，要把解决当前农民不合理负担作为一项重要工作来抓。

（2）对于建设龙须带电站各公社生产队投工，要逐笔计算清楚，发回投工票，在电站投产后，在县、社、队三级分成中分期归还给生产队。

（3）国家下拨给民办教师的经费各级不得挪用和截留。整顿村办小学，实行并点裁员，减轻农民负担。

（4）支农产品不合格不准出厂。凡出厂产品实行"三包"（包质量、包维修、包使用期）。

（5）要按照等价交换原则收购农副产品。执行购销合同，按质论价，优质优价，不得随意压价。

（6）纠正县氮肥厂出现的短斤缺两的坑农行为。

（7）县南繁育种因质量问题，混合杂质、沙石8500千克，多换农民稻谷8.5万千克，县委决定全部退赔给生产队。

（8）全部清理各单位收费项目，不合理的项目取消。

（9）县委于当年全部清还借用一些公社企业的钱。

（10）县生产的磷肥未达标按实际含磷量作价，现行的磷肥每担降价2.1元。

（11）今后凡抽调生产队劳动力必须坚持自愿互利原则、等价交换原则。要确保农村有80%的劳力从事农业生产。

（12）对于占用农村土地，实行谁占用谁赔偿原则。

（13）生产队到期的县氮肥厂的股份投资，以肥补偿。

（14）对干部职工农村家属拖欠超支款，各单位进行一次全面的清理，有能力的迅速归还，暂有困难的，要订出分期归还计划，所在单位积极配合。

（15）反对大饮大食，请客送礼。

（16）县委常委带头，深入基层，把解决农民不合理负担落到实处。

（三）开展平反冤假错案

1975年，清远县委成立落实干部政策办公室，复查"文化大革命"有关案件。1978年7月，清远县委重新成立落实干部政策办公室，各公社（镇、场）党委、县属各单位安排专职人员负责安排落实干部政策工作。1978年11月24日，县委在县城召开平反大会。大会宣读了中共韶关地委同意为原中共清远县委书记孟庆云，副书记陈国生、陈京、梁常，县委常委张焕、刘动涛，县委办公室主任郑瑞南7位同志平反恢复名誉的决定，对于这些同志被强加于各种诬蔑不实之材料应予推倒，被迫写的检查交代以及一切不实材料应予彻底清理、销毁。

大会宣布，1968 年 7 月 30 日，县革委会在清远中学大操场召开的 5 万人参加的大会，把一些革命老干部挂牌游街示众是错误的。

大会宣布了县委有关落实政策问题的一些界限："文化大革命"期间以办学习班为名分线集中机关干部揪"叛徒""特务""走资派"，挖国民党残渣余孽，把部分干部非法拘留、监护、投入监狱的做法是错误的。县委决定，对各战线错批错斗的同志彻底平反，恢复名誉。原发出有关株连家属的材料应予收回或销毁。

在清理阶级队伍中，采取先定性揪斗，后找材料，乱扣帽子的全部摘掉。

1970 年 4 月，清远县执行上级指示对干部实行"两退一插"（退职、退休，插队农村），全县被迫"退职"的人员复职复薪。

1970 年 4 月，清城文艺爱好者自由组织的文艺团队被打成"地下黑俱乐部"，其成员有的被单位揪斗，有的被拘留投入监狱，有的被抄家。县委对被打成"地下黑俱乐部"的成员应给予平反，恢复名誉。所搞材料全部销毁，所抄物资退回或赔偿。

对县属机关在"文化大革命"期间被逼害致死的干部给予平反昭雪，恢复名誉，补办追悼仪式。

在平反国家干部冤假错案的同时，县委还对农村基层干部历次政治运动中的冤假错案进行了全面复查。历年来，受错误处理的 1376 名农村基层干部经复查后，该纠正的进行了纠正，该平反的全部进行了平反。

二、开展普及大寨县活动

1976 年 12 月，国家召开第二次农业学大寨会议。全国农业学大寨会议后，清远县委于 1977 年 1 月 15—18 日召开全县农业学大寨会议，参加会议的有县、社、大队、生产队四级干部7500人。会议上，县委提出了普及大寨县、加快农业学大寨步伐的目标要求。1977年9月，县委发出"全党动员，大办农业，决战今春，坚决打好农业翻身仗，争取明年建成大寨县"的号召。县委下发了《1977年至1999年度农田基本建设的意见》，把农田基本建设作为这段时期农业学大寨、建设大寨县的主要内容。县委对农田基本建设的目标要求就是以治水、增肥、改土为中心，实行山、水、田、林、路的综合治理，抓好现有水利设施的续建、配套、挖潜，对现有农田进行整治，发动群众，开展大会战，建设旱涝保收稳产高产农田。

继续大搞二级电排站，至1978年，全县正在施工的57宗电排工程完成，装机116台1775.84千瓦，受益面积1.86万亩。1978年，附城白庙黎塘大泵站动工兴建，1980年冬完成，集雨面积15.22平方千米，排涝面积8050亩，装机2台1600千瓦。

开展山、水、田、林、路综合治理农田基本建设。1977年和1978年冬，县委常委10人、部委局领导24人、科局级干部56人、全县党委领导干部130人深入农田基本建设第一线，开展农田基本建设的面积有84847亩。经过整治的农田做到排灌分家，山坑田建立渠道排灌系统，实现灌得上、排得快、降得低。

对过黏或过沙的土壤进行改良，加厚土层，增施有机肥料。全县种植绿肥紫云英30万亩，改良了土质。全县基本实行猪有圈、牛有栏、人有公厕、队有水粪池和肥料厂。

在农田基本建设中，清远县把改造低产田作为一项重要内容来抓。改造低产田主要是开挖环山沟、环田沟，降低地下水位，排除渍水、铁锈水、毒水。经过多年的综合治理，设施配套的农田有32.1万亩。

三、在徘徊中前进的各项事业

（一）工农业生产的全面恢复和发展

1978 年，全县工农业生产总值 30991 万元，比 1975 年增加 3250 万元，增长 11%。农业总产值 18760 万元，比 1975 年增加 1048 万元。全县粮食总产 32134 万千克，比 1975 年 28562 万千克增加 3572 万千克。县财政收入 1978 年为 2210.1 万元，比 1975 年增加 23.7 万元。

全县 23 个公社镇（场）的扶贫工作全面进行规划，县出资 11 万元扶贫款对特别贫困户进行扶助。其中扶持困难户发展生产的有 88740 元，解决治病和衣被救济的有 21260 元，为 2523 户扶贫对象减免超支款 8763 元，为 3913 名贫困儿童入学减免学费。治病免挂号费和碾米免加工费的有 2644 户农户。

（二）教育科技走向正轨

1977 年，全国高等院校恢复招生制度，中小学恢复考试制度。1978 年高考，全国统一命题，统一招生；小学和初中由各级命题，统一考试，择优录取。

1977 年，清远高中毕业生考入高等、中专学校人数 337 人，其中大学和专科 36 人，中专 301 人。

全县小学有 372 所，入学人数 136128 人；普通中学有 32 所，在校学生 50964 人。1978 年，考入大学和专科 83 人，中专 356 人。

县委加大对教育战线的投入。1978 年，县财政拨款 376.7 万元投入教育，占当年财政支出的 42.8%。

打倒"四人帮"后，县委实施科技兴农战略，先后调整和充实了清远县农业科学研究所、清远县林业科学研究所、畜牧水产科学研究所、白蚁科学研究所等。尤其是农业杂交水稻取得了突破性的进展。1977 年 10 月，县组织由 948 名农业技术员、社队干部组成的水稻杂交制种队伍前往海南乐东县南繁制种，制种面积 2430 亩，成功收获杂优种子 132 吨。1978 年，在取得杂优制种经验的基础上，扩大杂优制种，当年制种面积达 1.7 万亩，为清远县水稻种植走向稳产高产打下了基础。

（三）文化艺术事业复苏

1976 年冬，在县委统一部署要求下，石坎、龙颈、石角、石潭 4 个公社建立了公社文化站。1977 年，又有源潭等 4 个公社相继建立公社文化站。1978 年，全县建立公社文化站 28 个。

在县委支持下，清远县粤剧团成立，演出足迹遍及全省粤剧地区及广西梧州等地。县文化部门编辑了《飞霞诗集》。县文艺创作繁荣，一个文艺戏剧还获得了省二等奖。地方歌种如禾楼歌、文洞山歌、滨江山歌、秦皇山歌等相继恢复。

8

第八章

改革开放中的探索和实践

(1978. 12—1987. 12)

第一节 农村变革的实践

一、农业生产责任制的建立和推广

清远县农村的改革是从恢复和建立 20 世纪 60 年代初广东省委肯定和推广的"洲心经验"开始的。

1962—1965 年，清远县洲心公社实行对产负责田间管理责任制，粮食总产连年增长 20%，农副业生产不断发展，时任中共中央中南局第一书记陶铸多次到清远调查研究，总结为"洲心经验"，中共广东省委下达文件在全省推广。后来"洲心经验"在"文化大革命"中受到批判，但是，其促进生产发展的效果在群众中留下了深刻的印象。1974 年，桃源公社丁坑大队桥头生产队偷偷地搞了五联产责任制，使这个极度贫困的小山村粮食生产当年就发生了大变化。稻谷增产五成，社员年口粮每人增加 88 千克。但这件大好的事情被上级知道后，被当作资本主义典型批判，并被强令停止。从此，联产计酬生产责任制被视为禁区而不得逾越。1978 年上半年，江口公社江口大队元岗小队和龙塘公社井岭生产队背着上级搞联产计酬生产责任制，产生了意想不到的效果。两个生产队早造均获增产。特别是井岭生产队，比 1977 年同期增产 2.5 万千克稻谷，增幅 14.4%，居全大队首位。清远县委对群众勇于改革的尝试没有批评和干预，而是正确引导，鼓励群众在摸索中前进。1978 年，全县晚造搞农业生产责任制的生产队从早造的 2 个队发展到 154 个队，冬种又扩至 2759 个队，占全县生产队总数的 63%。1979 年，在清远全县逐步推开实行农业生产责任制形式主要有三种：

一是专业承包，联产计酬。它的主要特征是，在生产队统一经营条件下分工协作，根据生产需要分别承包农、工、副各业生产，到组、到劳、到户。包产部分生产队统一分配，超产或减产部分分别奖罚。

二是生产到户。主要特征是，在生产队统一领导下，统一计划核算，统一分配核算，把大部分或全部集体耕地按人口划分到户，以户为单位实行包产量、包成本、包工分、超产奖励、减产赔偿，由生产队统一计算分配。

三是包干到户。主要特征是，在坚持生产资料公有制的前提下，保留集体多种经营，生产队把耕牛、农具折价归个人，耕地按基本口粮、成人等比例划分到户承包耕作，实行由承包者包上交国家任务和集体提留，剩下归承包者所有，生产队不再进行年终社员分配。这种责任制方法简单，容易操作。

1982 年，在中共清远县委四届六次全委扩大会议上，县委根据中共中央有关文件精神，提出了规范意见。当年，全县实行包干到户的生产队 5675 个，占生产队总数的 95.2%。

二、大力发展农村"两户一体"

农村实行"大包干"后，调动了农民生产积极性，提高了农民劳动生产效率，为农民提供了学知识、学文化、学科学，拓展农业生产发展新领域的机会。不少农民在耕好国家责任田的基础上，积极开展"种、养、加"活动。特别是清远毗邻广州大城市，农副产品需求量大，且在 20 世纪 80 年代中期，清远归属广州管辖，得地缘优势和政策优势，此间，全县掀起一股大搞种养热潮。

1982年，石角公社农民林伟常，一年养鸡3.5万只，大多数销往广州、佛山、深圳，成为远近闻名的养鸡专业户。

1982年，高桥公社黄茅乡程伟坚，从广西前线退伍回乡，没有把参加过对越自卫反击战作为向党、向人民索取"铁饭碗"的资本，而是刻苦学习，钻研技术，只身来到离家4千米外的荒山安营扎寨，利用小水库养殖塘鲺。他通过认真学习，请教行家，反复试验，摸索出一套人工繁育塘鲺的方法。1982年底，试销了100千克鲜活塘鲺，很受市场欢迎。他创造出科学育塘鲺的方法，成活率达90%，比当地水产部门的成活率还高14%。

1982年，清远县有种养专业户、重点户达10909户，1983年为35639户，1984年为36945户。这些专业户中，有养猪、鸡、鹅、鸭、白鸽、兔、蚕和种果、水稻等，其中年产万斤粮以上的有829户。

随着专业户、重点户的不断涌现，为了适应农村商品经济发展的需要，一种新的经济联合体应运而生。1983年开始，各公社（镇）组织成立公社、大队、生产队三级经济社联合体。1983年12月，清远县委下发文件，要求各级党组织、各部门积极扶持农村"两户一体"的发展。至1984年，全县有新经济联合体3130个，专业村65个。涉及种植业、林业、畜牧业、渔业、乡村工业、运输业、建筑业、商业服务业等。

三、搞活商品流通

计划经济时期，农副产品的生产是分一、二、三类的。主要的农副产品由国家下达征派购任务，因此，农副产品的上市流通是有政策规定的。农副产品的流通方式也有一定的规范。如长途贩运，过去是作为投机倒把违法行为予以打击的。中共十一届三中全会后，中共中央实施改革开放政策，搞活了农村商品的流通。

1981 年 8 月，清远县委召开了全县农村经济工作会议，就发展农村商品经济，从多个方面放宽农村经济政策：

（1）调整农副产品收购政策。根据国家有关政策，结合清远县情况，原统派购农副产品 47 种，调整为 8 种。其中统购的有粮食、食油、木材 3 种。派购的有生猪、食糖。计划收购的有蚕茧、毛竹、木柴 3 种。在完成统派购和计划收购任务后的产品可自行处理。

（2）尽量减少中间环节，清理各种收费，为商品流通提供有利条件。

（3）发展联合，把实惠让给生产队，做大做强农村经济联合体，发展农村商品经济。

（4）采取灵活措施，扶持重点种养项目和传统土特产的发展，为农村商品发展提供产前、产中、产后服务。

（5）对农村社队企业实行低税、免税政策。

（6）采取多种措施，发展商品粮生产。

（7）允许公社办商业、运输业，有条件的可以发展客货运输。

县农村工作会议后，全县出现了一个活跃城乡繁荣经济的新景象。

1982 年，全县生产"二鸟"300 万只，国家商业部门只收购 106 万只，其余 200 万只得靠私人贩运外销。县委审时度势，明确表态，允许社员从事政策许可上市的农副产品的长途贩运，贩运不是资本主义，应该鼓励和支持。由于县委给了"定心丸"，全县不少农民积极参与农副产品的贩运活动。石角公社新基大队雷满 10 人贩运组，与广州酒家签订长期供货合同，一年贩运"三鸟"2.7 万只到广州销售。三坑公社社员朱天流贩运组一年贩运 1

万多头猪苗到广州和外县销售。

粮食的购销历来是个敏感的问题。1983 年,根据上级指示,粮食实行多渠道经营,粮食部门、供销合作社、农民、个体商贩都可参与粮食的经营。县粮食部门凭借自身优势,发挥主渠道作用,大力开展粮食议购议销活动。1982 年,清远县遭百年一遇的特大洪灾,粮食一时紧缺,县粮食部门组织议销粮食 1103 万千克,及时解决群众生活用粮。1984 年,全县粮食大丰收,群众出现"卖粮难"时,县粮食部门为农民多余粮食找出路,当年收购粮食 1333 万千克,议销粮食 1963 万千克。从 1979 年广东恢复粮食议购议销政策至 1987 年,清远县粮食部门共议购粮食 9297 万千克,议销粮食 9690 万千克。粮食市场的开放,粮食部门议购议销,搞活了农村商品的流通,有力地支持了农村经济的发展。

市场是搞活商品流通的重要渠道。中共十一届三中全会后,清远县委实行恢复粮食市场,同时,开放城乡农副产品交易市场,取消地区封锁,恢复各地农村传统圩期,使全县农村集市贸易逐步兴旺起来。1979 年,全县集市贸易成交额比 1978 年增长 30.9%。1987 年,全县集市贸易成交额达 1.5 亿元,比 1979 年增加 7 倍。1982 年 12 月,当日集市成交量肉鹅 1.4 万只、鸭 2000 只、鸡 200 只,参与贩运工具摩托车 42 辆、手扶拖拉机 75 台、自行车 100 辆。

四、农村产业经济的起步

清远县委在完成农村第一步改革后,在完善各种联产承包责任制基础上,继续深化农村的改革,把农村经济推向专业化、规模化。

(一)延长土地承包期与土地资源的整合

1983 年底,清远县实行家庭联产承包制的生产队占 99.6%。

1984 年下半年，根据中共广东省委部署要求，10 月 10—12 日，清远市委召开各区（镇、场）党委书记和县直部、委、办、局负责人会议，传达贯彻广州市在番禺召开的调整土地、延长土地承包期会议精神，部署全县调整土地、延长承包期工作。县委要求，在耕地比较集中的地方，提倡每户承包一、二段田，一般不要超过三段田，有利于农业生产专业化和适度规模化。耕地条件比较复杂的地方不要超过四段，尽量使农民能够连片生产。土地承包期延长到 15 年，林木、果木可延长到 30 年。为把延长承包期、整合土地资源工作搞好，从 1984 年 10 月 13 日开始，县委通过各种形式向广大农民传达贯彻省、市、县关于延长土地承包期、调整土地的精神，仅用了 4 个月的时间，全县 5366 个生产队全面完成这一任务。农村土地的调整、土地承包期的延长，进一步稳定了农村联产承包责任制，有利于农业生产向适度规模经营发展。

（二）调整农村产业结构

清远县是个粮食生产大县。1984 年，全县粮食总产达 4.04 亿千克，在全省 99 个县中排列第七。当年粮食生产和经济作物的种植比例为 85：15。1985 年，清远县委根据中央有关文件"要按照中国国情，逐步实现农业经济结构改革，体制改革和技术改革"精神，调整农村产业结构，全县粮食作物减少了 9 万亩种植面积，但当年粮食总产仍然获得大丰收。粮食作物同经济作物的种植比例为 67：33，但农村以"种、养、加"为主的工副业生产得到了大发展。1985 年，全县区、乡、村企业有 17325 家，全年总产值达 3.2 亿元，企业总产值比 1984 年增长 88.5%。

（三）发展农业商品生产基地

20 世纪 80 年代中期，清远县农村大批"两户一体"的涌现和乡村五级工业的崛起，为农村经济扩大再生产提供了一定的资金积累，促进了农村经济适度规模经营的形成。农村产业化的生产和经营开始迈出新的步伐。清远县初步形成了一个以粮食生产为基础，以畜牧业、林果业为主导，以农业生产基地为依托的农业生产新格局。

1. 粮油生产基地。

1985 年 1 月 27 日，县政府在全县召开的经济体制改革会议上宣布，坚决执行广东省委关于取消粮油派购、实行粮油定购的决定，为了确保粮食生产完成上级下达的粮食定购任务，全县在减压粮食种植 10 多万亩面积的同时，大办粮油生产基地。走科学种田稳产、高产路子，在提高粮食单产上下功夫。全县以清东的洲心、源潭、江口及清西部分区域为主要粮产区。原来县平原区 37 个征购粮超过 50 万千克的农村大队为粮食生产基地。1986 年和 1987 年，全县建立 3000 多个粮食高产片。1985 年，全县在压减粮食种植面积 10 多万亩的情况下，粮食总产仍达 392542 吨，1986 年粮食总产为 402431 吨，1987 年粮食总产为 402824 吨。1985 年粮食总收购 62660 吨，上调 33245 吨，比 1978 年增加 7750 吨。

1978 年开始，清远县经上级批准，建立年种植 2 万亩的花生基地，花生产量大增。1980 年，全县加工食油产量为 280 万千克，1981 年为 290 万千克，1985 年为 369 万千克。

2. 水果生产基地。

1984 年，全县种植水果 17234 亩，1985 年为 21626 亩，1986 年为 33866 亩。1987 年，全县种植水果达 55266 亩，有水果种植场 1413 个，水果种植专业户 1369 户，全县水果总产达 4454 吨。高田、天堂林场（今属飞来峡镇）生产的柑、桔、橙远销省内外。

3. 蔬菜生产基地。

1983 年 7 月，清远改隶广州。根据广州市委、市政府要求，清远县委、县政府按照建设城郊型农业模式，大力发展蔬菜生产，建立三大类型蔬菜生产基地。

（1）广州三线"渡淡蔬菜"基地。1983年种植6.7万亩，总产达78895吨，1987年增加至10.96万亩，总产为99695吨。

（2）反季节蔬菜基地。1985年，全县出口黑毛节瓜500吨，创汇近16万美元。1986年，全县蔬菜外汇收入为108万美元。

（3）食用笋生产基地。主要产区为笔架林场、珠坑镇、高田镇、鱼坝镇。1983年开始，高田镇和笔架林场冬笋种植面积达8万多亩，产品大多销往中国香港、澳门等地。20世纪80年代中后期，有10多家港澳台商人来清远太和洞至笔架山口一带办笋干厂，清远县每年有上千吨发酵笋干销往中国香港、日本。清远鲜笋、清水笋、发酵笋干成为清远县农副产品一大特色品种。

这样，清远的蔬菜生产形成以附城、洲心、龙塘、石角等镇为基地生产广州渡淡蔬菜，以高田、秦皇、石马、南冲等镇为基地生产出口外贸蔬菜，以笔架、珠坑、鱼坝为基地的食用笋生产的格局。

4."四鸟"生产基地。

清远素有"三鸟之乡"美称，20世纪80年代发展起来的养鸽业也加入"三鸟"行列，称为"四鸟"。改革开放以来，清远县委、县政府认真打造"清远麻鸡""清远乌鬃鹅"这两个传统品牌。以北江河两岸的洲心、龙塘、石角、附城、江口、源潭等镇为主要产区建立"清远麻鸡"和"清远乌鬃鹅"生产基地。1980年，全县饲养麻鸡416.7万只，1987年达763.1万只，全县养鸡专业户达5000户，养种鸡2000户。1981年养乌鬃鹅301.7万只，1987年为363.11万只。1987年，全县养鸭118.49万只。1987年，全县生产乳鸽19319万对，种鸽17.93万对，远销广州、深圳、佛山等城市，成为广东省生产白鸽的重点县。

农业生产基地的形成和建立，为农业商品生产全面走向市场，实行产业化经营打下了基础，为农业生产从传统农业向现代农业转化提供了一定物质条件，为革命老区脱贫致富拓展了新的路子。不少地方采用的"公司＋基地＋农户"的商品生产发展模式，正是从 20 世纪 80 年代农村农业基地化生产演变过来的。

五、农村综合改革的探索

20 世纪 80 年代，中共中央国务院把广东定为综合改革试验区，要求广东在改革开放中"先走一步"。清远县委根据广州市委部署，进行了农村综合改革的探索。

（一）改革农村基层政权的管理体制

根据上级部署，清远县于 1983 年 11 月全面撤销人民公社建制，建立区公所。全县设立 2 个镇人民政府、27 个区公所和 3 个国营农林场。1983 年 12 月，撤销了 407 个农村大队，建立 242 个乡人民政府（其中镇级乡 9 个），原来的生产队建立村民委员会自治组织。

1984 年 3 月，清远县委作出决定，对乡政府的职责和任务作出了明确规定，要求乡政府依法从八个方面做好乡的政权建设和经济管理工作。县委对乡干部的编制设置、乡干部的审批、乡干部的报酬和行政经费资金来源都提出了具体意见。

农村的经济核算由过去"三级所有、队为基础"改为原生产队为基础成立经济社，原大队为基础成立经济联社，原人民公社农工商组织改为区、乡经济总社。

1986 年 12 月，根据中共广东省委、省政府意见要求，清远县全面实行撤区建镇、撤乡建行政村的政权管理体制。原有的清城、源潭两个科级镇没有变动，撤销了 26 个区公所，建立了 26 个镇人民政府。撤销了原区以下的乡人民政府，建立村民委员会，原生产队建立村民小组。

（二）建立农村双层经营管理体制

农村双层经营，是以家庭承包经营为基础的双层经营体制。1982 年，清远县委根据中央有关文件精神，对农村实行双层经营管理体制提出了具体意见。意见提出，"双层经营"必须是以土地集体所有制为基础，以土地使用权和所有权分离为前提，以集体统一经营为主导层次和家庭分散经营为基础层次。县委要求双层经营要认真解决好统与分的关系。统一的项目：土地的管理和使用，农村的水电管理，农田基本建设的规划，农村水利的维修，集体经营的工副业生产的管理，防汛抢险的统一安排等。

1983 年 9 月，县委批转附城公社党委《对企业推行经济承包责任制后的情况调查报告》，强调了村企业在经济承包中要正确处理好集体收益和承包者关系。1983 年 12 月，县委部署了建立和清理农村集体经济财会账目工作，把承包者与集体的权、责、利明确下来，确保农村双层经营管理体制健康发展。

（三）适度规模经营

随着农村家庭联产承包责任制的完善和发展，农村专业户、重点户和新经济联合体涌现，农民承包土地经营权的流转逐渐成为推进农村经济发展的新方式。把农村土地流转给种植大户和种田能手、家庭农场和农民合作社，既能实现精耕细作，也能逐步走向农业的规模化、专业化生产。20 世纪 80 年代中期，清远县委就开始有计划地进行农村土地经营权的流转，进行农业生产适度规模经营的探索。清远华侨场（今属清城区）一农户承包了100 多亩水田，生产粮食获得好收成，受到县委的表扬。江口镇农民罗栋才，带领家人承包集体上千亩荒山，第一年获利 5000 多元，被评为县劳动模范。1987 年，全县农民承包集体流转的土地办起水果园 1413 个，面积为 15046 亩；小林场 1162 个，面积达77821 亩；小竹园 1949 个，面积达 43179 亩。

第二节 "清远经验" 的探索

一、艰难的第一步

中共十一届三中全会召开后，清远县的工业改革是从清远县氮肥厂开始的。清远县氮肥厂建于1970年，坐落在附城白庙大队（今东城白庙村），是一家国营企业。

计划经济年代，工业管理比较落后。1978年秋，清远氮肥厂召开全体员工大会，专门讨论如何搞好厂的生产问题。厂长曾国华，来厂七八年，几乎年年亏损，现时过半年，生产任务完成仍未过半，看来亏损难免，心中有着一股"又打败仗"的感觉。经过员工们一番热烈发言后，不少员工提出，政治挂帅搞生产，要挂到职工利益的实处，干部敢下海，职工就敢擒龙！工厂员工强烈要求改革生产管理现状的情景深深触动了曾厂长，他和厂领导班子研究决定，第四季度厂里拿出5万元作为奖金开设单项奖、综合奖、重大事故抢修奖和技术奖。这一招大大激发了广大职工的生产热情。接着，厂领导班子借鉴洲心20世纪60年代农民联系产量计酬的办法，工业联系利润，实行超计划利润提成奖。他们的做法得到县委主要领导支持，实施改革3个月，效果出乎意料。头一个月前13天还亏损3.2万元，后17天则盈利3.5万元。1978年全厂减亏68万元，1979年全年盈利55.5万元，结束了县氮肥厂连续九年亏损的历史。

"清远经验"见证者——原清远县 17 间国营企业厂长、书记合影（清城区地方志办供图 摄于 2018 年）

清远工业改革，引起了县内外不小震动。首先是财政部门，他们认为计划经济是统收统支，工厂的收入一律要上缴，工厂支出按规定报批，清远工业改革等于把上缴国库的钱分给职工，违反财政纪律与财政分权。1979 年 5 月，省财政和劳动部门联合发文，要清远县停止实行超计划利润提成奖。1979 年 8 月，省革委会在广州召开工业交通会议，与会者围绕清远县超计划利润提成奖进行唇枪舌剑的辩论，各抒己见，互不相让。

二、在探索中得到肯定

1979 年，清远 17 家地方国营企业全面实行企业超计划提成奖。具体做法如下：

（1）完成企业利润为起点，从超计划利润中提成奖金。

（2）企业从超额利润中提取奖金比例，根据各企业的利润水平，原材料以及能源的供应情况，技术设备以及产品价格变动因素确定。全县17家国营企业分别是15%、20%、25%的比例提取奖金，提取的形式是月超月奖月提。当月工人所得奖金不得超过企业应提奖金70%。

（3）企业实现的超计划利润，每月按规定比例提取奖金后，余额连同利润解缴财政。

（4）健全等额管理和考核制度，每月将生产定额指标下达到车间、班组、个人，实行"记分算奖"。

1979年，清远县国营企业完成产值3790万元，比1978年增长8.5%；实现利润425万元，比1978年增长2倍；比当年计划利润增加295万元。

1980年7月7日，中共广东省委第一书记习仲勋到清远县氮肥厂进行考察，充分肯定了清远县超计划利润提成奖对调动职工积极性，加强企业内部管理所起到的重要作用，肯定了清远县氮肥厂的变化；肯定了清远县氮肥厂广大干部职工在学习中共十一届三中全会精神后，坚持解放思想、实事求是、开拓创新的勇气和胆略。

习仲勋视察清远县氮肥厂后不久，人民日报社、南方日报社、羊城晚报社和广东省电视台先后派员来清远县氮肥厂采访并作了大量报道。中共广东省委发文各地推广"清远经验"。后来，"清远经验"被全国五届人大工作报告肯定。随后，全国各地来清远参观考察学习的达3万人次。

三、"清远经验"在农村乡镇企业的推广

"清远经验"的一个重要特点是扩大企业自主权，企业"人、财、物、产、供、销"的决策由企业决定，对职工实行超计划利

润提成奖，把工厂生产好坏和职工个人利益挂钩，既调动了企业生产积极性，又调动了职工生产积极性。"清远经验"勇于改革、勇于实践的精神，激励广大群众开拓进取。"清远经验"的推广，为加强企业内部管理提供了有益借鉴，同时也促进了乡镇企业的发展。

1979 年，清远县有乡镇企业 1898 家，从业人员 32206 人，随着"清远经验"的推广，各公社办乡镇企业积极性大大提高。附城镇针织厂，1980 年筹建，1982 年投产，1987 年全厂职工发展到 610 人，年收入工缴费 243 万元。1984 年，中共中央提出"国家、集体、个体一齐上"的方针后，全县出现国家、镇集体、村办、联户办、家庭办乡镇工业的新局面。石角镇（村）办企业，1987 年达 191 家，年产值 1114.05 万元，实现年利润 201.64 万元，上缴税金 62.32 万元。

1987 年，全县乡镇工业有 8181 家，比 1978 年增加 6361 家；总产值 19183 万元，比 1978 年增长 12.4 倍。上交税金 1046 万元，纯利润 3423 万元。

第三节 以城市为重点的经济体制改革

1984 年 10 月 20 日，党的十二届三中全会召开，全会一致通过《中共中央关于经济体制改革的决定》。清远县委坚决执行中共中央决定，于 1984 年 11 月，召开县委常委扩大会议，部署全面开展以城市为重点的全县经济体制改革。

一、继续深化国营企业改革

1982 年后，县委、县政府对地方国营企业实行"利润包干，逐年递增，超额分成，一定三年"的经济责任制，改革前后 5 年比较，县属国营企业实现利润增长 5.6 倍。1987 年，县委、县政府对县工业公司、二轻工业公司、农机公司、物资公司等单位进行第二轮承包的合同签订。这次承包比第一轮承包更深入广泛。在总公司向县财政承包的基础上，总公司又向下属实行集体承包、个人承包、分组承包、租赁承包等多种形式责任制。在承包基础上经过充分调查研究，引入竞争机制，使承包基数更符合实际。在承包内容上，既考虑国家财政收入增长，又考虑企业自我积累和发展，防止承包者的掠夺性经营。承包期限过去多数为一年，这次规定不少于三年，到期还可以连续承包，防止企业承包者短期行为。在责任方面，过去只包盈不包亏，现在确保上缴后，企业欠收自补，风险与利润共存，责任与权利结合，使经营承包责任制纵向到底、横向到边。

1985 年和 1986 年，县委先后在县属国营企业中推行厂长（经理）负责制，随着改革深入发展，企业领导体制逐步实行企业法人制。

二、改革商业物资体制

计划经济时期，城乡物资流通主要是通过商业局、物资局、供销社进行调拨和流通的。改革开放后，打破了部门封锁和独家经营的做法，出现了"百家经商"的局面。1984 年，全县乡镇领证个体户 9000 户，从业人员 1.1 万人。各地新办的贸易中心 275 个，有 6500 人从事农副产品贩运活动。全县群众经商人数比 1978 年增加 20 倍。

三、改革物资管理体制

县委从 1979 年开始对物资管理体制逐步进行改革，主要是改革过分集中的价格管理体制，逐步缩小国家统一定价范围，适度扩大有一定幅度的浮动价格和自由价格范围。1984 年，全县计划价格范围收购产品从 110 多种压缩到 13 种。1979 年前农副产品奖售达 53 种，1985 年只保留 5 种，变过去的"暗补"为"明补"。

四、改革财税管理体制

1980 年，清远县执行的是"定收定支，收支挂钩总额分成，一年一定"的财政管理体制。1981—1984 年，执行"计划收支，分级包干"（即分灶吃饭）的财政管理体制。1985—1987 年，执行"划分税种，核定收支；定额上交，逐年递增"的财政管理体制。

在改革财政体制的同时，清远县委对税收体制进行了改革。按照国家规定进行了企业一、二步利改税的改革。从 1984 年 10

月起，清远县开始征收产品税、增值税、营业税、国营企业所得税。至 1987 年底，全国税种 25 个，清远开征了 18 个。1987 年，清远工商税收入 3439.5 万元，占财政收入 81.8%，比 1979 年翻了一番。

加强精神文明建设

中共十一届三中全会后，中国进入社会主义建设新时期，清远县委一手抓物质文明建设，一手抓精神文明建设，把全县社会主义现代化建设顺利向前推进。

1981年，县委组织全县广大团员、青年开展"学雷锋、树新风"活动。在3月份"好人好事活动周"期间，全县有10万青少年到街上、车站、码头、商店、农贸市场等公共场所做好人好事。1982年，全县成立"学习雷锋小组"10399个，以青少年为主体的"为您服务包户小组"1000个，全县参加"学雷锋、树新风"开展"五讲四美三热爱"活动的青少年达30万人。

1983年3月8日，县委召开精神文明建设表彰大会，表彰精神文明建设先进单位35个，先进个人199人。1986年6月4日，召开1985年度清远文明单位表彰大会，表彰文明单位105个。

清远县委根据本县实际情况，从四个方面加强精神文明建设。

一、思想道德建设

加强以共产主义思想教育为核心的政治工作，主要是开展群众性爱国主义教育、共产主义思想教育和社会主义思想教育，培养一代有理想、有道德、有文化、有纪律的劳动者。在农村，着重对农民进行爱国主义、社会主义、勤劳致富的思想教育，使广大农民正确处理好国家、集体、个人三者关系。遵守各项政策法令，完成国家集体分派的任务，走共同富裕的道路。在广大青年中，着重进行理想、前途和信念、道德品质教育。

在思想教育中，县委根据不同时期突出各个时期的教育内容。20世纪80年代初，县委着重抓好群众性的"五讲四美三热爱"活动。80年代中期，县委组织群众开展"学雷锋、树新风"，建设"文明村、文明户"和"民主和睦新家庭"活动。在开展创建"文明村、文明户"的活动中，着重"五抓五治"（抓思想教育，治旧变新；抓环境卫生，治脏变净；抓社会治安，治乱变安；抓文化科学，治愚变智；抓生产发展，治穷变富）。

二、民主法制教育

1981年，县成立司法局，指导人民调解工作和进行社会主义法制宣传教育工作。1985年，县成立清远县普及法律常识领导小组和普及法律常识办公室，有组织有系统地开展群众性宣传学习《宪法》《刑法》《刑事诉讼法》《民事诉讼法》《婚姻法》《继承法》《兵役法》《民法通则》《治安管理条例》等法律法规。1987年8月，城镇干部职工41355人参加了普法学习，普法对象达58.2%。

由于群众法律意识增强，1986年，全县发生刑事案件比前三年减少28.7%。调解各种民事纠纷13690宗。

三、教育科学文化建设

1984—1986年，县地方财政用于发展文化教育事业经费2700万元。新建、改建、扩建校舍29万平方米。1980—1987年，全县设有镇级图书馆室22个，藏书3.74万多册，镇级文化室722个，活动场地3.86万平方米。

四、对党员进行党性的教育

中共十二大决定，从 1983 年下半年开始，用三年时间，对党的组织和作风进行一次全面整顿。清远县从 1984 年冬开始准备，1985 年 3 月全面铺开至 1987 年 7 月结束。这次整党，全县参加整党的单位有 1686 个，党员 2.7 万人。整党的主要任务是"统一思想，整顿作风，加强纪律，纯洁组织"，解决党组织存在的组织、思想、作风等方面问题。

这次整党，清远县委自始至终都把加强党员思想教育放在首位，把增强党员党性观念，树立全心全意为人民服务思想贯穿整党全过程。通过整党，提高了党员思想觉悟和政治素质。全县 29 个区的领导干部，原有 103 人不安心基层工作，经教育后安心下来的有 91 人。有 2109 名"三不"（不过组织生活、不交党费、不干党分配的工作）党员，通过整党全部转变。整党中激发了党员的先锋模范作用，有 10045 名农民党员建立了党员联系群众制度，联系群众 30998 户。有 219 名党员干部清退了"红包"，金额 20462 元；有 31 人清退了回扣费，金额 16146 元；清理拖欠公款 1536739 元，清理单位小钱柜 75 个，公款 376900 元。党风的好转促进了民风和社会风气好转。1986 年，全县受县表彰的文明单位有 138 个。

在改革开放中前进

　　清远县在改革开放新时期中，坚持以改革开放总揽全局，以经济建设为中心，大力推进物质文明建设和精神文明建设，各条战线、各项工作、各项事业都取得了可喜的成绩。

一、经济建设有较大发展

　　1987年，全县实现社会总产值11.11亿元，比1986年增长11.37%；国民收入5.85亿元，比1986年增长9.7%（按1980年不变价）。工农业总产值实现5.6279亿元，1987年，工业总产值达3.24亿元，其中，农村二级工业总产值达1.72亿元；农业总产值2.94亿元，农村人均收入699元。1987年城乡居民储蓄金额比1986年增长10.93%。1987年"三来一补"（来料加工、来料装配、来样加工，补偿贸易）企业应收工缴费比上年大大增加。

二、多种经济成分格局初步形成

　　20世纪80年代中期，清远县出现六种类型的经济组织：

　　（1）国营企业。全县国营工业企业67家，其中县属地方国营企业21家，职工7684人。年工业总户值9909万元，年利润403万元（县属工业统计）。全民所有制商业经营单位516个、6106人。县供销系统有基层供销社28个，网点535个，从业人员3621人。

（2）二轻集体企业。1987年底，二轻系统有企业27家，职工5952人，企业总产值4060.42万元，年利润275.83万元。

（3）乡村四级工业。1987年底，全县有乡村四级工业8181家，其中镇办183家、村办1149家、联户办542家、个体办6307家，从业人员39015人，总产值19183万元，纯利润3423万元。1987年，全县的私营、个体商业工商登记有12131户，从业人员15097人。

（4）中外合资企业。由清远县经济发展总公司与美国标准公司合资兴办的清远华美洁具厂于1985年开始筹建，1987年8月投产。设计能力年产高级洁具30万套，投产当年出产品2.3万件，产值386.9万元。

（5）联营工业。一是广安染织厂。由县二轻工业公司与西安国营棉纺厂、广州市纺织品进出口公司三方合资共投资1008万元。1985年筹建，1987年投产，当年产值654.68万元。二是泰和棉纺厂。由县二轻工业公司与香港越秀公司合资兴办，投资3700万元。该厂于1987年动工兴建。三是县二轻工业公司与广州电饭煲厂合资兴办广州电饭煲厂清远分厂。第一期投资800万元，1987年春建厂，第二年投产。

（6）城镇私营工业。1981年有城镇私营工业162家。1987年有196家，从业人员408人，年总产值335万元。

三、文化教育科技事业发展成绩显著

1987年，小学入学率达97.4%，小学升学率为81%。高中在校学生比1986年增长14.3%。1986年，清远县考入高等院校学生有391人，为1984年的2.21倍。全县小学入学率、巩固率、毕业率、及格率均达到97%以上，达到上级规定要求。

1984年以来，全县对132个科研项目进行了研究，推广和应

用的科研项目有 104 个，培训科普人员 3.05 万人次。

群众性文化体育活动活跃。1980 年开始，县多次举办清远县群众艺术节。举办"振兴杯"职工篮球赛、"丰收杯"农民篮球赛，举行群众性环城跑、横渡北江游活动。1987 年，清远县运动健儿有 10 人参加国家六届全运会决赛，获得金牌 1 枚、银牌 4 枚的好成绩。

9

第九章

清城区的建立与改革开放的新阶段

（1988.1—2002.11）

第一节 清城区的建立和初期经济发展目标

　　1988 年 1 月，国务院批准撤销清远县，设立清远市。原清远县分置清城、清郊（今清新区）两个县级市辖区。至 2003 年末，清城区下辖凤城、东城、洲心、横荷 4 街，龙塘、石角、源潭 3 镇和银盏林场、飞霞管理区。2009 年，飞来峡镇划归清城区管辖。

　　1988 年 4 月 1 日，经中共广东省委批准，成立中共清城区委员会。上级任命黄伙荣为区委书记，李永权、潘明辉为区委副书记，任命区委常委 6 人，组成区委领导班子。

　　在成立清城区委的同时，1988 年 4 月，成立中共清城区纪律检查委员会。

　　在未召开区人民代表大会之前，区政府建立领导工作班子，主持日常工作。市政府任命李永权为代区长，陈世洪、陈镇光、李善超、赖志华为副区长（区长、副区长对外称主要负责人和负责人）。

　　根据清远市委 1988 年 2 月 6 日召开的党政负责人会议要求，清远建市后经济社会发展目标是"三年打基础，五年初见成效"。经济发展和社会发展的目标是：到 1992 年，全区社会总产值要达到 11 亿元，比 1989 年增长 34.2%，平均每年增长 11%；国民收入达到 5.9 亿元，比 1989 年增长 31.5%，平均每年增长 10%；工农业总产值达到 4.42 亿元，比 1989 年（按 1980 年不变价）分别增长 40% 和 20.9%。到 1992 年，全区粮食年亩产达 800 千克，农村人均生产粮食 500 千克。农村人均纯收入达到 1050 元，比 1989 年增长 21.8%，平均每年增长 6.8%。

第二节 经济发展目标的实施

一、继续深化农村改革

建立清城区后，区委、区政府继续贯彻中共中央、省、市有关文件精神，调整和延长农村土地承包期，完善农村家庭联产承包责任制。1989年，区委、区政府就贯彻广东省农村工作会议精神问题深入开展调查研究，主要领导深入基层召开各种会议征求农民意见，于当年8月12日下发《中共清城区委、区人民政府关于完善和发展家庭联产承包责任制的意见》。该意见对理顺农村基层管理体制，开展对农民进行家庭联产承包责任制再认识的教育，提出了明确要求，进一步完善了家庭联产承包责任制"大稳定，小调整"的政策，全面复查农民各户土地承包合同，对应签未签的合同进行补签，对不履行合同，未交承包款的欠款欠物农民进行清收，至当年10月1日全面完成了土地适当调整，落实了家庭联产承包责任制。年底全区的林业、畜牧业、渔业和乡镇企业也全面推行多种形式的承包责任制。

1989年，在落实联产承包责任制的同时，区委、区政府还部署了对农村原生产大队、生产队进行了一次清产核资、清账建账的工作。按农业部颁布的会计制度统一会计科目进行记账，建立民主理财、财产保管、财务审计、集体资产积累等规章制度。

为了适应农村改革的深入开展，区政府有关部门成立了为农服务的社会服务体系，分别建立种子公司、农业咨询服务公司、土肥站、微生物研究所、农业技术服务中心、农村合作经济会计辅导站、甘蔗生产办公室、水果生产办公室、化肥农药供应门市部、林业站、动物防疫监督检验所、疫苗供应站、畜牧水产研究所、畜牧水产推广站、乡镇农技站、农机站、畜牧兽医站，推进农业生产的产前、产中、产后服务。

二、加快工业的发展

建区初期，城区的工业生产底子薄弱。区委、区政府确立"工业立区，工业强区"的指导思想和发展战略。

清城区在建区时划管的国有企业有清远（源潭）包装厂和清远（源潭）水泥厂，镇属企业、乡镇企业占城区工业的大部分。因此，区委、区政府在抓好区级工业的同时，积极发展乡村工业和外资工业。1988 年，区政府印发《关于进一步发展乡镇企业若干规定》和《大力发展个体工商户和私营企业的布告》，引导企业强化内部管理，克服资金不足、销路不畅的困难，提高经济效益。1988 年，全区乡镇企业总产值和实现利润比建区前的 1987年分别增长 49.5% 和 49.8%。1990 年，工业增加值比 1989 年增长 14.2%。

为了解决建区初期工业发展资金、人才、技术不足问题，区委、区政府十分重视招商引资工作。1988 年 10 月 8 日，区政府成立城区经贸局，具体负责全区招商引资的管理和服务工作。镇、街成立经济发展办公室和招商引资办公室。

为了吸引更多投资者，区委、区政府在大力加强交通、电信、能源等基础设施硬环境建设的同时，还大力打造外商投资的软环境。根据国家有关规定，结合清城区实际，制定出清城区招商引资政策和服务措施。

1988 年 8 月 19 日，区委、区政府执行省政府批复，把源潭、石角、附城、洲心等镇列为珠三角经济开发区重点卫星镇。对卫星镇举办的中外合资、合作及外商独资企业，属于生产性项目、非生产性项目和非科研项目的，分别根据不同情况，从税赋征收、设备审批到资金的贷款都作出了具体的优惠政策。对于"三来一补"企业，根据市政府规定，作出了比沿海更优惠的政策。

1994 年，清城区加工贸易出口 50151.03 万港元，加工费结汇 111.14 万港元，出口值达 1000 万港元的企业有一家。

三、开展造林绿化的攻坚工作

1988 年，区政府于 5 月、10 月、11 月先后印发了《关于坚决完成造林绿化任务，迎接省政府造林绿化检查的通知》《关于抓好我区 1989 年造林绿化工作的通知》《关于下达 1989 年区直各单位义务植树任务的通知》。1989 年 3 月，区政府成立由区长任主任，主管林业副区长任副主任，以区林业局、农业局、财政局、水利局、建委等单位主要领导为委员的清城区绿化委员会。每年植树节，区委、区政府领导班子成员都和区直机关干部、职工一起开展义务植树活动。

1989—1992 年，区林业局、广州造纸厂、省林业厅基地站，分别在高桥、源潭、龙塘、石角镇联办造纸林基地，面积有 6.52 万亩。

1992 年初，区、镇（街、场）分别成立由党政一、二把手任总指挥、副总指挥，各战线主管领导为组成人员的造林绿化达标指挥部，在全区城乡开展造林绿化达标活动。各镇（街、场）党委书记与区委、区政府签订《绿化达标责任书》，各管理区支部书记与所在镇（街）签订《绿化达标责任书》。到 1993 年，由于通过地方财政、集体、个人投入以及外引内联等办法投入资金植树造林，全区有林面积从建区时 23.19 万亩增至 44.14 万亩，增长 90.3%。1992 年 8 月，清城区造林绿化通过了省政府绿化达标的检查验收。

四、认真抓好教育、科技、卫生基础建设

（一）教育建设

建区之初，全区中小学校舍不足 20 万平方米。1988—1991 年，区教育局在区政府支持下，多方筹集资金改造危房校舍。全区共投入资金 2023.3 万元，修建校舍 10.22 万平方米。其中拆建严重危房 3.05 万平方米，大修危房 2.3 万平方米，新建校舍 4.86 万平方米，新建学校、实验楼和教室宿舍楼 106 幢，全面完成省核定的中小学校舍危房改造任务，在全市率先通过省的检查验收。1992 年 5 月，清城区被评为广东省"中小学校舍危房改造先进集体"，受到省政府表彰。

优化教师队伍。1989 年，小学教师中师以上文化程度的有 969 人，1990 年为 1023 人，1991 年为 1170 人，1992 年为 1305 人。中学教师中，1989 年具有大学本科学历 33 人，大专学历 554 人；1990 年具有大学本科学历 47 人，大专学历 642 人；1991 年具有大学本科学历 63 人，大专学历 680 人；1992 年具有大学本科学历 86 人，大专学历 696 人。教师队伍文化构成中，高学历人数逐步增多，为提高教学质量打下一定的基础。

加大教育经费投入。区下拨预算内教育经费 1988 年为 484 万元，1989 年为 587.5 万元，1990 年为 701 万元，1991 年为 924.7 万元，1992 年为 1134.7 万元；预算外经费 1988 年为 707 万元，1989 年为 812.5 万元，1990 年为 1046 万元，1991 年为 883.5 万元，1992 年为 1278.9 万元。中小学校舍的改造，教师队伍素质的提高，教育经费的加大投入，为教育强区打下坚实的基础。

（二）农业科技建设

建市初期，主要是在农业生产上建立推广良种基地和粮食高产示范田。

1993 年，全区种植杂优水稻 18.39 万亩，占全区种植水稻面积 48.2%，后全区推广杂优水稻种植面积达 89%。

办起蔬菜生产基地，推广黑皮冬瓜、西生菜、莴笋。规模较大的有龙塘泗合菜场、石角田心菜场、石角七星菜场。仅龙塘泗合菜场种植良种蔬菜达 500 亩。

引进推广一批优良品质水果，如柑、桔、橙、火龙果、香蕉、柚果、番石榴、芒果、葡萄等。建立了数万亩优质水果生产基地。

养殖业初步形成规模。建立的清远麻鸡生产基地有：沙田养鸡走廊、洲心大小罗塘养鸡基地、源潭麻鸡生产基地、附城优质麻鸡生产基地、石角白石冲麻鸡生产基地。建立的养殖优质鹅基地有：洲心清东围饲养基地、石角镇乐排河养鹅基地、横荷大有村委会种鹅养殖基地。

（三）医疗基础设施建设

1988 年 8 月，清城镇卫生院（区人民医院前身）设有 4 个门诊部和 1 个住院部，医院建筑面积 4200 平方米，其中医疗业务用房 2600 平方米，主要医疗设备为一台 1.6 万元 200 毫安 X 光机，固定资产 80 万元。1991 年 8 月，区政府投资 380 万元建成一幢高 7 层，建筑面积 3800 平方米的框架结构大楼。1990 年和 1993 年分别置有 52 平方米和 149 平方米的门诊部。医疗设备逐年增加，逐步拥有现代化的医疗设备。

1991 年，区卫生防疫站成立。1992 年后，先后共投资 245 万元置有两处共 1338 平方米办公用房，添置 60 万元仪器设备。

对附城、洲心、横荷、龙塘、石角、源潭、高桥 7 个乡镇卫生院进行了改造。

五、战略目标的完成

（一）公路建设初具规模

1988 年，城区境内仅有两条柏油马路，与外县交通只有清（城）广（州）线、清（城）佛（冈）省道公路，地方公路都是沙土公路。建区后，在上级有关部门支持下，在区委、区政府努力下，1988—1992 年，全区新建主要公路 133.9 千米，桥梁 7 座，改造等级公路 40 千米。

（二）电话电信基础建设级别的提升

1990 年 2 月 28 日，清远至广州 480 路长途数字微波电路开通。1993 年 12 月，区邮电部门建立自动化程控交换长途电话，中继容量 4000 路端。国内、国际及港澳地区长话实现自动转接。

1990 年，城区万门程控电话交换割接成功，并投入使用。1992 年 2 月，完成市区 6000 门程控电话扩容。

农村 1680 门电话逐步进行了设备层更换、淘汰，纵横制交换机升级为程控电话对接入网建设。

（三）城市基础设施逐步完善

1989—1993 年，市、区两级和有关单位先后筹集资金新建、改建、扩建清城市区街道和马路 30 条。仅 1992 年，区政府投资 1500 万元改建松岗路。

1989 年，清远市自来水公司在七星岗新建成一座日供水量 18 万吨的大型自来水厂，供水网管达 29.74 千米，比 1988 年 11.44 千米增长 18.3 千米。

1988 年后，驻区供电部门先后投资 4350 万元对清城区供电网络进行改造。

在区委、区政府领导下，在全区人民努力下，清城区"三年打基础，五年初见成效"目标完成。1993 年 3 月，中共清远市清城区第二次代表大会召开，会议总结了中共清远市清城区第一次代表大会以来的工作，提出了今后五年城区经济发展思路和各项工作目标要求。清城区人民在区委、区政府领导下，踏上了社会主义现代化建设的新征途。

第三节

推进建立社会主义市场经济的各项改革

中共十四大作出了关于建立社会主义市场经济体制的重大决策。1993 年 11 月，党的十四届三中全会审议通过了《中共中央关于建立社会主义市场经济体制若干问题的决定》。该决定是继续深化改革的纲领性文件。

清城区委根据中央有关文件精神，结合本区实际情况，为适应建立社会主义市场经济的需求，继续多方面深入开展各项改革。

一、转换企业经营机制，改组改造区国有和集体企业

清城区工业企业体制改革分三个阶段：

第一阶段：1988—1995 年的企业承包经营。

1988 年，清远县的部分国有企业先后划归清城区管理。工业部门在清远（源潭）电瓷厂、清远（源潭）水泥厂等国有企业推行承包经营责任制。行政部门与承包企业签订合同，企业拥有六项自主权：在不违反国家法律、法规、方针、政策的前提卜选择灵活多样的经营方式，根据市场变化自行安排产销活动；拥有和支配自留资金；打破干部与工人、正式工与临时工的界限，依照规定白行任免企业副职以下行政管理人员；向社会自由招聘、选择所需人才；决定用工办法和工资奖励方式；在政策允许范围内确定产品价格。1992 年，根据国务院颁布的《工业企业转换经营机制条例》规定，承包企业可根据国家产业政策，自主决定在本

行业本地区或者跨行业跨地区调整生产经营范围，进一步扩大承包企业自主权，使承包企业成为自主经营、自负盈亏、自我约束、自我发展的经济实体。

1994 年，清城区工业实现超 1500 万元税利。1995 年，区、镇（街、场）所属企业基本实行企业经济承包责任制，承包以集体承包和个人承包为主。

第二阶段：股份合作或租赁经营。

1996 年，国家开始实行宏观调控政策，银行信贷资金紧缩，部分区属企业资金周转困难，处于停产、半停产状态，其中，机电设备公司、天然食用色素厂、代工建材实业公司、美捷制衣厂、广成吸管有限公司 5 家区属企业先后关闭。为企业解困，寻求出路，在一些有发展前景的企业实行股份合作制和租赁经营，转换企业经营机制。其中，清远电瓷厂改为清远鹰陶瓷有限公司，成为全区第一家股份合作制企业。转制后，职工成为企业的股东，有效地促进了企业的管理，提高了企业的经济效益。1999 年，全区 60 多家区属国有企业、集体企业均实行了股份合作制或租赁经营。

第三阶段：企业的关、停、并、转。

从 2000 年起，区政府对区内企业实行出售、拍卖、破产、关闭、注销 5 种形式，对区、镇（街、场）所属企业进行转制和破产处理。

2000 年 9—12 月，区属企业中有清远鹰陶瓷有限公司、清远（源潭）水泥厂、清城区陶瓷实业发展公司、远东陶瓷原料厂、清城区矿产总公司、清城区水运总公司、清城区橡胶工业公司、清城区乡镇企业经济发展公司 8 家区属企业宣布破产，华新建陶有限公司、船舶物资公司、清远华通实业发展总公司 3 家企业宣布关闭。

2003 年 12 月，通过产权制度改革，区属企业 62 家，出售 9 家，拍卖 4 家，破产 27 家，关闭 21 家，注销 1 家。这些企业，通过办理退休、解除劳动合同、发放一次性经济补偿金等办法，安置职工 1920 人。

二、发展非公有制企业

在实施企业改革中，区委、区政府一手抓企业转制，一手加强招商引资，培育和发展私营企业、个体企业、外商投资企业、混合型企业、"三来一补"企业等非公有制企业。在企业用地、税收、贷款、营业执照发放等方面给予优惠和方便。

2003 年，全区有工业企业 2206 家，实现总产值 27.35 亿元。其中，集体所有制企业 37 家，实现总产值 2103.2 万元；外商投资企业（含港、澳、台资企业）、私营企业、个体企业 2169 家，总产值 25.25 亿元，占全区工业总产值 92.3%。

三、继续深化农村改革

党的十五大提出坚持把农村放在经济工作的首位，稳定党在农村的基本政策。为此，清城区委根据中共中央提出对农业结构实施战略性调整方针，积极探索农业产业化经营路子，形成生产、加工、销售有机结合和相互促进机制。

（一）实行第二轮土地承包制

1998 年，全区第一轮土地承包制到期。1999 年，全区完成农村土地家庭联产承包的发证、签订合同工作。根据国家规定，承包期为 30 年。当年，全区签订家庭联产承包合同的耕地（水田）23.23 万亩，农户 8.6 万户，占全区农户总数 99.7%，发放经营权证书有 8.5 万户，占农户总数 98.6%，土地流转面积 1581 亩，占总耕地面积 8.7%，涉及农户 864 户。

（二）调整农业产业结构

清城区粮食生产是农业传统的生产项目，又是重要农业生产任务。粮食生产以水稻为主，以番薯、花生为辅。

1988—1990 年三年间，区委初步调整了农业生产结构。1988年，全区种植水稻50.9 万亩，水果种植面积1.29 万亩，蔬菜种植面积4.68 万亩，水稻种植面积占水稻、水果、蔬菜等农作物种植面积89.5%。

1995 年，全区水稻、水果、蔬菜种植面积55.68 万亩，其中水稻播种面积43.02 万亩，占总面积的77.2%；水果种植面积1.5 万亩，占总面积的2.7%；蔬菜种植面积11.16 万亩，占总面积的20.05%。

2000 年，全区水稻、水果、蔬菜种植面积60.07 万亩，其中水稻播种面积40.82 万亩，占总面积的67.96%；水果种植面积2.55 万亩，占总面积的4.25%；蔬菜种植面积16.7 万亩，占总面积的27.8%。

2003 年，全区水稻、水果、蔬菜种植面积51.02 万亩，其中水稻播种面积30.32 万亩，占总面积的59.43%；水果种植面积2.88 万亩，占总面积的5.65%；蔬菜种植面积17.82 万亩，占总面积的34.93%。

由于生产布局的调整，城区农业开始从"以粮为纲"的粮食生产向为城市居民消费服务为主的城郊型农业过渡，从自给自足的农业向商品化生产的农业过渡。

（三）农业产业化经营的发展

第二轮土地承包的发证和承包期的延长，调动了农民的生产积极性，增强了农民生产意识，生产方式由单家独户、小耕小作、分散生产转向因地制宜连片开发经营，各地采取租赁、承包、入股等多种形式，自发开展土地流转，实行适度规模生产，产业化经营。全区农村逐步建立农业生产技术咨询，技术推广，种子、生产资料供应，农副产品加工、流通等农业生产服务体系。2003年，全区建有比较有规模的农业企业436家。

1. 凤翔麻鸡发展有限公司（养殖基地）。

该公司开办于2000年，采取"公司＋基地＋农户"的生产经营模式。公司与农户签订生产麻鸡合同，配制专用饲料，由公司负责鸡苗、饲料、药物供应，提供技术指导，对农户养殖的肉鸡予以收购。该公司拥有种鸡4万只，孵化场年产种苗720万羽，肉鸡饲养160天上市，远销北京、上海等地，年销300万只。2003年，公司在附城新星、洲心洲沙等地设有17个养殖基地，270家养殖户。

2. 沙田瘦肉型猪场。

该猪场位于松岗街沙田村，占地150亩，建有猪舍13栋，设有饲料厂。2003年，猪场改为股份制企业。1988—2003年，每年出栏商品猪1.3万～1.5万头，其中80%出口澳门和香港，年产值1500万元，年度利润为200万元。

3. 震兴农产品有限公司。

该公司为台商独资企业，设在松岗街沙田村，专门从事笋竹产品的加工、销售。累计投入资金1628万元，年产值265万元，产品远销日本、泰国及中国港澳台地区。

4. 长青高科技农园有限公司。

该公司由马来西亚孔氏兄弟于1993年创办。园地设在源潭，面积1500亩，是以名优热带水果为主的休闲式观光果园。

5. 蔬菜生产基地。

2002年，全区建有1000亩以上蔬菜生产基地32个，全年全区种植蔬菜17.82万亩，总产19.08万吨。如附城冬瓜生产示范基地、石角廻岐番茄生产基地、龙塘泗合菜场都具有一定的生产规模。

四、实行财税体制改革

（一）分税制

1994年10月，根据国务院实行分税改革精神，清城区设国家税务局清城分局、清城区地税分局。

1994年实行分税制度，至2003年，全区地方税收征收额累计60863万元，国税征收累计42656万元。

分税制的实行，调动了各级政府征收税收积极性。1994—2003年，区地税部门税款征收呈连年增长态势。1994年，全区地税工商税收入为1116万元；2002年达到7484万元，为1994年的6.71倍；2003年达到29856万元，为1994年的26.76倍。中央税收主体税种增值税，1994—2003年，除1995年比1994年同期有所下降外，其余八年均保持了一定的增长。

（二）财政管理体制改革

1994年10月，实行分税制后，区委、区政府执行分税制后的财政管理体制。

1. 农村税费改革。

2003年7月，区委、区政府成立农村税费改革工作领导小组，领导农村税费改革工作。税费改革后，减轻了农民负担，区地方财政安排了900万元用于农村税费改革专项补助。

2. 政府采购制度改革。

2000年10月，成立清城区政府采购中心，区财政局同时挂牌区政府采购中心。2003年，区政府采购中心办理采购项目60次，实际采购规模1303万元，节约资金186万元，资金节约率达12.5%。

3. 部门财政预算制度改革。

按照定额、定算标准，分别核定区属部门的收支计划，保证单位必要经费，加强资金管理，提高资金使用效益。

4. 新财税征管体制实施。

区政府同意区财政局制订《2003年街（镇）级财政管理体制方案》，实行"核定任务，总额分成，超收奖励，短收抵扣"的办法，调动镇、街级财政的积极性，促进财政收入增长。

五、物价管理体制改革

在下放商品定价和推行商品明码标价制度的同时，清城区委、区政府在物价管理体制改革方面重点是抓好行政事业性收费年审、公示制度和实施价格干预制度。

第四节 治理经济环境和整顿经济秩序

建区初期，区委、区政府在深入开展一系列改革中，十分重视整顿经济秩序，为改革保驾护航，确保改革工作的顺利进行，确保区委、区政府"三年打基础，五年初见成效"战略目标的实施。针对物价上涨过快问题，区委、区政府采取行政手段和法律手段，加强物价监督管理，认真执行国务院和省、市有关物价政策，制止哄抬物价的行为。物价检查重点是：化肥、钢材、水泥、石油等重要生产资料，以及与群众关系较大的生活用品价格。1989 年和 1990 年，通过加大物价监控力度，物价涨幅回落至3%，达到了省、市要求。

1988—1989 年，按照上级部署安排，整顿和清理了一些党政经商的公司，撤销 20 家，降格 12 家，立案查处 4 家。

对于少数行政单位、事业单位对企业进行"三乱"（乱收费、乱摊派、乱罚款）整治，区委、区政府在抓好干部思想教育，树立全心全意为人民服务宗旨的基础上，制订了三条纠风措施：一是各级要把清理"三乱"提高到改善党群关系高度来抓，下决心刹住"三乱"。二是对有收费、罚款权利单位要进行收罚项目的清理整顿，未经批准超出规定的收罚立即进行纠正。三是完善制度。行政事业单位收费按规定报批，领取收费许可证后方可进行收罚。各种罚没款　律全额上缴财政。制止不合理摊派，建立和健全监督机制。

1996 年，清城工商分局设立行政执法机构，打击制造、销售假冒伪劣商品、黄色物品、黄色书刊，商业贿赂，药品购销回扣，非法粮贩，非法传销，走私，贩私，以及商标、广告合同领域的违法活动，同时查处不正当竞争行为。

其中，1997 年查处违法违章案件 65 宗，罚没伪劣商品总值 30 万元；2002 年查处违法违章案件 544 宗，罚没款 78.2 万元；2003 年查处违法违章案件 38 宗，罚没款 60 万元。

对非法传销活动给予狠狠的打击。建区以来，查处传销窝点 138 个，遣散非法传销人员 1182 人，收缴传销资料一批。

对违法违规商户依法进行处理。立处 21 户违法违规的茶叶商户，其中 5 户立案处理。查获假厂址、假标识的茶叶 430 包，包装袋 4120 包，查处无证经营 87 户。

2001 年，市消费会清城分会处理消费者投诉 137 宗。2002—2003 年，受理消费者投诉 167 宗，为消费者挽回经济损失 20 万元。

10

第十章
为全面建设小康社会而努力
（2002.11—2012.11）

第一节 全面建设小康社会的目标和战略

　　跨入新世纪，中国进入了全面建设小康社会、加快推进社会主义现代化发展新阶段。党的十六大制定了全面建设小康社会的纲领。2003 年 3 月，中共清远市清城区第四次代表大会召开。大会根据党的十六大精神，提出了清城区经济和社会发展的预期目标：到 2007 年，实现地区生产总值 65 亿元，年均增长 21%；地方财政一般预算收入 2.19 亿元，年均增长 23%；农民人均年纯收入 5870 元，年均增长 8%。三大产业比例为 17.7：50：32.3。经过努力，全区经济实力明显增强，达到全省中等以上水平。经济结构战略性调整取得重大成效。工业化和城市化水平有较大提高，基础设施更加完善，生态环境进一步优化，科教文卫等社会各项事业取得新突破，精神文明建设和民主法制建设有新进展，城市人民生活水平和质量显著提高。党的思想、组织、作风建设不断加强，党的凝聚力和战斗力大大提高。

　　2006 年 12 月，中共清远市清城区第五次代表大会召开。大会提出了今后五年经济社会发展的目标和任务：

　　一是努力将城区建设成为粤北经济发展龙头区。要求生产总值年均增长 23% 以上，地方财政一般预算收入年均增长 25% 以上，全区人均生产总值超过全省平均水平，成为粤北经济发展龙头区。

　　二是努力将城区建设成为广东后发地区工业化示范区。壮大特色支柱产业，在发展循环经济、规模经济、主导产业方面为全省后发地区作出示范和表率，成为经济结构合理、产业特色明显、综合竞争力强的工业化示范区。

三是努力将城区建设成为与珠江三角洲经济社会接轨区。加快思想、体制、文化等方面与珠三角地区的融合，基本实现交通、产业和市场接轨，充分接纳大珠三角经济辐射、产业转移和要素对接，融入珠三角经济圈。

四是努力将城区建设成为宜居宜业的现代新城区。城市发展水平得到明显提升，中心城区和各中心镇的要素集聚能力、基础设施承载能力、辐射和带动能力明显增强，使之真正成为生态良好、环境优美、配套齐全、品位高尚的珠三角后花园。

五是努力将城区建设成为文明的和谐城区。农村生产生活条件明显改善。教育、科技、文化事业不断发展，城乡居民生活持续提高，社会安定，人民安居乐业。社会发展充满生机活力。

为了完成全面建设小康社会的目标，清城区委、区政府根据不同时期提出了相应的战略措施。

区第四次党代会闭会后五年间，区委、区政府实施"三个面向"和"三个推进"的战略。

首先，实施面向珠三角大接轨战略，切实加强市场化步伐。

其次，实施面向大市区大建设大提升战略，切实加快城市化和后花园发展步伐。

再次，实施面向大市区大建设的大提升战略，切实加快城市化和后花园发展步伐。

区委、区政府为完成建设小康目标，要求区第五次党代会后的五年期间，在发展战略上实施六个新超越：一是焕发精神，实现思想解放新超越；二是激发新动力，实现经济实力新超越；三是打造特色，实现城市发展新超越；四是建设新农村，实现城乡协调新超越；五是构建新和谐，实现社会发展新超越；六是塑造新形象，实现党的建设新超越。

由于目标明确，措施得力，切实可行，大大地激发了城区广大人民群众全面建设小康的热情。

产业结构调整促经济实力大增长

第二节

经过全区人民努力，到 2010 年，全区工业、农业和第三产业构成比例发生巨大变化。三项产业构成的比例：2004 年为 29：35.1：35.9，2005 年为 7.4：69.6：23，2008 年为 6.7：58.1：35.2，2009 年为 5.8：55.7：38.5，2010 年为 5.0：61.8：33.2，2011 年为 4.1：60.8：35.1。

从 2003 年 3 月至 2011 年 9 月两次区党代会期间，清城区一、二、三产业发展迅速。

第一产业，2004 年产值为 9.9 亿元，2010 年为 14.99 亿元，2011 年为 26 亿元。

第二产业，2004 年产值为 13.95 亿元，2010 年为 186.69 亿元，2010 年第二产业产值为 2004 年的 13.4 倍。

第三产业，2004 年产值为 15.85 亿元，2010 年为 100.2 亿元，2010 年第三产业产值为 2004 年的 6.3 倍。

特别是工业经济，2010 年全区规模以上工业发展至 155 家。2011 年，完成规模以上工业产值 1388 亿元，增加值为 183.2 亿元。工业园区整合提升卓有成效。华清经济产业园被评为全国首批城市矿产示范基地，有色加工制造业基地被列为省市共建再生有色金属先进制造业基地。有色金属建材陶瓷产业形成集群发展态势，华清再生资源、云南铜业、江西铜业等龙头企业快速发展。"新亚"牌和"光牌"商标被评为中国驰名商标，实现清远市中国驰名商标零的突破。工业迅速发展，形成了"工业立市"的新格局。

第三产业迅速崛起。2010 年，区实现第三产业产值 100.2 亿元。商贸物流业迅速壮大，引进和兴建了一批高品位的专业市场和购物中心，形成了桥北路—先锋路、城西大道—人民路两大商贸物流聚集带。旅游业快速提升，全区拥有 AAAA 级景区 3 个，2010 年接待游客 523.6 万人次，旅游收入 21.8 亿元，分别是 2006 年的 1.4 倍和 3.9 倍。房地产业发展比较快，2010 年比 2006 年增长 1.89 倍，完成商品房销售面积 145.8 万平方米。

农业经济稳步发展。2010 年完成农业产值 24.6 亿元，年均增长 4.7%。粮食和经济作物比例调整为 14.6：85.4，种养产值比例调整为 48.9：51.1。2011 年，农业总产值为 26 亿元。

一、走新型工业化道路

2002 年 11 月，党的十六大提出要走新型工业化道路。20 世纪末，清城区刚完成由农业经济向工业经济转移。刚发展起来的工业大多是粗放型、传统型、劳动密集型。党的十七大后，广东省委作出"工业双转移"决策，清城区委、区政府根据省委、市委发展工业的有关指示精神，走工业园区化、传统产业高新技术化、城区新型工业化道路。

2008 年 7 月，中共清远市清城区委五届五次全会作出决策，把打造"两都两城"（中国再生铜都、绿色陶都，铝钢城、汽配城）与打造"三基地"（铜铝产业基地、陶瓷产业基地、汽配产业基地）结合起来。具体布局：把石角、龙塘、横荷三地的工业园区打造成绿色生态"铜铝产业基地"和"汽配产业基地"，同时擦亮产品品牌；把源潭陶瓷工业城打造成绿色生态"陶瓷产业基地"，并擦亮陶瓷品牌。

2009—2011 年，清城区委、区政府实行三大举措，推进"工业园区化、园区产业化、产业高新化"的建设。一是把有色金属回收制造和建材陶瓷等企业引向园区化；二是加大资金和技术投入，建设陶瓷和有色金属研发的科技服务体系；三是把侨兴、东坑两大工业园建设成为高新技术、高端产业的主要地，出台扶持高端产业发展的优惠政策，加快新能源、新材料、生物医学等新兴产业的发展。

2011 年，清城区建立了八大工业园区，其中华清循环经济产业园被评为全国首个城市矿产示范基地。建成有色金属加工制造基地、建材陶瓷产业基地、铝钢材加工基地、汽配城生产基地四大支柱产业基地。2008—2011 年，工业每年增速达 40% 以上。

二、创新发展第三产业

2007 年，区委决定以建设核心城区为中心，大力发展第三产业。先后建设了城市广场、赢之城、桥北路三大商业板块；引进了多家五星级酒店建设项目；建设了五洲商贸城等一批专业市场；做强做大旅游品牌，使得牛鱼嘴景区、黄腾峡漂流持续火爆，故乡里、黄腾峡成功创建为国家 AAAA 级旅游景区。

2011 年，全区创建国家级 AAAA 景区 3 个，新增旅行社 8 家，接待游客 650 万人次，实现旅游收入 33 亿元。房地产业健康发展，销售房屋 160 万平方米，销售金额 80.3 亿元。

三、农业发展走上新台阶

2006 年前，区委、区政府以发展城郊型农业为主要目标，农业结构由以种植业为主向养殖业、加工业转变，生产上由个体经营向专业适度规模经营过渡。2007 年，区委、区政府加大农村产业化经营发展力度，打造农业龙头企业，建成省级重点龙头企业——震兴农产品公司，长江以南最大的屠宰加工厂——天龙食品加工厂。

为了加快农业发展步上新台阶，区委提出了农业发展的新突破：农业产业化新突破，工业反哺农业新突破，解决农民问题新突破，建设新农村新突破。遵照市场经济原则，突出市场化拉动、产业化拉动、工业化拉动、城市化拉动。2011 年，全区农业生产值 26 亿元，比 2004 年增加 1.6 倍。

工农业生产的发展，经济实力的增强，使清城区全面建设小康社会的步伐加快，使城区经济实现新的跨越。

加强老区建设

一、加强对革命老区工作的领导

清城区委、区政府历来都重视革命老区建设。1988 年 5 月，区政府设立老区建设办公室。1999 年 12 月，成立清城区老区建设促进会（简称"老促会"），选举产生第一届理事会。2002 年 2 月，成立清城区老区建设研究促进会。原区人大常委会主任（离休干部）何葵任区老促会会长。区委分工一名领导分管老区建设工作。区委、区政府成立有区委、区政府有关部门领导参加的清城区老区工作领导小组。

2005 年 7 月，区委、区政府批转《区政协主席会议关于加大对革命老区扶持力度、尽快提高老区群众生产、生活水平的建议》，要求各镇、街党委和区直局以上单位依照实施。

2005 年 8 月，区委、区政府制定《清远市清城区革命老区建设三年规划实施方案》，发至各级党委和政府（办事处）、区直各单位。

2009 年 1 月，区委办、政府办发出《关于切实加强革命老区建设的工作意见》，要求各单位切实加强对革命老区工作的领导，使老区工作和人民生活有较大的提升。

该意见要求各级部门要高度重视老区建设工作，把老区建设工作摆上重要议事日程；建立和健全单位老区建设工作领导小组，明确工作任务，明确工作目标，明确领导职责，形成一级抓一级、层层抓落实的局面。

二、扶持指导老区发展经济

（一）改善老区生产条件

水利是农业的命脉。建区以来，区委加大投入，在革命老区先后修建了附城新城土仓水闸、江坣马公塘水库、石壁湖水库和山塘灌圳。2003—2010 年，投资 558 万元对石角镇马头村，东城街长埔村、石板村、新桥村，凤城街沙田村的中、低产田的水利建设实施改造，改造面积达 1.22 万亩。修建机耕路 10.8 千米，新建大小机耕桥 9 座，修建中型蓄、排水工程 3 宗，修建水坝工程 2 宗，修建排灌站 8 座，开挖疏浚渠道 15 千米，主排灌渠道实行石砌三面光的有 45 千米，提高了农业生产旱涝保收的能力，为建设"三高"（高产、高质、高经济效益）农业打下基础。

（二）发展特色农业和效益农业

在完成延长土地承包期的基础上，引导老区农业生产调整生产布局，走适度规模经营发展农村商品经济路子。2009 年开始，东城街利用国家低改资金，改造低产田 2000 亩。同时，因地制宜引导石板、黄金布等村大量种植、连片种植黑皮冬瓜，远销省内外。江坣村通过土地整合后种植沙糖桔 3000 多亩，形成了具有一定规模的沙糖桔基地。横荷街办引导车头村委将低洼田、涌田改造开发成鱼塘，大力发展养殖业，推行水下养鱼、水面养禽畜，实行水陆并举的立体养殖。还积极推广种植甜玉米新品种，大大提高了农业商品率。

（三）发展二、三产业

2006 年开始，石角镇马头村引进多家五金加工厂，引导老区群众发展五金拆解业，形成了几百户五金拆解个体户，既增加了集体收入，也带动了老区群众致富。横荷街发挥车头村靠近城中心优势，在老区及邻近区域建设了荷兴、大有、汽配等工业小区，发展了一批工业项目。东城街依托老区旅游资源优势，在新星、石板等老区村开发了黄腾峡漂流，江埗村开发了牛鱼嘴风景区、兴隆寺风景区，飞来峡镇文洞村建起了小水电站。

2011 年，区定为村委会集体收入贫困标准的两个老区贫困村（飞来峡镇的旧岭村、文洞村），由于各方面的扶持，已达到脱贫标准，现旧岭村和文洞村村委会集体经济收入年达 12 万元以上，实现了脱贫目标。

三、把加强老区建设和加大扶贫力度结合起来

（一）解决老区群众"五难"问题

一是解决老区儿童"读书难"。在省、市大力支持下，区委、区政府在 2003 年以前，多方筹集资金 724 万元，改造老区小学危房校舍。附城长埗、江埗、新桥、莲塘，横荷车头，松岗沙田，石角马头等小学共建教学楼 7 幢，课室 64 间，面积 7178 平方米。2008 年起，连续三年努力，全区改造老区（包括边远山区）学校 11 间，共建教学楼 11 幢，新建房屋 96 间，面积达 9976 平方米，使 5070 名学生告别危房，安心读书。

二是解决老区群众"行路难"。建区至 2003 年，全区投入资金 134.1 万元，修筑了石板、高星、江埗、长埗、新星、黄茶、新桥、黄金布、莲塘、沙田、车头、马头等老区乡村公路 10 条，长 32 千米。2005—2010 年，区投入 4000 多万元，完成革命老区行政村和自然村水泥道路 160 千米的建设，所有老区行政村和 300 人以上自然村都通了水泥路。2010 年开始，区政府先后安排 899 万元资金，对飞来峡镇 6 个革命老区行政村的 9 座桥梁进行改建，受益村民 1.3 万人。

三是解决老区群众"住房难"。区委、区政府实施安居工程，2004—2007 年，区投入 310 万元，改造农村危房 625 户。2008 年起，三年投入 110 万元对革命老区残房、危房进行了改建，解决了 1928 户 9231 人老区群众住残房、危房问题。

四是解决老区群众"看病难"。2009 年 8 月，飞来峡镇划归清城区管辖后，区政府常务会议决定，着力解决飞来峡镇医务人员政策性补贴。为了稳定镇卫生院医务人员队伍，2009 年区财政补贴 30 万元给飞来峡镇卫生院医务人员，2010 年继续补贴 30 万元，使镇卫生院有关人员的待遇在改革中得到统筹解决，使老区基层卫生院稳定了医疗队伍。为了加快飞来峡老区医院改造，区财政划拨近 500 万元把飞来峡镇医院建成了初具规模镇级卫生院。现全区各行政村都设有村卫生站。老区农户全部参加了农村医保。

五是解决老区群众"饮水难"。2008 年开始，区政府实施自来水进村入户工程，三年投入 1650 多万元，为 60 条革命老区自然村 1.28 万多人解决饮用水不安全问题，使老区群众用上安全的自来水。

（二）落实老区扶贫责任制，提高老区群众生活水平

1990 年，清城区政府就开始实行扶贫攻坚。1991—1994 年，省、区、镇及区直属挂钩单位共投放扶持资金 291.65 万元。1996 年，区委、区政府实施扶贫责任制，各挂点领导与区委、区政府签订《扶贫工作责任书》，实行"不脱贫，不脱钩"。2003 年后，为了加快老区脱贫，区政府将革命老区贫困村、贫困户一一对应列入扶贫开发范围，并积极落实机关单位和干部职工"一村一策、一户一法"结对帮扶措施。为老区群众规划发展经济项目；开发智力扶贫，为老区贫困户子女免费提供职业技术教育和技能教育培训；利用"双转移"机会，免费为老区困难家庭劳动力提供介绍就业平台，加大老区富余劳动力的输出，拓宽了老区群众的收入来源。2009 年，清城区革命老区列为贫困户的有 344 户，其中有 197 户 737 人实现了脱贫目标，老区群众收入水平大幅度提高。2009 年，全区 16 个老区行政村委会集体经济平均收入 60.2 万元，自然村平均收入 3.1 万元，老区群众人均年纯收入 5406 元。

四、进行革命传统教育，弘扬老区革命精神

20 世纪 90 年代，中共中央提出并实施可持续发展战略。培养新一代社会主义"四有"（有理想、有道德、有文化、有纪律）新人，是实施可持续发展战略的重要举措。2002 年，清城区老促会在区委、区政府领导下，会同区属有关部门，在附城石板村办起了"清远市清城区爱国主义教育基地"。

该基地占地 8000 平方米，投入资金 40 多万元，建有思源园、思源室（展览大厅）、思源亭、革命烈士纪念碑以及绿化广场。思源室展示了四个方面的内容：一是"洪流岁月不息，光辉业绩凛然长存"；二是"为有牺牲多壮志，敢教日月换新天"；三是党的"路线放光芒，改革开放绣华章"；四是"高举邓小平伟大旗帜，迈向现代化"。省老促会理事长、中共广东省委原书记林若到石板村视察了该基地后给予充分的肯定和较高的评价。

2000—2006 年，区政府先后两次投入 70 多万元建设和完善石板村的城区爱国主义基地。建立基地后九年期间，接待各地、各阶层参观人数 8 万人次，印发《清城区爱国主义教育基地简介》4000 册。

区委、区政府为了加强对青少年革命传统教育，把思源室推广到老区学校。2010 年，区政府在 8 间老区小学建立"思源室"，经常对青少年进行革命传统教育和爱国主义思想教育。

五、发挥区老促会参谋助手作用

2002 年，区老促会成立后，老促会全体成员深入各老区村庄，调查了解革命老区群众生产生活情况。通过调查研究，他们了解到革命老区存在"行路难"，老区贫困学生"读书难"，老区学校校舍陈旧甚至危房，一些革命烈士后裔读书困难等问题。区老促会将革命老区存在的问题写成了调查报告，向区委汇报，使区委明了情况，作出加强老区建设的措施。2005 年 8 月，区委、区政府办公室下发《清远市清城区革命老区建设三年规划实施方案》，对革命老区建设从指导思想上、目标要求上、方案措施上提出要求。

为了加快革命老区建设，区老促会多年来积极为老区出谋划策，从 1999 年 12 月至 2005 年 12 月，引进有关部门支援老区建设资金 1914 万元，募集社会支持老区建设资金 1906 万元。

区老促会十分关心革命老区年轻一代的成长。他们积极开展革命老区扶贫助学活动。2002 年开始，为老区贫困学生发放助学补助金，为革命烈士后裔开展助学活动。2010 年，全区受资助的革命烈士后裔 19 人，资助金 6.7 万元。2011 年，区老促会为革命烈士后裔发放助学金 8.1 万元。

为了使革命后裔能够读好书、感党恩，区老促会在发放助学金时抓住机会对烈士后裔进行革命传统教育。2011 年，区老促会会同市老促会领导到华侨中学、清远市第一中学、清远市高级技工学院召开发放烈士后裔读书助学金现场会议，鼓励烈士后裔要学习和继承革命前辈坚定的理想和信念，学习他们不怕苦、不怕流血牺牲的精神，勤奋读书，立志成才。在华侨中学读书的吴静果在发言中表示，要继承先辈未竟的革命事业，读好书、学好本领，做革命事业接班人。

六、动员各方力量扶持老区建设

2011 年，清城区委、区政府组织区老促会、区委统战部与工商联、扶贫办一起开展"百家民营企业扶百村"感恩活动，筹得善款 244.67 万元，用于飞来峡革命老区 Y174 线高塱至鱼咀圩公路改造工程，解决了革命老区 15 个自然村 3000 多名群众"出行难"问题，大大改善了老区交通环境。"路通财路通"，交通道路畅顺使多年闭塞的山区资源得以开发，拓展了老区人民致富门路。2012 年，又在民营企业中筹得善款 360 万元，帮助飞来峡文洞老区改造危房，为东城街新桥村大水坑村进行旧村房屋改造，为车头村委会扩建防汛道路提供经济支持。

第四节 各方面努力加快清城建设

清城区建区以来，历届区委、区政府坚决执行中国共产党统一战线方针、政策，团结一切可以团结的力量，调动一切积极因素，为加快城区建设出谋划策、出钱出力，提高了党在群众中的凝聚力，推进了城区经济建设。

一、发挥政协作用

清城区政协于 1998 年 3 月成立。区政协成立后积极履行协商监督、参政议政作用。区委、区政府对政协的提案和建议，认真听取，认真办理。1998—2002 年五年间，区政协收到提案 168 件，其中经审查立案 96 件。区政府收到区政协提案，根据不同情况进行办理。如，区政府收到《关于整治笔架河两岸的提案》后，把整治笔架河列入区创建中国优秀旅游城市的一项民心工程，开展了对笔架河的培修、整治，工程于 2001 年 3 月竣工。

2005 年 6 月，区政协主席会议向区委、区政府提出了《关于加大对革命老区扶持力度，尽快提高老区群众生产生活水平的建议》，区委于 7 月 12 日批转该建议，要求各镇（街道）党委（工委）、区直局以上单位按区政协主席会议《关于加大对革命老区扶持力度，尽快提高老区群众生产生活水平的建议》实施。接着，8 月 30 日，区委办、区政府办联合发出《关于印发清远市清城区革命老区建设三年规划实施方案》，提出了清城区革命老区建设的规划方案、指导思想、目标要求，落实规划方案的措施和办法。

区委的重视，加快了老区建设。从 2005 年开始，区财政连续三年每年拨出 50 万元作为老区建设基金帮助老区发展生产，2008 年增至 70 万元并且连续三年进行扶持。

二、发挥工商界作用

2011 年开始，清城区工商联组织民营企业家到飞来峡镇、东城街革命老区等地开展"百家民营企业扶百村"感恩活动。组织开展"6·30"扶贫活动，组织非公有制经济人士为扶贫济困、美丽乡村建设和文化教育及亮化工程等方面捐款。

三、港澳同胞支援家乡建设

清城区是个侨乡，建区初期，清城区委、区政府团结广大港澳同胞，引导他们积极为家乡建设出钱出力。2003 年以前，港澳同胞支援家乡建设主要是捐资办学、修桥建路。他们中有①：

澳门赖泉先生捐资兴建赖泉纪念中学
香港梁定墀先生捐资兴建广智中学科技教学楼
香港刘伟杰先生捐资兴建石角新基小学
香港地区广东省人大代表捐资东城平塘希望小学
港澳同胞赖新、梁章先生等捐建区一中实验楼
香港曾宪梓先生捐建东城黄金布希望小学
香港陈国威先生捐建区平安小学

---

① 政协清城区文史委编：《清远市清城文史资料》第一辑，内部出版，2004 年 2 月版。

香港太平绅士曹金霖捐建新桥曹金霖小学

香港冯炳祥先生捐建石角塘头小学教学楼

香港晶苑集团及香港义务发展局捐建区城西小学教学楼

香港劳工子弟学校师生捐资兴建田心小学教学楼

香港邵逸夫基金会捐建桥北逸夫小学

港台狮子会捐建后街小学

香港商报社捐建东城江坳小学

香港东扶轮社云大棉先生捐建源潭松塘小学教学楼

香港吴绍棠、吴绍楠、吴绍荣三兄弟捐资兴建石角沙坳梁莲学校

香港沈维灿、龙子明先生捐建城区一中宏利保险大楼

香港陈廷骅基金会捐建东城白庙小学

香港九龙扶轮社李谭爱珍捐建源潭一中教学楼

香港四邑会所捐建东城新星小学教学楼

2003 年后,清城区委、区政府着重通过区党代会、人民代表大会、政协、侨联多方面联系港澳同胞,欢迎他们参政议政,为加快清城区建设出谋划策。

推进以改善民生为重点的和谐社会建设

一、加快城市化进程

城乡一体化是缩小三大差别（工农差别、城乡差别、体脑差别）的重大举措。清城区委、区政府在全面建设小康社会中，把加快城市化建设放在重要的议事日程，脚踏实地一步一步地推进城市化建设，加快城乡一体化的进程。

（一）扩大城市规模

大力推动中心城区东扩、西拓、南延。在完成城区扩张第一期工程基础上全面开展第二期工程，飞来湖、城西大道建设以及南山岭区开发全面开工。2010 年，城市区面积由 2006 年的 40.5 平方千米扩展至 68.8 平方千米，全区城镇化率从 2006 年的 72.5% 提高到 80%。

（二）完善城市基础设施配套

清三、清佛公路进行了大修。汇祥路、笔架广场、凤城文化广场、凤城公园等项目完工并投入使用。飞来湖市政道路、桥北路立交桥、北江观景台、沿江亲水休闲路分期分批建成。浩源变电站、堤岸变电站、源潭和石角污水处理厂相继建成。武广高铁清远站、城西大道、北江姊妹桥、连江路面顺利完工，城市功能更加健全，城市品位明显提升。

（三）加大城市管理力度

积极理顺市、区两级城市管理体制，建立了城监和事业公用管理机构，进一步强化了城市管理职能，突出整治了城市"六乱"（乱搭乱建、乱堆乱放、乱设摊点、乱拉乱挂、乱贴乱写画、乱扔乱吐）现象。加大投入开展城市亮化工程建设，探索形成卫生保洁、"牛皮癣"治理管理长效机制，打击违法违纪违规行为，整顿社会治安，城市秩序明显好转。

（四）改善农村基础设施建设

中心农村区域实现"三个村村通"。2006—2010 年，区财政累计投入 2.43 亿元修建了农村水泥路 700 多千米，实现中心区域自然村村村通水泥路；投入 8700 万元完成农村道路 400 千米的亮化工作，实现中心区域自然村村村通路灯。

为确保农业稳产高产，2006—2010 年，区政府投入 1.79 亿元加固、维修水利堤围和水利设施；投入农业综合开发资金 6160 万元，改造中低产田 6.3 万亩。

为确保农村群众饮用水安全，2006 年开始五年来区政府投入 2.6 亿元建成农村饮水安全工程，使 20 多万群众饮上了自来水，实现了中心区域自然村村村通自来水。

二、开展多种形式的扶贫活动，提高群众生活水平

区委、区政府采取多种扶贫措施，实行产业扶贫、智力扶贫、救济扶贫、互助扶贫，落实各级帮扶制度。2006 年开始，五年支持扶贫资金达 5630 万元，筹集社会各界善款 3921 万元，使全区在册贫困村、贫困户全部脱贫。

在扶贫工作中，区委着重帮助贫困地区发展经济，增加农民收入，从"输血型"扶贫变为"造血型"扶贫。

清城区需要扶贫的地区大多是革命老区，区委、区政府扶贫从帮助老区发展经济入手，加快贫困地区脱贫步伐。一是帮助贫困地区发展特色工业。如通过积极引导石角镇马头村发展五金加

工业和拆解业，帮助扶持当地从事废旧五金拆解加工的民营企业做大做强，规范经营，打造地方的特色工业。二是扶持贫困地区发展特色农业。清城区有山有平原，气候温和，雨量充沛，宜种宜养。根据不同地区情况，区委、区政府引导贫困地区发挥地质资源、气候资源发展特色农业。如凤城沙田村发展蔬菜、花卉为主的特色农副产品；附城石板、江埗、黄金布发展沙糖桔、冬瓜种植；飞来峡镇文洞村建设小水电站；旧岭铺背发展乡村旅游；横荷车头村发展立体养殖。三是大力扶持贫困地区发展民营企业。积极引导民营企业到贫困地区办厂，既可解决当地劳动力就业，也可搞活当地农副产品的生产和销售，增加农民收入。2006—2010年，全区新增就业岗位519万个，转移农村剩余劳动力3.86万人次。2011年，农村居民人均收入达8670元，从2006年开始，年均增长13.2%。

三、建立多种形式的社会保障体系

（一）农村农民合作医疗

2008年，清城区作为广东省农村合作医疗试点，在全市率先实行信息化管理。2008年，全区有33.12万农民参加农村合作医疗，参合率为99.86%。2010年，全区农村合作医疗参合率为334554人，参合率为99.9%。

（二）城镇居民基本医疗保险

2008年，全区参加城镇居民基本医疗保险11.28万人；2009年，全区参加城镇居民基本医疗保险9.08万人；2010年，城镇居民参加基本医疗保险人数12.05万人。

为了解决群众"看病难""看病贵"等问题，区委、区政府对医疗卫生事业进行了重点改革：

一是全面实施基本药物制度，解决群众"看病难"。区各镇卫生院、社区卫生服务中心，从 2011 年 1 月 1 日起全面实施基本药物制度，覆盖人口 70.77 万人受益。实施一年，基本药物销售价格下降 68.24%，减轻群众负担约 2500 万元。

二是逐步实施公共卫生服务均等化。15 岁以下人群乙肝疫苗补种达 8 万人次。

三是进行基层卫生机构综合改革。2011 年 9 月起全面实行绩效工资制度，有效调动广大医疗工作者的积极性，提高医疗服务质量。

四是建立医疗卫生服务体系。建立了凤城社区卫生服务中心、东城东江社区卫生服务中心、横荷社区卫生服务中心、飞来峡卫生站等，方便群众就医。

（三）建立社会低保制度

2010 年，全区纳入低保标准困难群众有 4537 户、11767 人，全年发放金额 1888.2 万元。"五保"（保吃、保穿、保衣、保住、保葬）对象 2419 人，支出"五保"经费 933.73 万元。

（四）建立新型农村养老保险制度

2011 年，新型农村社会养老保险覆盖率达 80%。新增纳入被征地农民养老保障范围的 8194 人，预存养老保险金 12080.67 万元。

11

第十一章

新征程与新跨越

（2012. 11—2017. 12）

坚持全面深化改革

党的十八大和十九大后，清城区委、区政府根据中共中央决胜全面建成小康社会部署，全面深化改革总揽全局，推动各项工作发展。

一、深化供给侧结构性改革

（一）推进"三去一降一补"（去产能、去库存、去杠杆，降成本，补短板），焕发企业生机

2016年，区委、区政府关闭了落后陶瓷生产线32条，拆除钢铁行业落后设备2套。完成商品房销售面积488.4万平方米，净消化商品库存168.6万平方米。认真做好2016年地方债权置换工作，有效地降低了债务成本。落实了国家营改增扩围和各项减税降费政策，为企业减负6.06亿元。投入2亿多完成一批民生水利建设，建设硬底化农村公路49.1千米，农村电网改造补短板工作持续加快。2017年，去产能方面，钢铁生产厂16家通过国家验收。商品住房销售完成531.1万平方米，净化解207.75万平方米。

（二）推进金融投资体制改革，优化营商环境

2014年，区政府组建了投融资平台，按上级统一部署，推进预算管理和国库集中支付制度，全面实施零基预算，完善项目评价实施体系，推进财务预算信息集中监管。采取有效措施，帮助

各镇、街化解债务风险，化解了龙塘、石角、源潭 3 个镇显性债务 4.2 亿元。积极扶助镇、街及村级集体经济的发展，创新基础设施投融体制，推广社会资本与区政府合作模式，提高区顺拓投资集团公司运作效率，加快相关经营平台建设。在农村，建立"政银保"贷款担保体系和农村信用体系，推进农村宅基地和房屋抵押融资。

（三）建立社会信用体系

2017 年，区政府印发《2017 年清远市清城区社会信用体系建设工作要点》，加强信用制度建设。认真执行重点人群守信"红名单"和失信人"黑名单"。制定《清远市建设领域工人工资支付保证金支付管理办法（试行）》，对有良好诚信记录、没出现拖欠工人工资案件的施工单位，实行工资保证金减半或免缴。

（四）优化产权、产业、产品结构

区委、区政府不断优化产权、产业、产品结构，逐步形成多种经济成分格局，不断开拓新的产业项目，为消费者提供优质的产品服务的经营模式。

2017 年，全区内资企业 2091 家（含分支机构），注册资本 351.82 亿元。私营企业 14127 家（含分支机构），从业人员 119650 人，注册资本 583.99 亿元。农民专业合作社 588 户、3579 人，出资总额 7.42 亿元。实际吸收外资（不包含港澳台资）4149 万美元。

2017 年，第一、二、三产业的比例为 4.5∶37.7∶57.8。全区水稻面积 23.84 万亩，总产量为 6.13 万吨；蔬菜面积 11.87 万亩，总产量 22.38 万吨；花生面积 4.87 万亩，总产量 1.06 万吨；水果面积 2 万亩，总产量 3.13 万吨。2017 年，全区出栏生猪 18.88 万头，出栏家禽 1834 万只，生猪出栏比上年增长 4.6%，"清远鸡""清远乌鬃鹅"远销海内外。

2017 年，清城区（含高新区）实现生产总值（GDP）504.5 亿元，同比增长 4.3%。全区 232 家规模以上工业企业（含供电）累计完成规模以上工业增加值 168 亿元，同比增长 4.7%。清城区"四上"（规模以上工业企业，有资质的建筑业及全部房地产开发经营企业，限额以上批发和零售业、限额以上住宿和餐饮业，部分规模以上服务业企业）民营企业 634 家，其中规模以上工业企业 188 家。有个体经营户 47717 户，同比增加 2650 户。

2017 年，区供销社系统实现商品购进总额 42380 万元，商品销售总额 38330 万元。农民专业合作社 23 家，实现农产品销售额 13085 万元。

2017 年，全年接待游客 1033.1 万人次，同比增长 14.5%。乡村旅游、登山观光游、工业旅游项目建设正在进行中。天子山生态旅游景区启动投资 5000 万元建设陶苑精品民宿项目。黄腾峡生态旅游区投入 500 多万元增加卡丁车竞技项目，使景区多元化发展。继续加快已投资 300 亿元的长隆旅游森林乐园项目工程建设。

二、深化行政管理体制和审批制度改革

深化街镇行政体制改革，推进事业单位改革，按照上级部署做好国有林场改革。撤销区城市综合管理局，将 20 个执法中队下沉到街镇管理。撤销区垃圾管理所，设立街镇公用事业管理所。巩固和完善了"两集中、三到位"的改革，有序推进了"一门式、一网式"政务服务改革，启用新的企业投资项目备案系统，承诺办结时限缩减至 2 个工作日。全面实施"同城通办"和"七证合一""一照一码"登记制度，联合审批办结时间缩短至 3 个工作日以内。全面公布了区政府工作部门权责清单，出台了清城区行政审批事项目录。稳步推进了承担行政职能事业单位改革，

顺利完成了区委政法委机关机构整合和司法体制改革。

三、稳步推进干部人事制度改革

（一）强化措施，力促基层干部素质提高

2013 年开始，建立村干部挂职锻炼机制以及社区党支部书记跨地交流办法，选拔了 8 名优秀村支部书记挂任街道班子副职。选派了 20 名社区党支部书记到中心社区挂职锻炼一个月。选派了 160 名村（社区）支部书记到中山大学进行短期培训。举办了村官学历大专班，158 名村（社区）"两委"干部参加了成人高考，大大提高了村级干部文化水平。

（二）拓宽思路，加大干部交流和培训力度

区委、区政府制定了《清城区干部交流挂职锻炼实施办法》，选拔干部进行挂职锻炼。2013—2014 年，全区选送了 58 名年轻干部到基层挂职，为干部成长提供了平台。为了提高干部思想水平和工作水平，2013 年和 2014 年，选送了正科"一把手"39 人到香港理工大学参加城市管理专题培训学习。组织了后备干部、党外干部、女干部 190 人到中山大学社会管理班、城市管理班和中专班培训学习。通过干部培训，更新领导干部的知识结构，提高了干部的综合素质。

（三）肃清风气，加强干部监督力度

贯彻从严治党方针，坚持教育、预防、管理、监督并重原则，开展对领导干部经济责任审计、个人有关事项报告、出国（境）审查工作。联合区公安局、区人力资源和社会保障局印发了《关于进一步加强出入境备案登记制度》，将全区干部的出入境登记管理工作制度化。充分利用 12380 举报电话、邮箱、网络"三位一体"举报平台。应对有关干部网络舆情，区组织部和区纪委出台了廉政考试办法，提高干部遵守党纪党规的自觉性。

（四）加强领导班子建设

按照德才兼备条件，2017年，全区提拔科级干部54人。交流调整干部职务86人次，完成对4名干部试用期的考核。对559名区管干部人事档案进行三次审核和议定。按规定完成了2017年领导干部报告个人有关事项工作。

2017年，在区委领导下，完成了村（社区）"两委"换届选举工作。全区8个街镇156个村（社区）平稳顺利完成。全区选出"两委"班子931人，其中大专学历654人，占班子成员数70.2%。区、镇两级财政划拨500多万元为"两委"干部购买养老保险，解决他们的后顾之忧，使农村基层领导班子得到进一步稳定。

四、发展高新技术项目

2012年以来，区委、区政府坚持抓好企业转型升级这条主线，脚踏实地调结构、转方式，发展质量效益明显提升。陶瓷、有色金属两大传统产业产值占规模工业的比重从59.9%下降至54.7%。先进制造业增加值占规模工业的比重从10.6%提高到12.7%，高新技术产值从0.35亿元增加到90.1亿元，增长了256倍。

高新区创建成为国家级高新区。建成国家企业技术中心2个、国家工程中心1个、博士后工作站2个、博士后创新实践基地1个、省级工程中心15家、国家高新技术企业37家。建成粤北地区首个国家级孵化器。新增中国驰名商标6件，省著名商标12件。国家AAAA级景区2个。

长隆国际森林度假区、广清产业园、源潭物流园、"互联网+"创新产业园（华南声谷）等重大平台全面动工。其中广清产业园已落户项目42个，动工建设项目18个。金发科技、天安智谷、先导稀材等一批优质项目先后建成。

2015 年，宏威陶瓷获广东省科学技术奖三等奖。5 个单位获 2014—2015 年度市级科技进步奖。2016 年，有 4 家城区企业 7 个项目获市级科技进步奖。

2016 年，清城区推荐广东省高新技术产品认定 28 个，全部获得通过。2016 年，清城区企业获得省、市科技资金 1683.69 万元，比 2015 年增长 78.1%。

第二节 实施乡村振兴战略

一、开展农村综合改革

2014—2017 年，全区把开展农村综合改革作为党的农村工作的重要内容，作为实施乡村振兴战略的重大举措。

2015 年，清城区委、区政府先后制定印发《清城区深化推进"三个重心下移"实施方案》《清远市清城区农村集体"三资"监管平台的知道意见》《清城区农村土地承包经营权确权颁证工作方案》等一系列文件，有序地开展农村综合改革。

"三个重心下移"，指基层组织建设、村民自治和农村公共服务重心下移。

"三个整合"，指土地、服务平台和涉农资金整合。

（一）加强村级基层组织建设

清城区有村民委员会（村改居）111 个，村民小组 2050 个，涉及 49.5 万人。在村建工作中，成立村（居）党总支、公共服务站和经济联社 3 种管理和服务机构，在自然村成立党支部。2015 年，全区 2050 个村民小组成立党支部 1773 个，村民理事会 2050 个，经济合作社 2028 个，形成新的基层组织管理格局。2017 年，村级基层组织建设进一步得到巩固提高，建立村务监督委员会 121 个，勤廉监督室 115 个。

（二）建立农村服务体系

2015 年开始，全部完成集"政务事项办理、民生事务办理、农村电商服务"三大功能为一体的农村一站式服务平台建设。2017 年，全区建有农村社会化服务平台 21 个，农资服务平台 70 个，农技服务平台 61 个，农机服务平台 21 个，金融服务平台 153 个，农产品销售平台 113 个。建成 153 个村（居）网上办事大厅。建立农村集体资产管理交易平台，完成交易累计 133 宗、13870.2 万元。建有"区—镇—村"三级征信中心，153 个乡村建有助农取款点。

（三）整合流转土地

整合流转土地，是开展农村综合改革的一项重要内容。土地通过整合和流转，更加发挥人尽其才、地尽其力的作用。整合和流转后的土地，有利于连片种植、开展适度规模经营，有利于农业生产因地制宜。区域间协调发展，各地区根据实际情况开发农业新项目，实行宜种则种、宜养则养，改变了过去"以粮唯一"的生产经营模式，促进农村农业生产向规模化、产业化、基地化的现代农业过渡。

2015 年，全区整合流转土地 37.7 万亩。2016 年，整合流转土地 30.2 万亩，完成 1.68 万亩承包土地确权。2017 年，全区在前两年整合转流土地的基础上继续完善，提高整合流转土地工作，共整合流转土地 30.6 万亩，完成 26.8 万亩承包土地确权。江埗村通过整合流转土地 3000 亩办起了具有一定规模的柑桔场，受到群众的欢迎。

（四）整合涉农资金

涉农资金，指中央、省、市、县（区）安排用于农村经济社会发展专项的资金。

主要包括：农村公路修建、基本农田建设、农业综合开发、农村饮用水安全、沼气建设等农村基础建设资金；粮食直补、良种补贴、农机具购置补贴等涉补贴金；种植业、养殖业资金；扶贫、救济、"五保户"供养、农村低保、农村危房改造资金；退耕还林等生态建设资金；"雨露计划""阳光工程"等农村劳动力培训资金以及用于农村教育、卫生、文化、科技事业发展的基金。将种粮直补、生态公益林补偿等资金集中到村集体统筹，用于村公共事业和公共设施建设。

2016年，清城区整合普惠性和非互惠性涉农资金8172万元。2017年，整合普惠性和非互惠性涉农资金2.8亿元，建立涉农资金项目227个，启动项目81个，设立涉农资金整合示范区1个，示范点6个。

二、开展扶贫攻坚

2013年是全省新一轮扶贫开发"双到"工作开篇之年。清城区全面落实中共广东省委书记胡春华关于扶贫开发"规划到户、责任到人"的工作指示精神，当年，全区投入"双到"扶贫资金743.7万元。其中4条区级困难村投入"双到"资金188.7万元。全区帮扶单位、帮扶干部投入到户帮扶资金155万元。扶持4条区级困难村发展集体经济项目4个，其他困难村发展集体经济项目9个，帮扶户项目480个，完成全区235户农村低收入住房困难户住房改造，改造住房面积14185平方米。

扶贫工作是一项伟大的工程，清城区委、区政府从2013年新的一轮扶贫工作开始，紧紧围绕困难村、困难户增收这个中心任务，持之以恒，打好扶贫攻坚这场硬仗。

（一）调查摸底，明确帮扶对象

2013年，区委、区政府出台《清城区新一轮实施扶贫开发"规划到户、责任到人"工作实施方案》。全区登记在册有劳动能力的帮扶481户1812人。把源潭黄茅村，飞来峡湖洞村、螺塘村、石颈村4条村定位区级困难村。以后逐年根据变化进行调整。

（二）落实资金投入，确保困难村、困难户稳步增收

2013年，区财政安排了360万元专项扶贫资金。区委、区政府规定，帮扶干部、区、镇扶持困难户生产启动资金区财政每年给予帮扶户500元，所在镇街给予500元，每位帮扶干部最少支持200元。对于区级困难村，区财政给予20万元发展村集体经济项目。全区2013年财政投入65万元帮扶困难村发展集体经济项目9个。2014年，区财政投入51万元帮扶困难村发展集体经济项目，帮扶困难户发展种养项目480个。2015年，全区投入"双到"扶贫资金709.2万元，其中4条区级困难村投入资金175.2万元。4条帮扶困难村集体经济平均年收入达17.1万元。480户困难户每年人均纯收入9507.8元，全面达到脱贫目标。

（三）精准扶贫

2015年末，中共中央和国务院发出《中共中央国务院关于打赢脱贫攻坚战的决定》，吹响了全国脱贫攻坚的"冲锋号"。2016年，清城区委、区政府印发《清远市清城区新时期精准扶贫工作实施方案》，安排单位干部对全区新一轮核定的困难户，入户结对帮扶，落实帮扶项目，安排以系统为单位对接帮扶8个区级重点困难村。6月，全区55个区直单位和市驻区单位3000名干部入户开展扶贫攻坚。2016年，全区完成年收入4000元以下相对贫困人口5759人脱贫。8条重点困难村集体收入比上年均增收5万元。2017年，全区无劳动力贫困人口3636户5637人，纳入"五保"的有1655户1681人，纳入低保的有1933户3893人，实施大病救助贫困对象的有1476人。

（四）改造住房

为改善困难户住房条件，加大危房改造力度。2013年，全区改造农村低收入住房困难户235户，改造危房面积17949平方米。2014年完成危房改造270户，2015年完成危房改造277户，2016

年完成危房改造 180 户，2017 年完成危房改造 335 户。

（五）落实帮扶项目

飞来峡的湖洞村、螺塘村、石颈村通过帮扶单位、区财政等多种形式筹集帮扶资金发展集体经济。螺塘村投入 8 万元种植三华李和柿子，村集体收入年可增加 4 万元。石颈村参与石颈林场入股经营，每年固定分红 26 万元。螺塘村、湖洞村投资入股企业，每年获取 15% 的收益，年收益达 16 万元以上。

对困难户实施 562 个帮扶项目，如通过各种形式推荐介绍外出务工 268 户，扶持 253 户困难户种植冬瓜、时令蔬菜以及饲养清远鸡、猪等增加收入。天龙、三源、凤翔 3 家清远麻鸡龙头企业通过"公司 + 农户"模式帮扶 3000 户农户养鸡，实行标准化生产，公司提供种苗、饲料，报价收购，使户均年收入 8000 元。通过两年努力，全区有 480 户困难户从年人均收入不足 5000 元增加到 9507.8 元，全部达到既定收入目标。

（六）提高农户种养技术水平

区对贫困扶持对象实施免费劳动技能培训。2015 年，区下拨农民生产技能培训经费 19.9 万元，指导 10 个行政村开展困难农户种养技术培训，开培训班 21 场，培训 1000 多人次。2017 年，全区开办农村各类农技培训班 30 场，贫困人员每年参加一次技术培训，当年参加培训学习 1500 人次。

（七）发动各界人士参与扶贫工作

积极动员社会各界参与扶贫济困活动。2015 年，"广东扶贫济困日"活动，全区筹集善款 1017 万元。区委、区政府设立帮扶户救助专项资金，解决帮扶户因特殊原因造成突发性、临时性的生活困难。2015 年，解决了贫困户子女读书 58 人，疾病治疗 24 人，临时生活困难 13 户。2017 年，全区共募捐扶贫善款 623.3 万元。

（八）加大对革命老区建设的扶持

区委、区政府从 2003 年开始每年都划出革命老区建设扶持资金，从初期年 50 万元到年 70 万元，2011 年起年 100 万元，2016 年、2017 年增加至年 120 万元。2016 年，在以往扶持革命老区改变生产条件和生活条件基础上安排了 120 万元完善革命老区基础设施建设。对全区 16 条革命老区村的饮用水安全、乡村道硬底化和农田基本建设等方面进行了扶持。改造农田水利设施项目 2 个，建设食水工程 4 个，新建桥梁 1 座，扩建乡村公路修改弯道 16 个，对 8 个村（居）20 千米乡村公路硬底化建设给予资金扶持。

（九）多方举措，稳步有序解决城区石灰岩地区迁移人口遗留问题

根据有关文件精神，积极解决石灰岩地区迁至清城人口代耕户遗留问题，协调好代耕农与当地村民关系，发展生产，共同致富。2017 年统计，全区有外迁人口 1384 户 7048 人，已解决住房 1133 户，自建房屋 458 户，在居住地形成村落的有 1003 户，自愿入户当地城镇的有 860 户。

三、推进美丽乡村建设

2015 年，清城区开展创建美丽乡村工作。2016 年，全区申报创建美丽乡村 81 个，通过市、区两级验收，第一批达标 44 个。经过三年努力，使全区美丽乡村建设不断推向前进。2016，全区共建 78 个美丽乡村，通过市级考核验收，其中特色村 4 个、示范村 15 个、整洁村 59 个，兑现实补资金 5405.62 万元。2017 年，全区申报创建 169 个美丽乡村，其中特色村 3 个、示范村 20 个、整洁村 146 个。12 月，有 103 个创建村向市申请第一期验收，通过验收的有 95 个，其中整洁村 78 个、示范村 14 个、特色村 3 个。76 个整洁村建成污水处理设施，兑现市级奖补金额 3433.5

万元、区级奖补金额2746.8万元。

四、加快农村经济的发展

（一）发展特色农业，推进适度规模经营

清城区素有"三鸟之乡"之称，且历史悠久。清远麻鸡、乌鬃鹅远销省内外和港澳地区。已成立起来的清远凤翔麻鸡发展有限公司等一批禽畜养殖场发展成为市级农业龙头企业。清远市清城区聚源黑山羊养殖成为2015年省级现代农业发展项目。2015年，畜牧业稳步发展，出栏生猪19万头，出栏家禽1776万只。

2016年，清城区推广标准化种养，提高产品质量，鼓励与扶持农业企业创立品牌，基本形成以清远鸡、乌鬃鹅、无公害蔬菜等为主的特色农业生产结构格局。其中清远麻鸡、乌鬃鹅列入国家地理标志产品。2016年，全区引进培育市级以上农业龙头企业22家。其中，广东天龙食品有限公司晋级为农业产业化国家龙头企业。

2017年，全区培养市级龙头企业25家，新增农业合作社34个、家庭农场40个。出栏生猪18.8万头、家禽1834万只。

（二）落实支农惠农政策，调动农民生产积极性

2016年，清城区共落实各项惠农资金5943万元，涉及良种、直补、农机具及渔业柴油、珠江禁渔等补贴项目。2017年，全区共落实各项惠农资金2962万元，涉及耕地地力补贴、农机具、渔业柴油、珠江禁渔、能繁母猪保险、花生种子采购等项目。

（三）推广农业机械化，提高劳动生产率

2017年，全区农业机械原值1.0882亿元，农机械总动力16.1487万千瓦。耕、整地机械1074台，拖拉机4407台，农用排灌机械6187台，电动脱粒机312台，稻麦联合收割机234台，水稻插秧机12台，增氧机2189台，投饵机694台。全区农业机耕

面积 39.687 千公顷，其中水稻机耕面积 17.743 千公顷。

（四）开展农业综合执法，为农业生产发展提供优良的环境

2017 年，清城区加大对假冒伪劣农产品和农贸产品的打击力度。全年出动执法人员 1405 人次，检查对象 461 个，立案查处 9 宗。全区产地检疫生猪 20.6 万头，检疫家禽 1477.9 万头。打击了坑农行为，保证了人民食品健康，促进了农业生产发展。

（五）开发乡村旅游，拓宽农村致富门路

飞来峡镇革命老区铺背村，利用村生态环境、区位优势，打破以农耕为主的传统经营模式，积极发展以乡村旅游为主体的产业。政府投入及村民自筹等方式，先后投入 360 万元，通过渠道改造、污水处理、拆旧建新、厕所升级等建设，打造道路硬底化、村庄绿荫化、村容整洁化的乡村生态旅游观光环境。为使游客得到更好服务，村民还先后建造了一批具有乡村特色的便民设施。如民宿点、知青饭店、烧烤场、度假山庄等，游客可以自驾露营、户外运动、健康休闲。现铺背村被国家旅游局定为第二批"中国乡村旅游创客示范基地"。乡村旅游带旺了偏远的小山村，加快了村民脱贫致富的步伐，近年，村民年人均收入 1.5 万元。

石角镇马头村是个革命老区。近年来，马头村发挥地域优势和人缘优势，打造一个集乡村旅游和红色旅游、攀岩运动"三位一体"的乡村旅游景点。

为了打造乡村旅游，马头村委会在整治乡村环境，加强老区交通设施、生活设施的基础上，对村前广场进行升级改造。广场内设有篮球场、羽毛球场、乒乓球室、纳凉亭、休闲公园及其他文体设施。广场前还建有一座 2 米多高的地球仪。

第三节 推进精神文明建设

一、群众性思想教育

（一）城区精神和《城区文明公约》的制定

1. 城区精神。

1989 年 7 月，区委、区政府在全区范围内开展"城区精神"的征集活动。1989 年 12 月，中共清城区委书记黄伙荣主持召开区四套领导班子成员和有关部门负责人会议，专题研究并确立"团结、开拓、求实、奉献"为城区精神。

2003 年 6 月，区文明委发出《关于征集"新时期城区人精神"内容的通知》，在全区范围内开展"新时期城区人精神"的征集活动。同年 8 月 15 日，经区四套班子会议讨论，确立"团结奋进、文明诚信、敬业奉献、求实创新"为新时期城区人精神。此后，在全区范围内开展新时期城区人精神的宣传、学习、实践活动。

2. 制定《城区文明公约》。

1997 年 4 月 8 日，区委宣传部、区文明办、共青团清城区委、区妇联、区总工会联合开展在社会公开征集《城区文明公约》活动。当年 12 月 18 日，经区四套班子审定，确定《城区文明公约》如下：

爱国爱家爱清城，勇于开拓求发展。

遵纪守法扬正气，扶危济困品格高。

敬业乐业勤学习，诚实守信为人本。

尊师重教育人才，崇尚科学家国兴。

绿化美化齐动手，我为清城添锦绣。

（二）专题教育

1. 社会主义思想专题教育。

1991年8月，区委成立农村社会主义思想教育领导小组，在附城、洲心、横荷、龙塘、石角、源潭、高桥7个镇和松岗、小市2个街道办事处的90个农村管理区，用了5个月时间开展社会主义思想教育。农村社会主义思想教育着重解决四个问题：用社会主义思想文化占领农村阵地；完善农村管理区、经济联社的"双层"经营体制；对农民进行法制教育，解决农村社会治安问题；加强以党支部为核心的农村基层组织建设。

2. 职业道德建设专题教育。

1997年1月，区文明委发出《关于加强我区职业道德建设的意见》，当年3—12月，职业道德建设专题教育活动在全区城乡开展。通过教育，树立密切联系群众、勤政廉政的优良作风；纠正乱收费、乱罚款、乱摊派不正之风，规范行业行为；纠正制假、售假违法行为。

3. 市民文明意识专题教育。

2001年1月11日上午，区委宣传部、区文明办、区妇联、区团委联合举办的"告别陋习，走向文明，迈向新世纪"签名承诺活动在西湖花园文化广场举行。区四套领导班子成员以及镇街干部职工、中小学生2339人参加了签名活动。2月9日上午，区宣传部、区政法委、区文明办、区教育局、广播电视事业局、工会、团委、妇联组织的"崇尚科学文明、反对迷信愚昧"签名活动在全区各地举行。全区有2万人参加了签名活动。

4. "致富思源、富而思进"专题教育。

2000—2001年，开展全区群众性的"富从何来，富后何去"大讨论。组织征文1000篇，演讲比赛10多场，巡回报告11场，使广大群众树立创新意识、遵纪守法意识、现代文明意识、积极进取意识、城市文明意识。

5. 农民素质专题教育。

2001年6月，区委宣传部发出《关于开展以"新观念、新风尚、新面貌"为目标的农民素质教育系列活动的意见》。要求专题教育活动要做到"三新"（破除陈旧落后观念，确立改革开放、农业市场化新观念；移风易俗，破除陈规陋习，树立讲科学、讲文明、讲团结、讲奉献的新风尚；富而思进，勇于进取，树立依靠科技进步发展农村经济的新意识），"四有"（做有理想、有道德、有文化、有纪律的新型农民）。区宣传部会同区农业局、科技局、畜牧水产局举办以"提高综合素质，争当现代农民"为主题的图片巡回展览暨种养知识咨询活动，展出14场，参观展览的有2万人次。

6. 公民道德专题教育。

2002年，全区开展以"爱国守法、明礼诚信、团结友善、勤俭自强、敬业奉献"为主题的公民道德主题教育。在农村，对农民进行"五爱"（爱祖国、爱人民、爱劳动、爱科学、爱社会主义）教育。在城镇中对市民开展文明意识教育。在机关、企事业单位突出以职业道德为主的公民道德教育。

二、创建文明城市活动

清城区于2013年开始创建文明城市活动。区委、区政府制定

《清城区2013—2014年创建文明城市工作方案》，召开全区创建文明城市工作动员大会，全面部署创文工作。经过几年努力，全区创文工作效率不断提高。

2017年，清城区下功夫开展创建全国文明城市工作，取得了显著成绩。

（一）群众参与热情高涨

全区各部门、各单位在创建全国文明城市活动中，坚持做细、做实，深入开展宣传发动工作。利用各种宣传形式大力宣传创建全国文明城市目标、标准和要求，发动广大群众参与创建文明城市工作，提高广大市民创文意识。

（二）建立制度

实行"一把手负责制、属地管理属地负责；谁主管谁负责、一岗双责和职能部门分工负责"的责任体系。区委、区政府制定《清城区创建全国文明城市实地考察点位包联责任制方案》，对创建全国文明城市44类实地考察点实行领导包点包干责任制，把创文实地考察点位建设任务以包点、包干形式落实到四套领导班子成员。

（三）保障经费

制定出台《清远市清城区创建全国文明城市、国家卫生城市工作奖惩办法》和《清城区"五大创建"及巩固提升项目专项资金使用管理办法》。2017年，全区投入创文各类项目建设资金8.5亿元。

（四）开展"双零"行动

1. 开展零垃圾行动。

全区组织5000名保洁员，开展城市垃圾清零行动，"红动清城"——青年志愿者"零垃圾"行动。

清城区创文城市垃圾清零行动在江滨公园启动（区委宣传部
供图 摄于 2017 年）

2. 开展零违章行动。

区委、区政府制定《清城区创建全国文明城市交通秩序"零
违章"工作实施方案》，整治交通秩序，打击交通违法行为。交
警每日出动警力 900 人次，城监每天出动 3500 人次，确保交通秩
序的正常运转。在辖区范围划定小车停车位 1.7 万个、摩托车停
车位 2.6 万个，解决了车辆乱停乱放问题。

（五）开展"五大文明"创建行动

区委、区政府出台《2017 年清城区文明家庭创建工作实施方
案》和《2017 年清远市文明街区创建工作实施方案》，印发《清
城区文明校园创建活动实施方案》《2017 年清城区文明单位创建
实施方案》《2017 年清城区文明村镇创建实施方案》。2017 年，
清城区被评为文明小区的有 10 个，"清远市文明单位"有 19 个，
"清远市文明社区"有 60 个。源潭镇迎咀村被评为"广东省文明
村镇"。

加强党的基层组织建设

一、调整基层组织设置

随着工业化、城镇化深入推进和农村经济社会的快速发展，农村基层治理形势发生深刻变化，乡村治理模式选择和转型变得越来越重要。2012 年 11 月，清远市委、市政府作出决定，推进以完善村级基层组织建设为重点的农村综合改革，在清远市范围内推进党组织建设、村民自治和农村公共服务重心下移。根据市委、市政府要求，2013 年清城区 111 个行政村、2050 个自然村调整了党的基层组织设置。建立行政村党总支 111 个，自然村党支部 1773 个。

在"三个下移"村建工作中，清城区委重点解决推进改革中出现的问题。实行"三不"：不争论，坚决执行市委、市政府的决策部署；不动摇，坚持正确方向积极进取；不回避，集思广益解决存在问题和困难。区委制定了 4 个配套文件，集中解决各机构职能、程序以及村干部的聘用和管理。

基层党支部设置按照"一村一小组一党支部"的模式，对有 3 名（含 3 名）以上正式党员的村小组，全部单独建立党支部；对只有 2 名正式党员且在两年内难以改变现状的村小组，通过下派第一书记形式单独建立党支部；对于两年内都难以改变现状的村小组，按照自愿原则和"便于管理、便于组织、便于开展活动"的原则联合组建村党支部。

在建立行政村党总支、村党支部的基础上，在区委统一部署下，各行政村和自然村成立村民理事会和经济合作社。2014年，全区建设1773个党支部、2050个村民理事会（含自然村）、2028个农民经济合作社，基本形成了新的基层组织管理格局。

二、对党员进行专题教育

党的十八大以来，清城区委根据上级党委部署要求，对党员进行了三个专题教育：一是党的群众路线教育实践活动；二是"三严三实"教育活动；三是"两学一做"学习教育。

党的群众路线教育活动从2013年下半年开始，历时一年多时间。在开展党的群众路线教育实践活动中，清城区委联系实际，围绕党的先进性和纯洁性，深入开展以为民务实、清廉为主题的教育，进一步转变干部领导作风，密切干群关系，树立为民务实的清廉形象。区委制定《清城区深入开展党的群众路线教育实践活动实施方案》。通过开展读书交流、系列宣传、谈心谈话，举办教育实践活动专题学习，推动活动的深入开展。在进行普遍学习的基础上，区委制定了领导干部联系群众制度，把党员、干部联系群众作为一项长期工作来抓。2015年，各街镇组建联系工作团队151个，直接联系群众5.9万户，记录汇总民情信息1500余条，接待或现场解答群众问题11240人。区领导组成15个工作组，深入基层参与接访群众活动，接访群众730人，记录民情记录卡182份，问题台账182份，现场解答问题385个，收集到群众信访260条，转发给职能部门处理的问题有134个。党员、干部联系群众的教育实践，拉近了干部与群众距离，密切了党群关系，化解了不少基层矛盾，为区委、区政府各项决策提供了依据。

2015年4月，中共中央开展对县处级以上领导干部进行"三严三实"专题教育，清城区委、区政府领导干部以普通党员身份，结合党的群众路线教育实践活动，做好"三严三实"的学习教育，找出工作中存在问题，制定整改措施。区委制定《清城区领导班子党风廉政建设责任清单》，对全区党风廉政建设和反腐败工作主要任务进行细化分解，分别落实到区委、区政府领导和区直各责任单位，将党风廉政建设主体责任到岗到人，使领导干部"一岗双责"制度化、科学化。

2016 年 2 月，中共中央办公厅印发《关于在全体党员中开展"学党章党规、学系列讲话，做合格党员"学习教育方案》，要求各地认真贯彻执行。

清城区委在组织全区开展"两学一做"活动中，联系本区实际情况，学做结合，学习内容丰富，形式生动活泼。区委成立"两学一做"学习教育协调小组和 4 个督导小组，制定督查清单，细化检查要求。在建党 95 周年前后，全区党员开展"合格党员在行动"主题系列活动，掀起领导带头学党章党规，学习习近平总书记系列讲话热潮，引导广大党员自觉按照党员标准规范言行，进一步坚定理想信念，提高党性觉悟；进一步增强政治意识、大局意识、核心意识、看齐意识，坚定正确政治方向；进一步树立清风正气，严守政治纪律规矩；进一步强化宗旨观念，勇于担当作为，在生产、学习、工作中，在社会生活中发挥先锋模范作用。2016 年，各级党员领导干部到农村、学校，街道、企业讲"两学一做"党课 362 场次，受训党员 6300 人（次）。全区收集党员学习心得体会 34250 篇，征文 450 篇，个人整改清单 1.2 万份。全区有 6000 多名党员参与社区志愿活动。化解基层矛盾纠纷185 件。

三、整顿基层党支部

2015 年，清城区委把整顿基层党组织作为加强基层组织建设的一项重要工作来抓。全区对 16 个软弱涣散行政村（社区）党总支（支部）、76 个软弱涣散村（居）小组支部进行整顿。区、镇（街）党委（工委）围绕"一支部一计策"的原则，以领导干部包村负责，整顿工作组制定方案，"第一书记"监督联络，从基层领导班子、党员学习培训、建立党建工作制度等方面进行整顿，解决基层各类矛盾积案；转化后进支部，完善基层党组织各项规章制度；推进基层社会治理工作，通过整顿软弱涣散支部，大大提高了基层党组织的思想水平和工作水平。

四、加强基层党风廉政建设

2015 年以来，清城区各街镇按照区委统一部署，以"教育、制度、监督、惩治"为四大抓手，全方位推进农村基层党风廉政建设。按照省纪委关于乡镇纪委规范化建设要求，全面完成了软件、硬件"六有"（有组织、有牌子、有专职人员、有专用办公室、有必要的办案设备、有工作经费保障）的街镇纪（工）委规范化建设工作，建设街镇纪（工）委谈话室 8 个，在行政村（居）委会设立勤廉监督室 114 个。将党风建设延伸到村（居）一级。通过建立制定《农村集体资产实施办法》《农村集体资产交易办法》《两委议事规则》《村民代表议事规则》等，使村规民约进一步完善。结合农村综合改革，积极推进农村集体"三资"（资金、资产、资源）监督平台与农村党风廉政信息公开平台建设，全区 122 个行政村（含 40 个村改居）均实现了"村账镇街代理、组账村代理"的财会管理。

2016 年，区委严肃查处了执行上级决策部署中为官不为，基层换届选举中拉票贿票和买官卖官，扶贫领域专项奖金贪污挪用，执法领域中徇私枉法，以及扶贫救济中优亲厚友、虚报冒领、截留私分、挥霍浪费等侵害群众利益的问题。对于违纪违法干部给予党纪、政纪处分。

2017 年，全区深化巩固农村勤廉工程建设。115 个村级勤廉监督室实施监督 350 次，提出整改意见 64 条。8 个镇（街）组织了 6037 名测评人员对 125 个村（居）委班子 849 名村干部进行了"勤廉测评"，被评为优秀的 819 人，优秀干部占 96%。

五、建立健全基层组织各项规章制度

在农村综合改革中，清城区以自然村为单位建立党支部，全区 2050 个自然村设立了 1773 个农村支部。为了加强基层党支部管理，区委根据新的情况，建立、制定、健全各项规章制度，使农村基层组织建设管理工作更加制度化、规范化。

（一）建立党员教育经常化制度

各基层党总支（支部）建立和健全支部生活会议制度。支部生活要求每月召开一次，支委会议每月召开一次，主要是组织党员学习党的路线、方针、政策；学习文化、科学知识；学习党规党法；开展党内有益党员身心健康的各类活动。2017 年，全区继续开展"两学一做"党员教育，开展"党员志愿服务"主题活动，参与党员有 5.5 万人次，使"两学一做"教育常态化。

（二）建立党员联系群众制度

2013 年，在党的群众路线教育实践活动中，各基层党组织普遍建立和健全了党员联系群众制度。特别是党员干部，要更加开展广泛联系群众活动。平时，他们深入群众，了解群众生产生活问题，帮助群众解决热点难点问题。2016 年，全区 6000 名党员参与社区志愿活动，党员联系群众 14.9 万户，解决问题 3259 个，化解基层矛盾纠纷 185 件。2017 年，党员在参与创建文明城市活动中，参加为民志愿服务活动达 12.6 万（人次）。

（三）建立党建工作考核责任制

2015 年，区委制定《清城区 2015 年党建工作责任制"述、评、考"工作方案》，明确规定党建工作"述、评、考"的目标、任务、内容、方法和步骤，制定了考核指标体系，细化评价要点、标准和赋分方法。此后，基层党组织每年都进行一次党建工作的"述、评、考"，推进了党的基层组织建设。

（四）建立基层党员干部培训制度

党的十八大后，区委每年都对基层党员干部进行一次培训，组织基层党员干部学习马列主义、毛泽东思想、邓小平理论、"三个代表"重要思想、科学发展观，以及学习习近平总书记系列讲话，提高党员干部思想水平和工作水平。仅在 2016 年，全区培训 8 个镇（街）的村（社区）"两委"干部及后备干部、村长（理事会长）1800 人。

（五）建立和健全党员党费收缴使用和管理制度

按照上级要求，每一个党员实行一月缴交一次党费制度。党费的使用严格按照有关规定执行。

生态文明建设

一、改善环境，抓好各类污染的防治

（一）把大气污染防治作为遏制污染的关键点

2014年，全区共组织600多人次对塑胶溶解切粒场、鞋材制造厂、饮食服务业等448家涉及废气排放的企业（作坊）进行废气排放检查，在横荷、石角、龙塘3个街镇开展大气环境污染专项整治行动，严厉打击非法焚烧塑胶、工业固体物、废旧电子废弃物及其他违法致使环境污染行为。2015年，清城区委、区政府制定了《大气污染防治工作目标及任务分解实施方案》。全区对三种污染源头进行治理。一是深入开展涉气企业的综合治理，完成了20家重点行业企业清洁生产审核并通过验收，进行了5家VOCs（挥发性有机物）企业治理，完成了62家重点行业VOCs企业排放现状调查。二是深入开展餐饮业抽油烟污染问题专项整治。三是开展禁燃区高污染燃料企业整治。

2017年6月，广东省环境保护厅大气和水污染防治专项督查组进驻清远，至12月，完成了13轮次督查，检查城区企业350家（次），对286家（次）环境违法行为，由城区环保局发出的《限令改正通知书》177份，立案处理24宗，辖区内5家VOCs重点监管企业均已通过了专家详审，10家VOCs重点排放企业完成了评估工作，大气整治工作达到了预期目标。

（二）把固废整治作为遏制污染的重点

对龙塘、石角两镇的废旧五金拆解户开展底数排查，动员拆解户自行清理或入园经营。全力取缔涉金属污染和涉危险废物拆解场。2014 年，出动 780 多人次清拆违法污染企业（作坊）67 间，累计清理填埋工业垃圾 20 多吨。2015 年，区委、区政府制定印发《清远市清城区重金属污染综合防治行动计划》。从三个方面做好重金属防治工作：一是大力推进重金属总量减排；二是继续推进清远电子废弃物拆解重金属污染治理项目；三是按要求整治七星岗水塘水体镍超标问题。

（三）把水源保护作为遏制污染着力点

区环保局组织 800 多人次排查北江河、笔架河流域的工业园和禽畜养殖场 107 家，责令 13 家进行整改，取缔非法生产企业 11 家。出动 406 人次对大燕河、乐排河、龙塘河流域和高新区印染、涉重金属行业水泥、陶瓷等行业开展水环境排查整治工作。2017 年，清城区加大力度进行水污染防治工作。7 次开展饮用水源的污染专项排查整治行动，确保其饮用水源长期稳定在 II 类标准；推进禽畜养殖污染防治，关停有水污染的养殖场 455 家，清拆 432 家；编制《清城区北江水源保护工作方案》，凡发现水源有污染的问题立即进行整改。

二、经常开展环保的执法检查

2015 年，清城区环保局检查企业 3201 家，龙塘、石角取缔电子拆解户 2358 家，对 125 家违法排污企业分别进行处理。2016 年，检查企业 2022 家，责令限期改正企业 66 家。

2015 年以来，在省纪委督促下，在市委、市政府领导下，清城区委、区政府把龙塘、石角电子废弃物污染环境综合整治作为政治任务来抓，实现了预期目标。一是工业园外经营的 2358 家非法经营拆解散户全部取缔。二是对非法拆解散户遗留场地进行了有效清理。三是污染环境的非法拆解行为得到制止。立案查处了非法焚烧废物案件 28 起，处理 41 人。四是环境"脏乱差"现象得到根本扭转，全面清理固废和生活垃圾 2 万吨。五是解决了各种矛盾纠纷，建立了生态文明、人民和谐的局面。

三、植树造林，保护生态环境

1993 年 8 月，清城区绿化达标通过广东省政府检查验收。至 2003 年底，全区林业用地面积 50.28 万亩，有林面积 64.3 万亩。

（一）开展造林绿化达标运动

1988 年，区政府先后发出《坚决完成造林绿化任务迎接省政府造林绿化检查通知》《关于抓好我区 1989 年造林绿化工作的通知》《关于下达 1989 年区直各单位义务植树任务的通知》，提出了 1993 年全区实现造林绿化达标任务。经过多年努力，至 2003 年，清城区造林面积达 64.31 万亩。

（二）建设生态公益林

1999 年 7 月，区林业局对全区的林地重新规划，核定省级生态公益林 13.71 万亩。生态公益林主要分布在笔架山口，大帽山，北江河及其一、二级支流两岸的第一层山，迎咀水库、银盏水库、梅坑水库周围自然地形第一层山，京广铁路、107 国道、花银高速公路及其他省道第一层山。

2016 年，区政府全面推进林业四大重点生态工程建设。全面完成森林碳化工程造林 960 亩。完成广清高速生态景观林带抚育和景观提升工程。完成森林进城围城建设任务。建有区级森林公园 1 个、镇级森林公园 1 个。全面完成 13 个村庄乡村绿化美化建设任务。区林业部门为 64 个村民小组提供 2.6 万株绿化苗木，加快乡村绿化美化进程。

（三）开展义务植树活动

每年植树节，区、乡镇街各级领导都带头开展义务植树活动。2016 年，义务植树节期间，全区参加义务植树 26 万人次，植树 75 万株。

2017 年，清城区完成营造林 5800 亩，完成森林抚育 37669 亩。超额完成碳化林抚育任务，抚育面积 1476 亩。完成了 13 个村庄绿化美化建设任务，其中省级示范点 2 个。

（四）建立森林旅游景区

清城区建成森林旅游景区的有飞霞风景名胜区、牛鱼嘴原始生态风景区、黄腾峡生态旅游区、天子山森林公园四大生态旅游区。与此同时，一些地方近年来建成了乡村生态旅游景点，如旧岭铺背、马头村等，既保护了生态环境，又为游客提供休闲、观光活动场所，深受群众欢迎。

跨越式前进的各项事业

清城区从 1988 年建区至 2017 年，全区国民经济飞速发展，人民生活得到大提高。

一、经济建设迅速发展

（一）第一产业

1988 年，全区第一产业产值为 2.87 亿元，2003 年为 13.13 亿元，2017 年为 23 亿元。2017 年第一产业比 1988 年增长 7 倍。

（二）第二产业

1988 年，全区第二产业产值为 2.08 亿元，2003 年为 27.35 亿元，2017 年为 190 亿元。2017 年第二产业比 1988 年增长 90.3 倍。

（三）第三产业

2004 年，全区第三产业总值为 15.8 亿元，2017 年为 291.5 亿元，2017 年比 2004 年增长 17.4 倍。

（四）实际吸收外资（不包含港澳台资）

2017 年，实际吸收外资（不包含港澳台资）4149 万美元。

（五）财政收入

1990 年，地方公共财政预算收入 2100 万元，2003 年为 9871 万元，2017 年为 15.47 亿元。2017 年比 1990 年地方公共财政预算收入增长 72.6 倍。

（六）人民生活大提高

1989 年，全区农民人均收入为 862 元，2003 年为 3728 元，2017 年为 17883 元。2017 年比 1989 年农民人均收入增长 19.7 倍。全区居民人均可支配收入 28170 元。

（七）固定资产投资规模不断扩大，城市建设不断发展

1988 年，全区固定资产投资为 2.07 亿元。2003 年，全区固定资产投资为 44.79 亿元。2017 年，全区固定资产投资为 309.2 亿元，比 1988 年增长 148.3 倍。

中心城市全面扩容。燕湖新城主干道路框架基本形成，新区二期、飞来湖、人民西—富强路等片开发区初具规模，美林湖、碧桂园、万科城等社区日臻成熟。1988 年，中心城区面积为 3.92 平方千米，2017 年中心城区达 76.6 平方千米。城市基础配套水平大幅度提升。广清高速扩建、乐广高速、清三公路建成通车。广清城轨，佛清从高速，汕湛高速，北江四桥、五桥建设加快推进。2012—2016 年，建成城区市政道路 47 条，总里程 79.8 千米。建有污水处理厂 3 座，垃圾中转站 6 个，新增公共停车场 1 万个，社区体育公园 63 个，改造升级菜肉市场 20 个。城市品位和形象大提升。

二、教育、科技、卫生在深化改革中发展

（一）教育、科技

1988 年，清城区小学在校学生 43433 人，2003 年为 58675 人，2017 年为 83588 人。2017 年比 1988 年小学在校学生增长 0.92 倍。

1988 年，中学在校学生初中 14225 人，高中 1454 人。2003 年，初中生 22443 人，高中生 2014 人。2017 年，普通中学在校学生 29950 人，普通中学在校学生比 1988 年增长 0.91 倍。

1988—2003 年，区列入管理科技项目 106 个。2017 年，清城区组织 22 家企业申报高新技术企业认定，有 16 家通过。组织广东省高新技术产品认定 49 项，有 48 项获得认定。2017 年清城区有高新技术产品 138 项，占全市 16.2%。简一陶瓷获第四批（2016 年度）广东省"扬帆计划"引进创新创业团队项目三项，获得省扶持资金 300 万元。2017 年，清城区企业获省、市科技扶持资金 3529.56 万元，比 2016 年增加 87.7%。

2016 年度，清远市科技进步奖中，清城区有 3 个项目获奖，其中二等奖 2 项、三等奖 1 项。简一陶瓷获得 2017 年度广东省科学技术奖三等奖。

（二）医疗卫生

1988 年，清城镇卫生院（区人民医院前身）设有 4 个门诊部和 1 个住院部，医院建筑总面积 4200 平方米，主要设备为一台 1.6 万元的 200 毫安 X 光机，固定资产 80 万元。2003 年，区人民医院拥有现代化医疗设备 702 万元。2017 年，城区人民医院业务用房面积 1.4 万平方米，院内科室齐全、功能完善，拥有现代医疗设备 531 台，价值 6500 多万元。全年门急诊服务量 426243 人次，住院服务量 12078 人次。

东城、洲心、横荷、龙塘、石角、源潭、高桥、飞来峡等镇街设有基层卫生院。在农村建立农村合作医疗制度，建立城乡医疗救助制度。2015 年，全年医疗救助达 26995 人次，支出医疗救助金 1000 万元。2017 年，清城区支出医疗救助金 1390.6 万元，救助 28619 人次，资助困难户参加医保 23877 人，救助住院困难群众 2582 人次，支出医疗救助金 1082 万元。2017 年，清城区城乡居民参加医疗保险达 98%。

第七节 清城腾飞融入珠三角

2016 年 10 月，在中共清远市清城区第七次代表大会上，清城区委在总结过去五年全区工作成绩的同时，提出了今后五年工作的指导思想和奋斗目标。指导思想是高举中国特色社会主义伟大旗帜，以邓小平理论、"三个代表"重要思想、科学发展观为指导，深入贯彻落实党的十八大和十八届三中、四中、五中全会精神，深入学习贯彻习近平总书记系列重要讲话，以"四个全面"战略布局统领各项工作，牢固树立"创新、协调、绿色、开放、共享"五大发展理念，以全面建成小康社会和率先融入珠三角为奋斗目标，进一步解放思想，真抓实干，深入推进广清一体化，努力建设"两区三城"：率先融入珠三角先行区、国家级产城融合示范区、山清水秀的华南休闲宜居名城、南融北拓的珠三角北缘门户城市、小康文明和谐的幸福清城。

一、率先融入珠三角，助力清城区腾飞

2016 年 2 月，国务院关于广州市总体规划的批复，其中明确指出深入推进广清一体化。"十三五"时期，清城区以提高经济发展质量和效益为中心，更加注重创新驱动发展，更加注重经济结构战略性调整，更加注重生态文明建设，着力发展成为清远现代化中心城区。现代化中心城区总体定位内涵体现为"两区三城"的功能。

　　国家级产城融合示范区。全面落实产城融合发展理念，按照生产空间集约高效、生活空间宜居适度、生态空间山清水秀的原则，以促进清远国家级高新区与城区融合发展为重点，科学规划空间发展布局，统筹规划包括产业集聚区、综合服务区、生态保护区等在内的功能分区，统筹推进城乡基础设施建设和公共服务设施建设，提升城市综合服务功能，实现产业发展、城市建设和人口集聚相互促进、融合发展，建设成为经济社会全面发展、产业和城市深度融合、城乡环境优美、居民生活更加殷实安康的现代化新型城区，探索可复制、可推广的产城融合发展新经验。

　　清远南融战略核心区。抓住广清一体化发展战略机遇，围绕清远实施"南融计划"战略目标，以清远国家级高新区、长隆国际旅游集聚区、广清产业园清城片区、空港经济区（源潭物流园）等南融平台为载体，全域融入广清一体化，大力促进基础设施、产业协作、生态保护、社会事业等重点领域与广州融合对接，在全市率先融入珠三角，成为清远实施融入珠三角战略的核心区。

　　珠三角北缘门户城市。依托优越区位、交通和桥头堡优势，主动承接大广州产业辐射和城市功能转移。加强与北部内陆地区的交流合作，成为联通珠三角和北部内陆地区的经济走廊和重要腹地的节点城市，成为南融北拓的珠三角北缘门户城市。

　　环珠三角现代产业新城。依托清远高新区、广清产业园清城片区、"互联网＋"创新产业园（华南声谷）、源潭物流园等产业载体平台，优化城市配套设施，高起点规划、高标准建设高端产业成长基地，借力珠三角地区技术、人才、资金等高端要素转移与外溢，积极承接珠三角产业转移，大力发展行政服务、金融服务和生产性服务及先进制造业，形成以战略性新兴产业为先导，以先进制造业和现代化服务业双轮驱动的现代产业体系，把清城区建设成为清远以现代服务业核心区和先进制造业核心区为一体的环珠三角现代产业新城。

华南休闲宜居名城。充分发挥"江城、湖城、山城、绿城"生态文化资源优势，进一步优化城市空间发展格局，注重功能拓展，提升综合服务功能，打造成为与周边地区有机衔接、经济发达、生态良好、宜业宜居的生态休闲宜居名城。

二、建设清远现代化中心城区

（一）构建特色化城镇体系

加快落实主体功能区战略，健全城镇规划体系，推进镇（街）立足发展基础和优势，构建各具特色、错位发展的现代化城镇体系。

凤城街道：粤北高端商贸中心。以旧城更新改造为抓手，综合整治北门街、南门街商业步行街、沿江路沿线休闲餐饮酒吧街、松鹤街、城北路沿线传统风味美食街、先锋路沿线电子商业街等特色商业街区，更新改造桥北路、先锋路片区专业市场和家具建材市场等商贸流通节点，促进传统商贸业、饮食服务业转型升级，大力发展商业新业态，构筑城市核心商圈，打造成为粤北高端商贸中心。

东城街道：清远生产性服务业集聚区。依托清远"互联网＋"创新产业园（华南声谷）、广东省职教基地等发展载体，发挥依山傍水、水绕山环的良好自然生态环境优势，大力开发大帽山、北江沿岸、笔架河东岸沿线，构建创新发展载体，重点发展文化创意、教育科研、现代旅游、高端产业、商务金融等服务业，把东城建设成为宜居、宜商、宜游、宜业的清远现代化服务业集聚区。

洲心街道：生活性服务业集聚区。发挥城际轨道枢纽及城市行政、文化中心优势，以推进传统商贸服务业转型升级为重点，大力发展文化体育、商贸商务、休闲旅游、高端居住等现代服务业。

清城区北江风光（清城区地方志办供图 摄于2014年）

横荷街道：北江都市型休闲生活区。发挥交通区位优势，依托狮子湖项目、北江水利枢纽等特色旅游资源，大力发展休闲度假旅游、商贸物流及都市型农业，打造成为集旅游休闲、生活生态、现代农业于一体的休闲生活集聚区。

石角镇：清远先进制造业集聚区。以实施对口帮扶为契机，积极承接珠三角产业转移，重点发展汽车及零部件、生物医药、现代制造业。以清远有色金属加工制造业基地为载体，促进全镇拆解行业合并重组入园经营和转型升级，擦亮"中国再生铜都"品牌。

源潭镇：粤北现代物流业集聚区。发挥毗邻广州空港经济示范区区位优势，大力推进建设源潭物流园区，推进铁路货站扩建及无水港、物联网中心、采购交易中心、公共外库甩挂中心、保税中心等项目建设，重点发展商业贸易、城市配送、物流仓储、综合服务等功能，打造成为华南地区重要的枢纽型综合物流园区。

龙塘镇：现代化生态科技新城。围绕清远国家级高新区高端载体，加快配套完善科技孵化、人才培育、金融服务等功能，深入推进与高校、科研院所产学研合作，鼓励企业自主创新、技术改造，提升产业结构层次，重点发展以高性能金属材料为特色的新材料产业，以汽车及关键零部件为主导的高端装备制造业，以口服药物、注射剂等中西药生产研制为主的生物医药产业等创新型产业集群，建设融科研、产业、居住、商业文化、旅游休闲等多种功能于一体的粤北现代化生态科技新城。

飞来峡镇：山水生态特色小镇、广东省绿色发展综合示范区、清远市健康养生特色镇。充分利用飞来峡现有的自然生态和文化资源，将其打造为飞来峡的特色农产业和生态旅游综合服务中心，建设生态环境优美、文娱活动丰富、宜居宜业的滨水休闲小镇，以"温泉小镇、水利旅游、森林氧吧"为旅游发展特色、以"三农服务、旅游服务"为主导功能的广东省绿色发展综合示范区，清远市健康养生特色镇。

（二）促进城乡区域协调发展

提高镇村规划管理建设水平。促进镇村规划全覆盖，编制完善全域城乡建设规划，制定乡村建设规划管理工作规程，实现村庄规划全覆盖。完善镇村服务功能。推进镇村道路交通建设，加强镇村幼儿园、中小学规划建设，完善镇村文化站、卫生站、集贸市场、公交站场、垃圾处理场所等公共服务设施建设。

促进城乡基础设施衔接。统筹中心城区与源潭镇、龙塘镇、石角镇、飞来峡镇城乡基础设施规划建设，实施城乡山水田林路气一体综合整治，构建覆盖城乡的交通服务体系，加强农村道路、枢纽水利设施等基础设施建设，提高农村大网供水覆盖面，全面加快新一轮农村电网建设改造，加快城镇天然气输配管网建设，推进农村信息化建设。

促进城乡生态保护衔接。加强城乡能源供应，污水处理、水资源利用与保护设施、防洪设施等整体协调，加大城镇生活污染治理、垃圾处理和循环利用以及环境质量整治力度，加快城乡大型防灾骨干工程和信息系统建设，建立完善城乡一体化环境保护建设管理体制。

三、双创引领，建设粤北创新创业高地

（一）增强企业自主创新能力

实施高新技术企业倍增行动。建立高新技术企业储备库，鼓励高新区、科技园区、孵化器制定高新技术企业培育计划，推动符合条件的科技型企业申报高新技术企业。完善高新技术企业政策扶持体系，支持科技服务中介机构对企业提供培训、指导和全方位辅导，建立高新技术企业绿色服务通道。发挥大型企业创新骨干作用，牵头组建产业技术创新联盟。

（二）培养和壮大人才队伍

制定完善人才政策。加大对企业中层及技术人才的政策扶持力度，重点在住房补贴、子女入学、医疗、交通等方面给予一定的支持和优惠。深入挖掘省职教基地资源优势及广州地区高校资源，探索共建专业、共建师资队伍、委托培养、共建校区等多种合作模式，开展学历教育、继续教育、职业教育等多层次科技服务人才培养体系试点，探索本地企业家参与任职教学的"咨询教授制度"，推广"订单式"的人才培养模式，共同推进高层次人才和高技能人才队伍建设。

（三）完善创新创业环境

加大创新投入力度。充分发挥政府主动决策和服务能力，从

财政资金支持、创业载体、人才服务建设等方面不断完善创新创业环境。加强创业资金支持，对给创新型企业提供服务的科技中介机构和专业服务机构，根据服务合同金额给予一定比例的补贴，鼓励其提高专业服务能力和社会化资源整合能力。对投资在孵高新技术项目的风险投资机构，按其投资额占注册资本的比例，享受高新区内高新技术企业的优惠政策，鼓励风险资本对在孵企业进行股权投资。

四、双轮驱动，构建现代产业新体系

（一）大力发展现代服务业

旅游休闲服务业。以建设银盏组团、迎咀组团和华侨农场组团的长隆旅游集聚区为重点，加强旅游资源的整合与包装，创新旅游发展模式，争创国家 AAAAA 级景区，把清远打造成世界性旅游胜地。大力发展生态休闲旅游业，以黄腾峡生态旅游区、碧桂园故乡里民俗文化主题公园、飞来峡水利枢纽风景区、新银盏温泉度假村、狮子湖国际休闲度假区等国家 AAAA 级旅游景区为主体，积极完善旅游配套设施建设，开拓以牛鱼嘴、天子山为核心的生态探险游，做大做强漂流、温泉、生态探险等知名旅游品牌。

（二）加快发展先进制造业

汽车及其关键零部件制造业。发挥紧邻珠三角的区位优势，重点承接东风日产、广汽丰田、广汽本田、广汽乘用车等整车的汽车零部件配套产业转移，充分发挥清远爱机汽车配件、全盛汽配、富城车饰、华展汽车五金、万里丰活塞环等龙头企业辐射带动作用，鼓励企业汽车零部件产品的出口。重点向汽车零配件共性技术、汽车关键部件及其模具、先进汽车零部件材料及工艺、先进技术在产品设计制造上的应用等方向发展。

高端装备制造业。以企业为依托，重点发展数控机床及系统、紧密电动注塑机、智能数控系统、高效节能包装设备、自动化成套设备，以及其他产业纵向关联的关键设备的高端制造。积极发展工业机器人，逐步突破制约工业机器人发展的共性关键技术，包括工业机器人及其主动化生产线技术、工业机器人的应用及自动化集成技术、关键基础部件制备技术以及部件结构的轻量化技术等。逐步实现工业机器人的国产化、模块化、系列化。大力发展内河船舶制造，以清远造船基地建设为抓手，加快船舶配套项目的引进，提高关键配套设备的供应和技术水平，重点发展适合北江水运的标准船型。支持科研院所与造船企业打造科技型企业，支持船舶企业建立技术中心，促进船舶制造、设计研发和人才培养工作，增强企业核心竞争力，积极培育在省内具有一定影响力的内河船舶制造业。

推动传统优势产业优化升级。有色金属行业，依托国家城市矿产示范基地和省市共建再生有色金属先进制造业基地两大载体，充分发挥清远高新区推动有色金属产业优化升级的技术支撑作用，不断提升有色金属产业和循环经济产业发展档次和效益，提高产业的集聚程度，做大做强产业规模和产业品牌，擦亮"中国再生铜都"名片。绿色陶瓷业，依据"扶持壮大一批、提升改造一批、淘汰迁移一批"的思路，依靠高新技术积极推进传统粗放型建材陶瓷产业的转型升级，着重走绿色发展、内涵发展、品牌发展的路子。优化产业结构，引入新型产业，促进从单一的陶瓷经济向空港经济转型优化，从低端陶瓷制造到陶瓷商贸、研发、机械等环节提升，全面提升产业层次和产业形象。

（三）积极实施"互联网＋"行动

对接国家和省、市实施"互联网＋"战略的统筹部署，充分发挥互联网在促进产业升级以及信息化和工业化深度融合中的平台作用，以互联网融合创新为突破口，大力推动互联网与清城区制造业、金融服务、电子商务协同发展，构筑产业发展的新优势和新动能，形成网络经济与实体经济协同互动的发展格局。

"互联网＋创业创新"。构建"互联网＋"创业网络体系，完善小微企业公共服务平台网络，集聚创业创新资源，为创业者提供低成本、便利化、全要素的工作空间、网络空间、社交空间和资源共享空间。

"互联网＋制造"。推动互联网与制造业融合，在全产业链环节推进云计算、物联网、大数据技术应用，在重点领域发展网络协同制造、大规模个性化定制、线上线下等新兴制造模式，打造一批网络化协同制造公共服务平台，加快形成制造业网络化产业生态体系。

"互联网＋农业"。大力发展互联网农业，将"互联网＋"理念引入农业经营，促进农业"跨界"发展，一、二、三产业融合互动，形成新的增长点。重点推进建设名特优新农产品电商体验馆。

"互联网＋益民服务"。加快互联网与教育、医疗、健康、养老、旅游、社会保障等公共服务的融合。提升信息益民服务水平。

"互联网＋电子商务"。积极发展跨境电子商务和行业电子商务，大力支持跨境电子商务服务企业开展业务，构建完善的跨境电子商务产业链，谋划建立跨境电子商务产业园区，推动传统内外贸企业、生产制造企业、网商企业、个体商户等各类市场主体开展跨境电子商务。

（四）着力发展现代都市农业

发展壮大特色优势农业。围绕特色清远鸡、乌鬃鹅、桂花鱼、无公害蔬菜等优势农业，进一步调整优化产业结构，依托农业龙头企业大力推进规模化、产业化生产，促进优势产品、优势产业向优势产区集中。

推进现代化农业基地建设。推动农业与旅游业等相关产业互动融合。推动土地流转和规模开发，促进农业区域结构、产业结构、品种结构的不断优化，达到产业基地区域化、规模化。

大力发展农村电子商务。紧抓广清一体化和广清对口帮扶推进契机，深入推进"越秀、清城两地共建农村电商服务站框架协议"，积极推广"京东·中国特产·清城馆"，依托乡村传统商贸网点，大力发展村级合作点，推动电商线上渠道下沉落地并融入传统农业业态的升级再造，实现传统农业进行"互联网＋"升级，积极培养发展"互联网＋农家乐""互联网＋农村金融"等新业态。

强化现代农业发展支撑。充分运用财政贴息、补助、税收、担保等经济手段，引导和鼓励社会资金支持农业；创新农业科技体制机制；加快建设农产品检验检测、科技推广、良种繁育、疫病防控、市场信息等社会化服务体系。抓好实用技术推广培训，加强基层科技推广、服务体制改革和农民培训工作。加大农产品批发市场、集贸市场等建设力度，推进农产品冷链系统和生鲜农产品配送中心建设，培育壮大市场流通主体。完善区内农产品质量检测体系，加强农产品质量安全检测。

五、加快建设美丽乡村，增强经济发展承载力

开展以名镇名村、美丽乡村为主线的新农村建设工作。加快推进城市基础设施向农村延伸，加快公共基础设施配套建设，加快城乡基础设施连接，加强农村生活垃圾处理，实现城乡基础设施和公共服务一体化，全面建成覆盖城乡居民的社会保障体系，提高居民生产生活环境。注重保持乡村风貌、民族文化和地域文化特色，支持发展特色村落、古村落。推进城乡体制改革，形成

城乡要素相互交流促进、共同繁荣兴旺的制度保证，着力打造"规划科学布局美、村容整洁环境美、创业增收生活美、乡风文明素质美"的社会主义新农村。

六、绿色发展，构筑水秀山青休闲宜居名城

（一）加强环境保护和治理

加大水环境治理建设力度。加强土壤污染治理。加快推进重金属污染源头治理，摸清土壤污染分布情况，退耕、修复、保护并举，开展污染分级分类处理，从源头上保障农产品质量安全。

加大地质灾害防治力度。深入落实《清远市地质灾害防治规划（2007—2020）》，全面提高地质灾害应急处置能力。

（二）大力发展低碳经济

推动清远高新区实行循环化改造。大力提高资源产出率和循环利用率。加强废旧电子电器、废旧汽车、塑胶、玻璃等可资源化再生利用废物的规范化处理、处置，促进再生资源产业发展，提高固体废物回收利用和处置能力。

建设低碳产业园区。以莲湖高新技术产业园、光电产业园为重点，推进低碳产业园区建设，逐步推行重点行业能效对标活动，推进传统产业节能低碳改造，争取清远高新区列入国家低碳工业园区试点。加强再生金属、建材等主要高耗能领域的节能改造，推进企业使用清洁能源，探索推广资源循环利用，二氧化碳封存、捕集和综合利用的低碳减碳技术。在燕湖新城、江北等片区重点开展社区智能微电网试点，积极开发利用新能源，构建稳定、经济、清洁的能源体系。

（三）积极建设生态清城

积极推进生态清城建设。建设大燕河湿地景观保护区，结合大燕湖、学子湖、源潭河、龙塘河等建设湿地公园，打造燕湖新

区湿地公园群。实施"引凤入城"工程，结合湿地公园群建设鸟类栖息地，构建清城湿地公园体系。推进大燕湖滨水绿道、城北旅游休闲绿道、北江"一江两岸"绿道和城市旅游休闲绿道网络建设。依托水系、山林、绿道，串联燕湖新区的水系、生态保护区、郊野公园、湿地、综合性公园和社区公园等自然人文资源，打造特色主题线路，凸显清城城市魅力和宜居生活品质。

七、构建富裕文明幸福清城

（一）优先发展教育事业

积极推进教育现代化，围绕省、市教育综合改革精神和市委、市政府的工作部署，以越秀（广州）清城（清远）结对帮扶为契机，全面深化教育改革，推进教育现代化建设。

促进各类教育协调发展。大力实施学前教育提高工程。完善学前教育体系，强化政府职责，将学前教育纳入经济社会发展规划，切实提高政府保障水平，逐步实现就近入园入托。建立政府主导、社会参与、公办民办并举的办园体制。

高质量推进义务教育均衡发展。建立和完善义务教育均衡发展保障机制，建立城乡统一的义务教育公共服务制度，扩大优质教育资源的区域辐射面，引导优质教育资源向边远学校延伸。积极开展中小学布局调整，大力改善学校办学条件，采取措施保障外来务工人员随迁子女接受义务教育的权利。

促进民办教育发展。加强统筹协调，吸引社会资本进入民办教育领域，促进民办学前教育、义务教育、非学历教育等各层次教育结构优化和空间合理布局。

（二）提升公共医疗卫生服务水平

加大卫生事业的投入。加大财政投资力度，保障公立医疗卫生机构基本建设经费。通过新建综合医院和专科医院，改扩建区级医院和基层医疗机构，规范化建设公共卫生机构和村卫生室，建立以公立医院为主的医疗服务体系，提高全区卫生资源配置水平。

加强医疗卫生设施建设。加快基层医疗卫生机构标准化建设、医疗卫生系统信息化建设，重点推进清城区人民医院新院、清城区中医院、龙塘镇卫生院、东城社区卫生服务中心新院等项目建设，完善区卫生监督所、疾控中心配套设施建设，加强基层医疗机构的基础设施建设和提升医务人员医疗服务能力，并按照省委、省政府实施"卫生强省"建设的有关精神，加快推进"卫生强区"建设，不断提升全区医疗卫生服务保障水平。

健全公共卫生服务体系。加强公共卫生队伍建设，合理配置公共卫生资源，进一步健全基层疾病预防控制、卫生监督、慢性病管理等专业卫生管理体系和运行机制，逐步完善卫生应急管理机制，做好应急物资储备、队伍建设、重点设备购置及演练，提高医疗急救反应能力和救治水平。抓好重点传染病防控，加强艾滋病情防控。加快完善精神卫生服务体系，加强对精神障碍患者救治工作。加强慢性非传染性疾病和职业病防治，加强妇幼卫生保健，切实提高公共卫生服务能力。

（三）完善社会就业保障体系

积极扩大就业门路。推进街道、社区劳动保障平台和劳动保障电子政务体系建设，健全劳动职业技能培训机制，依靠省职教基地建立综合性技工教育和职业培训基地。建立新型劳动关系协调机制，依法保障劳动者特别是来清城区的建设者的合法权益。为残疾人提供就业指导和职业培训服务，拓宽残疾人就业渠道，加强特殊人群的社会保障体系建设。

加强保障性住房建设。优先单独列出保障性住房用地指标，明确保障性住房用地储备指标与要求，通过 BOT（建设—运营—

移交）、BT（建设—移交）、社会捐赠等方式募集社会资金，不断扩大住房保障覆盖面，使户籍中低收入家庭基本实现"住有所居、应保尽保"，全面解决重点人才的住房问题，逐步建立完善的住房保障体系。

完善综合性社会救助体系。完善以最低生活保障制度为基础，以医疗、教育、住房、精神障碍患者等专项救助为辅助的综合性社会救助体系。完善救灾应急预案，加强紧急避险场所的建设和管理。以创新慈善资助模式为手段，加快慈善事业发展。大力推进新经济组织、新社会组织组建工会工作，切实维护职工利益。

保护妇女儿童权益。深入实施《清远市妇女发展规划》(2011—2020年）和《清远市儿童发展规划》（2011—2020年），着力解决影响制约妇女儿童发展的问题，进一步改善妇女儿童生存与发展环境。健全生育保险制度和少儿医疗保险制度，建立和完善妇女儿童社会保险制度，建立健全妇女儿童权益保障体系。

巩固和扩大扶贫开发成果。健全完善扶贫开发"双到"机制，稳步提升帮扶标准，有针对性实施帮扶项目。进一步加大投入，想方设法提高困难村和困难户的收入，使困难群众共享改革发展成果。

加强军地团结。着力巩固和发展新型军政军民关系，进一步加强国防动员和双拥宣传教育，积极开展科技、文化、智力、法律拥军等活动，全力推进非公组织军民共建工作，不断探索社会化拥军新路子，继续争创省双拥模范区。

（四）深入推进公共文化建设

打造岭南特色文化名城。坚持公共文化场馆免费开放，深入实施重点文化惠民活动，加强队伍建设和人才培养，重点抓好基层文艺骨干培训，不断繁荣文艺创作，积极构建现代公共文化服务网络体系。全面提高文化遗产保护和利用水平。重视民间文化，完善非物质文化遗产保护传承机制，加强非物质文化遗产名录体系建设。不断增强文化发展活力，继续着力推广和打造"文艺百村行"等文艺品牌，建设幸福清城。着重提升传统文化产业，加快发展新兴文化业态。加大招商引资力度，力争引进一批好的文化项目。

八、依法治区，建设平安和谐清城

推进依法治区方略全面落实，实现科学立法、严格执法、公正司法、全民守法，促进城市治理体系和治理能力现代化，确保法治建设走在清远全市前列。

健全依法治区体制机制；加强法治政府建设；推进法治社会建设；创新社会治理体制；提升社区服务水平；建设平安清城；创建文明城区。

老区旧貌换新颜

文洞老区新貌

文洞老区，中华人民共和国成立前属高田（咸泰乡）管辖，现属清远市清城区飞来峡镇管辖。从 1940 年春到 1949 年秋长达九年的抗日战争和解放战争的漫长岁月，勤劳、勇敢的文洞人民在中国共产党的领导下，成立党组织，建立游击队，与侵华日军

文洞大围村新貌（清城区地方志办供图 摄于 2018 年）

和国民党反动军队进行了长期艰苦卓绝的斗争，为抗日战争和解放战争的胜利作出了应有的贡献。

中华人民共和国成立后，文洞人民翻身做了国家的主人。1957年，文洞划定为革命老区，享受政府有关的优抚政策。2000年，当地建立了一座"文洞革命根据地纪念碑"，纪念文洞老区人民为革命所作的贡献。

多年来，文洞老区人民发扬革命先辈的革命精神和优良传统，在党的领导下，自力更生，艰苦奋斗，为建设社会主义新农村而努力奋斗，使这偏远落后的文洞山区蒸蒸日上，旧貌换新颜。

文洞人民从长期的生活实践中深知，要想从根本上改变文洞贫穷落后的面貌，首先得从改变文洞的交通和道路开始。他们想方设法，通过多方筹资，再加上各级政府的大力投入和巨大支持，先后铺设了从文洞到新星、从文洞到高田、从文洞到清城等的水泥公路。路通财通给文洞山区经济发展起到很大的促进作用。

1988—1991年间，文洞人民通过自筹资金等方式，充分利用本地特有的水力资源，在文洞大坪坝建成了一个小型水电站。水电站的建成，给文洞人民带来生活的方便，增加了村委会集体收入。

近年，文洞的莫屋、牛栏坑、大围、横坑、大坪5条自然村通过整合土地资源，与清远市林威农业发展有限公司签订了旅游开发合同。届时游客不但可以享受文洞特有的生态资源，还可同时阅览文洞革命史迹，接受红色教育。

2015—2017年两年间，政府投入600多万元的资金，文洞人民又通过想方设法，自筹资金200多万元，建设文洞美丽乡村。昔日破旧、贫穷的莫屋、大围、大坪、牛栏坑、毛叶坪、白苏寨、德贵坪、老屋场等村，现已变成美丽乡村。

石板新姿

在建的广东财贸职业学院（清城区地方志办供图 摄于 2018 年）

东城街石板村是大革命时期革命老区，是清远 20 世纪初农民运动发起地。1924 年，石板人民就在中国共产党的领导下，成立农会，组建农军。在长期革命斗争中，写下了许多可歌可泣的革命事迹。

中华人民共和国成立后，党和政府把石板划定为革命老区，享受革命老区优惠政策。区委为彰显和纪念石板老区人民的革命功绩，发扬和继承石板人民英勇不屈的革命精神，在石板小学校园内建立了"思源园"爱国主义教育基地。该园占地面积 5000 平方米，园内建有思源园牌坊、思源园展览大厅、思源亭、革命烈士纪念碑等场馆。思源园展览大厅陈列了当年石板人民英勇斗争的各种遗物，并通过文字、图片记录和展示当年石板人民英勇斗争的革命事迹。

中华人民共和国成立后，石板人民发扬老区人民艰苦奋斗的革命传统和革命精神，积极投身到社会主义革命和建设的事业中。尤其是改革开放以来，石板人民把昔日的穷乡僻壤，逐步变成了社会主义美丽乡村和现代化的美丽新城。

党和政府支持和帮助石板修桥造路，建设社会主义新农村。特别是党的十八大以来，老区人民在十八大精神的指引下，朝着脱贫致富奔小康、建设社会主义美丽乡村迈进。到目前为止，石板23条山村道路已实现水泥硬底化，并且在这些乡村道路上安装上了路灯。另外，党和政府现已帮助村民安装和使用上安全饮用水，继续把红旗村、五村、七村等老区村建设成美丽乡村。

现区政府正在把近城的石板村打造为集教育、体育、科技于一体的城市中心。目前，已有广东财贸职业学院和广东建设职业学院等落户，再加上华南声谷科技园和即将在三年内建成的清远大型奥林匹克体育比赛场馆等，石板村将成为清远市区新城。

社会主义新农村——铺背村

铺背村位于清城区东北部偏远山区，抗日战争和解放战争时期属咸泰乡管辖，现属飞来峡镇管辖。铺背村是一条有着光荣传统的革命老区村。革命战争时期，村民在共产党和游击队的带领下，成立农会和民兵组织，积极开展对敌各项斗争，为中国人民的革命事业作出了应有的贡献。

中华人民共和国成立后，铺背村民在党和政府的直接领导和关怀下，发扬当年顽强的革命斗争精神，积极投身到社会主义革命和建设的事业中。特别是进入改革开放，全面建设社会主义小康社会的年代，铺背村民更加充分发挥自己的聪明才智，利用本村在生态、环境、区位等方面的优势，改革创新，大胆打破以农耕为主的经营格局，开辟致富新的路子。他们充分利用清远著名

铺背村全貌　（清城区地方志办供图 摄于 2018 年）

旅游风景区对该村的辐射影响，整合已有的资源，积极发展以乡村旅游为主体的新的乡村经营之路。村民先后投资 360 多万元，通过渠道改造、污水处理、拆旧建新、厕所升级改造等系列建设工作，使这个原先较为落后、偏僻的山村变成了道路硬底化、村庄绿体化、村容美丽整洁化，既有现代设施，又有乡村生态特色的旅游新天地。村民还先后在本村建造了一批富有乡村特色的民宿以及知青饭店、烧烤场、度假山庄等的旅游设施，游客可以自驾露营、户外运动、健康休闲等。2016 年，铺背村被评为第二批"中国乡村旅游创客示范基地"。现铺背村民把乡村旅游的建设和建设美丽乡村结合在一起，首先绿化美化村前广场，并且在广场内增设了一个标准化的篮球场；完善村党支部活动中心，添置了一大批供村民健身娱乐的文体器材；还建造了一间星级旅游公厕，这个昔日贫穷、落后、偏远的小山村，变成了清远市美丽乡村示范基地。据统计，2017 年，村民年收入均达 1.5 万元以上，而且还可享受集体为之购买的合作医疗等福利。

马头气象新

石角镇马头革命老区位于石角镇东北部。马头人民从 1938 年冬开始，在中国共产党的领导下，建立共产党组织和抗日武装组织，成立国共合作的地方政权，发动青年参军参战。在打击日寇，开展抗日救国斗争，保卫一方平安上发挥了积极的作用。

马头村文化广场一角 （清城区地方志办供图 摄于 2018 年）

中华人民共和国成立后，马头革命老区人民在党和各级政府的亲切关怀和领导下，发扬革命先辈顽强斗争的优良传统，发扬自力更生、艰苦奋斗精神，使马头村的经济和各项事业有了飞跃的发展，人民的生活更是有了显著的提高。而今的马头村，村村道路水泥硬底化；条条乡道上路灯；村村通电话、互联网；家家户户安全饮用水；个个村民住新楼；孤寡老人政府养；困难家庭享补助；村民合作医疗有保障，真正做到病有所医、老有所养。

尤其是近年来，马头村民在党的十八大精神的鼓舞下，进一步在脱贫致富奔小康、建设社会主义新农村的大道上前进。

为改善老区人民的生活和生产条件，各级政府向老区投入大量资金，帮助老区村民解决安全饮用水问题。现在，老区村庄都铺设了自来水管道，家家户户都安装上了自来水。同时，又把老区水利渠沙坝坑进行全面清淤，并且在广场段以及大坑头至狮子岭水坑的主渠道砌三面光，为"三高"农业的发展提供有利条件。

现在，马头村人民对昔日"脏乱差"的村庄环境进行综合性的彻底整治，建立老区垃圾回收点，每天聘请专人对垃圾池进行清理维护，使村庄逐步做到整洁化。为进一步把老区村建设成美丽乡村，老区人民还把村前的广场进行升级改造，并把它打造成马头村综合文化服务中心，广场内设有标准篮球场、羽毛球场、乒乓球室、纳凉亭、休闲公园、老人活动中心等一系列的文体设施。并且在广场前建有一座2米多高的水泥座垫，座垫上由几支不锈钢托起一个地球仪，一双巨手撑起燎燃之火炬，象征着当年燃烧不灭的革命圣火和那段英勇斗争的光荣岁月。

老区人民不满足现状，还利用已有的历史和生态资源，结合现时的特点，正在将马头老区打造成集运动、休闲、旅游于一体的社会主义新农村。

车头老区村社会文化活动树新风

位于大燕河畔的车头村是个革命老区村。大革命时期，它是清远县农民运动发起地之一。抗日战争时期，它是清远县河东抗日同盟军所在地。中华人民共和国成立后，车头老区人民传承红色革命基因，发扬先辈的光荣革命传统，在党的领导下，建设新车头。特别是在建设有中国特色社会主义现代化建设中，车头人民在大力发展经济建设的同时，积极推进社会主义精神文明建设。党的十八大以来，村委会引导广大村民开展多种多样的健康向上的文化活动。现在的车头老区，群众不但物质生活得到大大的改善，精神面貌也焕然一新。

2015 年，村委会办起了村的文化驿站，站内设"红色回忆"专栏，记述了车头村在 20 世纪 20 年代中期，在中国共产党领导下，车头人民开展农民运动的情况；记述了车头人民在烽火连天的抗日战争时期，组织抗日同盟军开展对敌斗争的事迹；介绍了清远县一些著名革命老区在革命战争时期的斗争史实，给人们留下深刻印象，上了一堂革命传统教育课。驿站还设有车头群众的诗、书、画、摄影展。苍劲有力的书法、活灵活现的国画及油画、

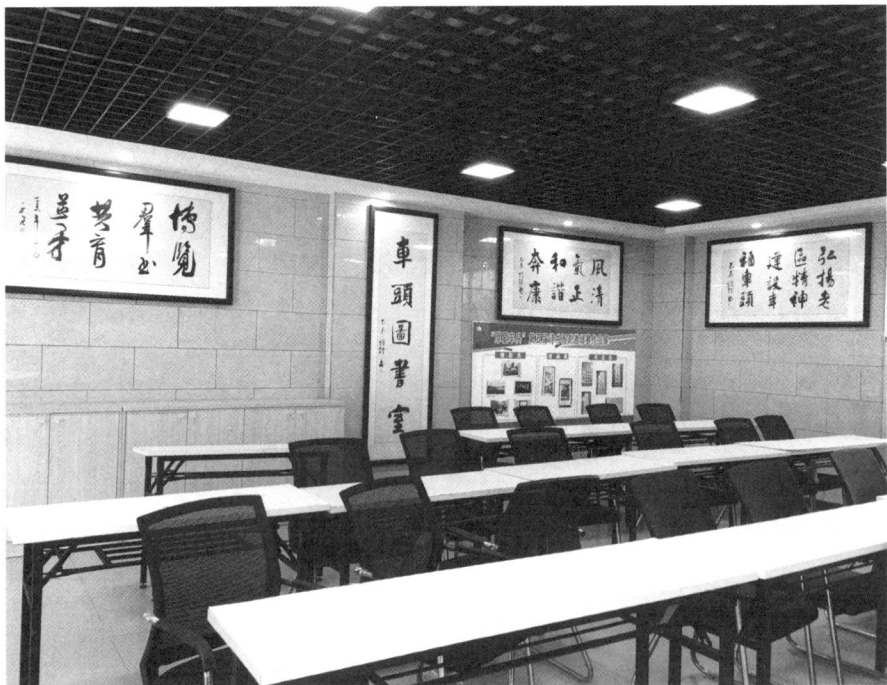

车头村文化驿站（清城区地方志办供图 摄于 2018 年）

激情豪迈的诗词，表现了全面建设小康社会的车头人民对社会主义新生活的热情，对美好未来的无限向往，对坚定不移地走中国特色社会主义道路的信心。

车头村委会根据本地的人文、风情、习俗，引导群众开展各种各样有益于群众的娱乐竞赛活动。

由于车头村南临大燕河畔，境内水网纵横，村委会每年都组织一次龙舟竞渡，赛龙夺锦。通过赛龙舟活动，既可开展群众性锻炼身体，又可激发人们中流击水、激流勇进、力争上游的精神。

结合传统节日，村委会组织群众开展各种应节体育活动。如春节，抓住回乡青年较集中的机会开展自然村之间的篮球赛、拔河比赛、醒狮等活动。端午节除了开展龙舟竞渡外，还开展群众性包粽比赛活动。每年的重阳节，村委会组织老人聚首座谈，抚今追昔，欢聚一堂，共赴村委会举办的"重阳敬老宴"，使中华民族尊老敬贤之风代代相传。

为了推进群众性文化活动的发展，从2012年开始，车头村委会每年秋天都在本村举行一次农民诗、书、画、摄影大赛，优胜者获一定奖金。参赛者有不少的皓首老翁，也有红领巾儿童，参赛者上千人次。诗、书、画、摄影大赛的举行，体现了车头老区人民深厚的文化底蕴和积极向上，热爱党、热爱祖国、热爱家乡的人文精神。

现在，每当夜幕垂空，在璀璨的灯光下，车头村的文化广场已经聚集着一群群农村大妈跳起了广场舞。这些在过去面朝黄土背朝天的农村妇女，如今伴随音乐翩翩起舞。过去的梦想，今天变为现实，车头老区正在向着城市化路子大步迈进。

附　录

附录一 革命遗址、遗迹、纪念物

一、中共清远县（临时）工委旧址

钟氏祠堂——中共清远县（临时）工委旧址，位于清城区南部的石角镇马头石①（今马头村）村。

1937年，万明和李云通过当地党员的关系，在石角马头石村尚德小学（今钟氏祠堂）以教师职业为掩护，建立党小组和党的秘密联系点。1938年10月21日，广州沦陷，中共广州市军委组织部部长冯扬武做好撤退善后工作后，来到抗日前沿清远石角马头石村，与万明等一起开展党的活动，成立了中共清远县临时工作委员会，书记冯扬武，委员万明、李云。不久，中共广东省委调云昌遇到清远接替冯扬武的工作，任务是全面恢复清远地方党组织。1938年11月，云昌遇到马头石村与冯扬武取得联系并接收党员关系后，根据省委的指示，成立中共清远县工作委员会，书记云昌遇，委员万明、李云。工委根据当时党的方针、政策，以合法团体"护干班"和"抗先队"的名义，深入农村宣传抗日，培养积极分子，建立地方抗日武装——清远县民众抗日自卫第十八大队。同时，接待路过的党员和党的领导人，使马头石村

① 以前叫"马头石"，现为"马头村"。本节摘自清新县史志办公室，中共清城区委党史研究室著：《中国共产党清远县地方史》（1924—1949）中共党史出版社，2007年6月第一版，第45—46页。

成为党组织从广州北撤的中转站。1939 年 9 月初，云昌遇调去三水县工作，清远县工委的工作由李云领导。

钟氏祠堂可通水泥村道，有专人管理维修，较为完整清洁。马头石村是北江冲积平原的一部分，背靠丹霞地貌丘陵，属南亚热带气候，高温多雨。

二、石板乡农会旧址

钟家祠堂——石板乡农会旧址，位于清城区东城街道石板村。

1923 年，清远县的地方土豪劣绅勾结县署官产处，冒称捐助军饷，承领了广州玄妙观在清远附城石板（今清城区东城街道石板村委会石板村）的庙田 380 亩，并将之出租和发卖。石板农民不甘心其赖以为生的良田被掠夺，群起反抗。

1924 年国共合作后，广东革命政府积极扶植工农运动，革命空气弥漫全省。是年冬，石板村农民钟扬德、刘社德两人到广州向国民党中央农民部求援，农民部共产党人彭湃、罗绮园、阮啸仙等接见了他们，明确表示支持石板农民反抗土豪劣绅的正义行动，并指导和鼓励他们回乡发动群众，组织农会，与封建恶势力作斗争。钟扬德、刘社德回到石板后，立即召集积极分子商量，召开村民大会，宣传组织农会的意义，当场有 23 人报名参加农会。钟扬德把名单递到农民部，带回一面农会的犁头旗和一枚刻有"清远县后岗石板乡农民协会"的大印。

1924 年冬，国民党中央农民部派农讲所学员、共产党员韦启瑞、宋华以特派员身份来到石板，对成立农会事宜作具体指导。11 月 25 日，正式成立石板乡农民协会，选举钟扬德、刘社德为正、副委员长，陈达常为秘书。这是清远成立的第一个农会。会址设在该村的钟家祠堂。

石板乡农会旧址，于 1978 年被清远县人民政府公布为清远县文物保护单位，1999 年 7 月被清城区人民政府公布为清城区文物保护单位，2001 年 1 月被清城区委、区政府公布为清城区爱国主义教育基地。

三、车头农会旧址

车头农会旧址，位于清城区横荷街车头村上黄塘自然村。

1924 年 12 月，上级党组织委派韦启瑞来清远指导清远县农民运动，以附城石板为基点，开展革命宣传活动，逐步推广至上黄塘、庙仔岗等地。1926 年 2 月，上黄塘农民协会成立，黄俊廉当选为执行委员长，黄翼云（兼秘书长）、杜瑞云、杜绍荣、杜桂芳为委员。会址设在该村村后竹园的一间茅屋里。

四、清远农军攻城暴动集结地旧址

清远农军攻城暴动集结地旧址，位于清城区东城街道葫芦岭（今清城区政府办公大楼后山冈）。

1927 年 10 月 15 日，中共广东省委在香港开会，传达中央指示，决定全省迅速组织暴动，开展土地革命。同时，会议对省委进行改组，清远县的赖松柏被选为省委委员（这是清远县第一个省委委员，他在 1928 年 4 月 13 日再次被选为省委委员）。11 月初，由赖松柏、汪耀等 6 个党员组成的中共香港（清远）小组在香港召开会议，传达省委指示，会议决定立即回清远发动农军暴动。

赖松柏等人回到清远后，经过一段时间的发动和准备，12 月 2 日，在清远县城宣布成立以赖松柏、宋华、刘清为总指挥的清远县农军攻城暴动指挥部和以赖松柏为团长、宋华为参谋的清远县工农革命军独立团。同时，参加暴动的农军陆续到达附城（今东城）葫芦岭集中。3 日凌晨，清远农军和花县农军

360 余人，从葫芦岭出发，兵分两路，攻打清远县城。由于清城守备比较空虚，攻城队伍缴获不少枪支弹药，并攻入县府，俘虏县长陈守仁，缴获大印，升起代表工农武装的斧镰旗。国民党清远县当局很快组织队伍，对农军进行反扑。为了保存革命力量，农军主动撤出县城。7 天后，清远农军参加了著名的广州起义。

五、赖寅倣烈士故居

赖寅倣烈士故居，位于清城区龙塘镇银盏村委会坳背自然村。

赖寅倣（1911—1934），乳名志深，字美恭，广东省清远县龙塘（今清城区龙塘镇）银盏人。

1931 年九一八事变后，在广州国立中山大学学习的赖寅倣参加了社会系进步师生组织的"社会调查队"和"文艺研究会"、抗日剧社等进步组织，在海珠桥脚等地，到社会最底层的苦力工人、人力车夫中开展社会调查、抗日救国宣传和革命宣传；与凌伯骥等人创办《新启蒙》刊物，并发表《铁流》一文，介绍苏联作家绥拉菲莫维支的著名小说《铁流》的主题思想和故事梗概。1932 年初，赖寅倣寒假回乡，了解到农村对"九一八"日本侵华事件毫不知晓，便利用银盏坳背村每三年搞一次"打醮"活动和演大戏，民众比较集中的机会，登台向民众讲述九一八事变的真相。同年夏天暑假回乡作社会调查中，赖寅倣得知县长吴凤声以修清银公路为由，向群众勒收人头税，乡亲虽然对此意见很大，但又敢怒不敢言。他以清远留省学生会的名义，在位于银盏坳火车站的附近秘密召开乡民代表会议，发动银盏 8 个村的乡民抗缴人头税和其他苛捐杂税。1933 年初，由共产党领导、以学习宣传无产阶级革命理论和文艺思想、开展抗日救亡运动为宗旨的半公开性质的科学文化界革命组织

——中国左翼文化总同盟广州分盟（简称"广州文总"）在广州成立，下分设左翼作家联盟广州分盟（简称"广州左联"）、社会科学工作者联盟广州分盟（简称"广州社联"）、戏剧家联盟广州分盟（简称"广州戏联"）。赖寅倣为广州文总的主要成员，任广州社联的执行委员，负责组织工作。1934 年 1 月 28 日，抗日剧社组织纪念"九一八"两周年演出，演至中途，广州社联成员有意熄灭电灯，然后乘机散发传单，呼喊革命口号，遭到国民党特务的跟踪追捕。次日，赖寅倣、凌伯骥被叛徒出卖被捕，并列为重犯囚禁在广州维新路（今广州起义路）公安局特别侦缉部。同年 8 月 1 日，国民党广东当局同时将赖寅倣、凌伯骥、温盛刚、谭国标、郑挺秀、何仁棠 6 位同志杀害于黄花岗七十二烈士墓旁。

1951 年，清远县人民政府向赖寅倣家属颁发由国家主席毛泽东签署的烈属证，追认赖寅倣为革命烈士。

六、清远县革命烈士纪念碑

清远县革命烈士纪念碑，位于清城区凤城街道中山公园内。

20 世纪初，清远县人民积极参加孙中山先生领导的旧民主主义革命，五四运动以后开始接受马列主义和新的思想。1924 年开始有共产党员活动，1925 年 5 月建立中共清远支部，1926 年 4 月建立中共清远县委员会。在党的领导下，1924 年 11 月建立清远地区第一个农民协会——石板乡农民协会，由此清远县兴起轰轰烈烈的农民运动；1927 年 12 月 3 日，发动农军暴动，攻打清远县城。抗日战争时期，处在粤北抗战最前沿的清远县，在清远地区最早恢复党组织活动。党领导下的抗日武装，同日军、伪军进行数十次的战斗，最终和全国人民取得了抗日战争伟大胜利。解放战争时期，清远县的党组织和革命武装稳步发展壮大，建立秦皇山游击根据地，巩固和发展文洞游击根据地。清远县人民为清远和粤北的解放作出了应有的贡献。

1958年，清远县人民委员会为纪念革命烈士，在中山公园内建成清远县革命烈士纪念碑。纪念碑坐东北向西南，分凭吊场和基座二层。基座四边砌台阶、栏杆，长37.7米，深33.2米，占地面积1251.6平方米，分二级，一级台基高0.78米，二级台基高0.47米，台基正中屹立纪念碑，碑体呈方锥尖顶，通高14米，砖石结构，上书"革命烈士永垂不朽"。碑座呈立方柱，高2米，宽2.5米，前面镶嵌"清远县革命烈士纪念碑序"。纪念碑四周松柏葱郁。

清远县革命烈士纪念碑于1999年7月，被清城区人民政府公布为清城区文物保护单位，纪念碑所在的中山公园于2004年12月被清远市精神文明建设委员会、清远市委宣传部公布为清远市第一批爱国主义教育基地。

七、文洞革命根据地纪念碑

文洞革命根据地纪念碑，位于清城区飞来峡镇文洞大围自然村。

1940年初，中共党员练铁在清远县建立军民合作站文洞分站后，深入发动群众，并发展了一批党员，成立了文洞党支部。1945年5月，东江纵队西北支队和清远县抗日同盟大队（又名广东西北区抗日同盟军大队）进驻文洞，支持当地党组织成立乡农会和以张耀伦为队长的文洞游击队，建立文洞抗日根据地，发动群众进行减租减息运动，团结抗日。解放战争时期，西北支队派钟文清到文洞，与坚持在文洞的张耀伦等18人组成武装小分队，恢复武装斗争。1947年1月，中共粤桂湘边区工委派中共清远县副特派员方君直到文洞山，与文洞游击队一起巩固和加强文洞革命根据地建设。同年9月，广四清边区负责人马奔按照中共粤桂湘边区工委的战略部署，派副大队长冯开平率一支50余人的英清边挺进队，配备机枪2挺，进入清远文洞，与张耀伦分队合编，动员原东江纵队西北支队在文洞、黎洞复员的战士归队，成立英清边独立中队，武装人员发展到100多人。1947—1949年，文洞革命根据地多次打败国民党军队的"扫荡"，在斗争中巩固、发展和壮大。1949年10月13日，解放大军经横石、高田向清城进军，文洞独立中队一小部分由张耀伦、张焕率领做好修路、带路工作和后勤供应，代管大军沿途缴获的军用物资；大部分则由张祥、陈川带领下在横石圩与南下大军汇合，从水路进发参与解放清城的斗争。

文洞革命根据地纪念碑为钢筋混凝土建筑，水泥批荡的方形碑。碑的正面镌刻"文洞革命根据地纪念碑"，碑首灰塑红色火炬，碑座为方形，座下有宽阔的平台、护栏和三级步阶。

八、清城区思源园

清城区思源园，位于清城区东城街道石板小学内。思源园是为纪念石板乡农民反抗土豪劣绅的正义行动，与封建恶势力作斗争的革命事迹而建的展览基地。

思源园占地面积5000平方米，由牌坊、思源亭、革命烈士纪念碑、思源室（展览大厅）等组成，还有一架广州空军部队赠送的战斗机。展览大厅内陈列石板乡农会犁头旗、印章，游击队的武器与日常用品以及缴获日军的战利品等文物共70件，展示的内容分为五部分：第一部分是介绍原清远县人民革命斗争情况；第二部分是揭露日本侵略者的罪行；第三部分是革命烈士简介及斗争事件；第四部分是展示清城区在社会主义建设中的丰硕成果；第五部分是展示清城区发展规划的绚丽蓝图。

思源园内有广场，绿化较好，交通方便。思源园由清城区老区建设促进会管理，石板小学协助管理。

清城区思源园于 2001 年 1 月被清城区委、区政府公布为清城区爱国主义教育基地，2004 年 12 月被清远市精神文明建设委员会、清远市委宣传部公布为清远市第一批爱国主义教育基地，2007 年 12 月被清远市委、市政府公布为清远市国防教育基地。

九、东江纵队西北支队文洞指挥部旧址

东江纵队西北支队文洞指挥部旧址，位于清城区飞来峡镇文洞村。

1945 年春，党领导的抗日义勇军西北支队开进文洞驻扎，和当地党组织一起，宣传发动群众参军参战，使义勇军西北支队由 50 多人一下扩充到 100 多人。当时，张耀伦、张祥、张焕等同志也参加了义勇军。张社扬还担任秘密联络和掩蔽工作。

文洞人民革命武装的发展和壮大，引起敌人较大的恐慌。三四月间，伪高田乡乡长黄泽仁下令对文洞山区实行经济封锁，妄图以经济封锁扑灭文洞的革命烽火。文洞军民团结一致，开辟了一条由革命群众组成的运输线，彻底粉碎了敌人封锁文洞的阴谋。

西北支队领导文洞群众首先打击伪乡长黄泽仁的联防队。1945 年农历四月初三晚，西北支队 100 多人分成两队出击敌巢：一队人马前往高田，包围了黄泽仁的驻地山坡村，不到两小时就打垮了敌人，缴获 2 支七九步枪；另一队人马前往横石圩，包围了联防队的队部，当场击毙联防队 10 多人，活捉 2 人，押回高田圩交群众斗争后处决了。

1945 年 6 月，西北支队刘黑仔、方觉魂带领一个排的兵力袭

击盘踞在附城石古墩的国民党别动军，全歼守敌 30 多人，缴获美式装备一批。

为了伏击日军运输船只，打断打击敌人北江运输线，1945 年 6 月 13 日，当日军几艘运输船驶至石角岭一带江面时，西北支队游击队和自卫队战士居高临下猛烈开火，当即击沉日船 3 艘，俘虏日军士兵 6 人。

十、连江支队第四团独立中队指挥部旧址

连江支队第四团独立中队指挥部旧址，位于清城区飞来峡镇文洞大围自然村。

1947 年 11 月，粤桂湘边纵队司令部决定加强和发展文洞根据地。由马奔部派冯开平、李学林、伍华等率一个中队、两个机枪班、一个步枪班、一个手枪班和爆破组共 50 人到达文洞，与方君直、张耀伦部汇合，编成文洞独立中队，人数 80 多人。游击队以文洞为中心，先后拔除各处反动势力据点，逮捕反动保长，镇压胡亚泉等土匪 13 人；又将隐藏在文洞的大革命时期反动民团头子罗华扬枪毙；攻打黎溪乡公所，俘虏乡长吴国强以下 20 多人；配合中国人民解放军南下部队筹粮和解放清远，为清远革命斗争作出了应有贡献。

十一、中共北江特委文洞党训班旧址

中共北江特委文洞党训班旧址，位于清城区飞来峡镇文洞村。

1941 年 6 月，中共北江特委在文洞张社扬家举办党训班，来的是北江特委管辖的各县新党员 43 人（其中女同志 10 多人），还有清远的新党员朱志明等人参加了学习，主要学习马列和毛主席著作，时间一个月。该班由金阳主持，协助办班的还有李福海、梁庄仪、蔡莹等。张社扬在这期办班中为学员们的生活所需做了

大量工作，被吸收为中国共产党员。接着，北江特委又在此地举办了第二期15天、第三期10天的党训班。

因村庄迁移，旧址现已不存。

十二、李文楷烈士亭

李文楷（1886—1911），广东省清远县高桥镇人，是辛亥革命广州起义七十二烈士之一。最初的纪念亭建于1934年，在当时的旧中山公园内（今清城城市广场内）。1987年，为方便群众瞻仰，迁建至新中山公园东侧。2013年，再迁至中山公园西侧清远人民革命烈士纪念碑旁边。1999年7月，由清远市清城区人民政府公布为文物保护单位。

纪念亭为一座六角垂檐琉璃瓦攒尖顶的亭子。李文楷的生平见下面的烈士亭重修碑记：

重修李文楷烈士亭碑记

李文楷，字国芬，男。一八八六年生于清远县高桥大隆禾塘村。读过书塾，粗通典籍。因家境贫寒，少年外出谋生。初在省城学艺于印刷业，后到汕头《公言报》当印刷工。次年加入孙中山为首的同盟会，辛亥（1911年）三月二十九日，黄兴领导广州起义，他参加了敢死队进攻总督署，在战斗中壮烈牺牲。时年仅二十五岁。为黄花岗七十二烈士之一。

一九三四年，清远人民为了纪念李文楷烈士的功勋，建纪念亭于县城原中山公园内，由胡汉民题额，邹鲁撰碑序，陈可钰手书，梁俊生镌刻。

随着城建的扩展，该亭的四周成了稠密的居民区，不便人民群众瞻仰，且亭已残、碑已失。为了永怀烈士业绩，清远县人民政府于一九八七年秋拨出专款，由县政协、县民政局、县文化局、清城镇人民政府共同重建此亭。

清远县人民政府

一九八七年冬

（原文载 1999 年 6 月 2 日《清城周报》，本文据迁亭后略作修改）

十三、抗战阵亡将士纪念碑

抗战阵亡将士纪念碑，位于清城区源潭镇青龙村。

1939 年 12 月，侵华日军企图打通粤汉铁路，派 104 师团从广州方向攻粤北，与国民党军一五七师、一五八师和一八七师等在源潭、银盏一带激战近旬。这场战役击毙日军 104 师团 198 联队山本正一中佐以下 1000 多人，国民党军亦伤亡 1000 余人，这是发生在清远地区的一场最为壮烈的抗日战斗。事后，一五七师阵亡将士葬于青龙岗。1940 年 10 月，中国部队在此建陵园一座。一五七师师长练惕生、副师长陈建田为纪念碑题额："陆军第 157 师抗日阵亡将士纪念碑"。1991 年 5 月，因公路建设需要，迁建于原址南侧 20 余米处。现陵园占地面积 400 余平方米。纪念碑于 1999 年 7 月由清远市清城区人民政府公布为文物保护单位。

（原文载 2001 年 11 月 23 日《清城报》，本文略作修改）

十四、抗日烈士苏汝慎墓

抗日烈士苏汝慎墓，位于清城区东城江埗圩附近的山坡上。

1942 年 7 月，中国军队与日本侵略军在清远县源潭五指山展开了一场激战，连长苏汝慎（广西合浦人）在战斗中壮烈牺牲，遗体运回中国军队驻地江埗圩附近安葬，师长刘绍武撰写碑文。墓园用青砖砌成，墓碑高约 1.8 米，刻着"陆军一五九师四七五团击灭五指山之敌殉国连长追赠陆军步兵少校苏烈士汝慎之墓"。墓壁宽约 3 米，墓碑下面衬托着墓志铭，记载着烈士的功绩。

　　每年清明时节，清远市民黎先生都给这位抗日烈士扫墓，从他爷爷开始，祖孙三代坚持几十年，情怀不变。

附录二 文件

一、连江支队三团发布之减租减息条例

民国三十六年（即一九四七年）十月

甲、凡本属内各乡村，不论外地与本地田主、债主、耕户、债户，一律应遵照本减租减息条例切实执行，毋得违抗。

乙、减租项：

1. 凡十足收成者，除依照各地乡例区分山尾田、洞下田订定租额外，必须一律执行二五减租，即按照原额七五折交租、收租。

2. 凡不能十足收成者，应除去时年损失外，再减其应减之数额，由联区政务委员会（以下简称联委会）（或当地人民团体）会同业佃双方及本队代表参加商酌实际情形确定之。

3. 因天时水利不能下种或因被山猪、蝗虫、田鼠食害，全部不能收成者，一律免租，非全部失收者，则按照上条之规定办理之。

4. 减租后各业户不能因减租而借故收回自耕，或贪租另佃〔如业主确有需要，亦应于满批后，商请联委会（或当地人民团体）及本队代表会同处理之〕。

5. 减租后严禁任何人用任何方式进行揪耕霸耕侵害原耕人之佃权与地主人之业权。

6. 凡业主借词不减或明减暗不减者，佃人有向联委会（或

人民团体）或本队提出控诉之权。

7．除正项田租外，一切额外索取，如田信鸡、田信肉等，一律严禁收授。

8．减租必须交租，不能借故延交或拖欠，如有此等情弊者，业主有向联委会（或人民团体）及本队提出控诉之权。

丙、减息项：

1．借谷还谷者，以加三息为标准，即借一石还石三。

2．借银还谷者，其息额多少，由债权人与负债人会同联委会（或人民团体）及本队代表斟酌实情公开处理之。

3．凡因旧债轇轕未清，双方无法解决者，可将实情报告本队，以便秉公处理，惟对以利为本，利上加利等无限制之非法盘剥，一律禁止。

4．凡农当过耕者之田，如历年之应得田租已超过本谷（或本银折谷）之一百分之一百四十者则可由债约赎回并由联委会（或当地人民团体）决定还本成数，惟不得超过本谷百分之三十（如系纸币者，按当时物价折谷计）。

5．在高利贷者的操纵下，各地谷会人金部变高利贷剥削的一种形式，故必须加以合理处置，其办法由群众大会及本队代表决定之。

6．凡本利已清者，债主必须将借债人之抵押品原物、原数交还，不得扣留或少欠。

7．减息必须交息，如借故不交或有意拖延者，债权人得向联委会（或当地人民团体）或本队投诉请求处理之。

丁、凡不遵照本条例之规定，提前收租收息者，必须退租退息，将超过本条例规定之数额交回佃人或债户。

戊、凡租息未清交者，业主与债权人必须立回清单交佃人与借债人收执为凭。

己、凡借势违反及破坏条例之各项规定者，依其情节之轻重由联委会（或人民团体）与本队给以严厉之惩罚。

庚、凡因减租减息有关双方纠纷未决之事，均可由联委会（或人民团体）或本队投诉，以待公平处决。

申、附则：

1. 本条例有未尽善处，由联委会（或人民团体）会同本队补充或修正之。

2. 本条例自公布之日起施行。

（资料来源：《1924—1949年清远县党史资料选编》，中共清远市委党史研究室、中共清新县委党史研究室、中共清城区委党史研究室合编）

二、布告

查本队为苏陶部队人民子弟兵，无论过去与现在，均坚持救国为民之宗旨，故我们一方面反抗美帝国主义代替日本强盗侵占我国权益和凌辱我国同胞，一方面反抗蒋介石、宋子文丧权辱国、专制横行、贪污枉法、征兵征粮、强奸民意等种种罪行。而另方面，我队又忠诚为民众结合，维持地方治安，推广减租减息，排解民间纠纷，举办福利事业，倡办平民教育，实行赠医赠药，清除土劣奸细，推行抗兵抗粮，并进行建立以人民为主，听命于人民的区乡政权和自卫武装，为期早日结束蒋宋苛政，俾我国运昌隆，广大人民得自由民主和丰衣足食。在此，我们愿与各地爱国人士，开明士绅，有良心的伪乡保长，推心联络合作，维护桑梓或直接参加我区各种民主建设事业，又欢迎有正义的绿林豪杰和蒋家文武官员，暗中协助或者起义来归，本队将给予照顾优待及量才任用。

在此，我们得庄重指明，我队一向有着最严厉的民众纪律，非但不损民众一丝一毛，且以替民众做好事，引为无尚光荣。其次，我队向各地殷商富户筹粮，乃本"用之于民，取之于民"和"有钱出钱，有力出力"之原则，绝不强迫，亦绝不需贫户筹给。又其次，我队锄杀奸恶，向极慎重，除非罪大恶极，破坏我部队，又危害我民众，否则，均争取其自新改过，实与恶意造谣者之胡言梦语根本异样，故希受骗之新区同胞，明辨是非，分清黑白。

切切此布

苏　陶

一九四八年二月

（资料来源：《1924—1949 年清远县党史资料选编》，中共清远市委党史研究室、中共清新县委党史研究室、中共清城区委党史研究室合编）

三、施政十项要点

1947 年 10 月，广宁四雍地区行政督导处成立。该处成立后公布施政要点十项。（这十项要点在秦皇山单独印发，作为联区政务委员会施政要点，曾在回岐平原广为散发）十项要点内容是：

1. 彻底推翻蒋贼各级政府，建立属于各阶层人民的民主政权。

2. 凡不反对民主政权，赞成或拥护减租减息、退租退息政策者，不论其属于何种阶层，皆得享受各种民主和参政议政权利，并确保其人权、财权之安全。

3. 彻底实行减租减息、退租退息、交租交息政策，坚决反对蒋贼的"三征"暴政，及取消一切苛损杂税，以改善各阶层人民的生活。

4. 普遍组织人民武装，维持地方治安、保护群众利益和人民政权。

5. 推行农贷（农产品）发展合作事业，保护工商业，维持交通，发展生产，繁荣地方经济。

6. 推行卫生建设，保护人民健康，普及教育。

7. 实行男女平等，提倡妇女教育及婚姻自由，反对买卖婚姻制度。

8. 欢迎各地开明绅士、民主青年及各界人士参加本区民主政治、经济、文化各种建设事业。

9. 凡反对民主政权的政策、政令、违反人民利益、危害人民部队及其家属者，必须分别予以严厉处分。

10. 对能觉悟之蒋贼官员、官兵及放下武器之俘虏或地方坏蛋，皆采取宽大政策，准予自新改过或予以任用。

以上各项，乃增进我们幸福的要政，我们要努力促其实现。

（资料来源：《1924—1949 年清远县党史资料选编》，中共清远市委党史研究室、中共清新县委党史研究室、中共清城区委党史研究室合编）

四、关于切实加强革命老区建设的工作意见

为贯彻落实粤办发〔2008〕8 号和清办发〔2009〕1 号文件

精神，深入实施科学发展观，切实加强我区革命老区建设工作，促进区域协调发展，构建和谐城区，经区委、区政府同意，现结合我区实际，提出如下工作意见。

1. 切实加强对革命老区建设工作的领导

各级各部门要高度重视老区建设工作，将老区建设工作摆上重要议事日程；要建立健全老区建设工作领导小组等工作机构，明确工作任务，明确工作目标，明确领导职责，形成一级抓一级、层层抓落实的工作局面。

2. 切实解决老区群众生产生活上的突出困难

区财政要将老区建设资金列入年度财政预算，确保对老区建设的资金投入，各街镇也要根据实际需要列入年度财政预算，建立稳定的投入和增长机制。对符合低保条件的老区革命烈属、伤残军人、老复员军人和"五老"人员，要依照国家有关规定，适当提高抚恤补助标准。大力扶持老区群众发展经济，积极协调金融部门予以资金扶持，农业、供销部门要做好技术、流通信息等方面的支持工作，加快老区脱贫奔康步伐。

3. 认真抓好老区安居工程

各街镇要将老区村庄建设工作与城镇化建设、新农村建设等工作统筹安排，分年实施建设，逐步改善老区村容村貌。通过由区、街镇两级财政补助，有计划地实施老区群众居住的危房（含泥砖房）改造建设工作，争取用两年时间消灭老区泥砖房，切实改善老区群众生活环境和居住条件。

4. 大力扶持老区基础设施建设

切实加大对老区基础设施薄弱地区的支持力度，加快推进农村道路硬底化和亮化工程，重点倾斜源潭镇、飞来峡镇的农村建设。加大对老区农田水利基本建设的支持力度，提高农业综合生产能力。加快解决老区群众食水难和饮水安全问题。优先扶持老区乡镇卫生院的改造建设，实行政府统一领导，卫生部门主办，老促会等有关单位配合的运作形式，力争2009年底前解决好老区卫生院的危房改造和必要基本设备的配置。

5. 加快发展老区资源工业

区经贸、农业、招商等部门要充分发挥老区的资源优势，结合实际，在不影响生态、环境的前提下加大招商引资力度，引进外资，利用民资，兴办各类矿产开发和农副产品加工企业。支持有条件的街镇依照规定兴办老区产业转移园区。凡是在老区新办的企业，优先安排申请用地指标，优先办理审批手续。充分利用上级有关优惠政策，减免各种规费和税费，以推进老区资源工业的发展。

6. 大力发展老区特色农业

要加大对老区农业综合开发的扶持力度，充分利用老区丰富的土地资源，统筹规划，大力发展"一村一品""一乡一业"特色农业和支柱产业。各街镇要抓好老区农业产业结构调整，重点发展养殖业和种植业，推进农业产业化，发展壮大农业龙头企业，增强"龙头"辐射带动能力。注重建立和完善农民专业合作组织等利益联结机制，让老区群众在"公司＋基地＋农户"的产业化经营模式中受益获利。

7. 加快老区民营企业的发展

鼓励和支持民营企业到老区街镇、村投资办企业。区直有关部门要不断完善相关扶持壮大民营企业的优惠政策，对在老区投资办厂的民营企业，建设用地要优先安排，发展项目要优先列入扶持计划，要给予资金支持，各种收费要予以优惠或减免。

8. 认真搞好红色教育基地建设

各街镇要把红色教育基地建设列入当地经济发展的总体规划，认真开发利用有重大影响的游击区、根据地，开展红色教育基地建设，加强和保护烈士陵园、烈士纪念碑（亭）、革命纪念馆，加强"思源室"的建设和管理，完善有关参观制度，让人们既可游览观光，又深受爱国主义和民族精神的教育。

9. 加强劳动技能培训和转移老区富余劳动力

分期分批组织老区农村年人均收入1500元以下的困难家庭成年子女进行技能培训，加快实现富余劳动力转移，增加非农收入。对在家务农的农户，也要有计划、有步骤地进行种养技能等短期培训。加大对教育的投入，对考入各类大专院校就读的贫困的老区子女，区、街镇两级财政要分别给予学费资助，帮助其完成学业。区直有关部门要制定优惠政策，积极引进和留住人才，对在老区工作的老师、医生，以及农林、畜牧、水产等科技人员，要尽力改善他们的工作条件，提高他们的工资待遇。

10. 实施扶贫开发，扎实推进"规划到户，责任到人"各项工作的落实

认真贯彻执行《清城区实施扶贫开发"规划到户，责任到人"工作方案》，切实抓好各项扶贫措施的落实，努力改善老区群众生产生活条件，为贫困村和困难群众创造更多的增收机会，力争通过两年努力，使老区贫困村和贫困户基本脱贫。

11. 加强基层组织建设和精神文明建设

区、街镇两级的组织、民政等部门要充分发挥老区农村党支部和村委会的作用，指导和帮助村级基层组织搞好班子建设，并制订相应措施提高老区基层干部素质，使之成为老区人民致富的带头人。大力宣传老区精神，深入开展革命传统教育，打击"黄、赌、毒"和封建迷信活动，净化社会风气，确保社会和谐稳定。要实施惠民文化工程，广泛开展送书、送戏、送电影下乡活动，活跃老区群众的文化生活，培育社会主义核心价值观。要

积极倡导和组织开展创建文明村、文明户、卫生村活动，树立良好的村风、民风。

中共清远市清城区委

清远市清城区人民政府

2009 年 1 月 16 日

清城区革命烈士名单

姓名	籍贯	出生时间	参加革命时间	牺牲前单位、职务	牺牲时间、地点、原因
李文楷	高桥大隆禾塘	1885	1910	同盟会会员	1911 年 4 月 27 日参加广州起义殉难
夏　添	东城江坳白楼	1899	1924	农会会员	1925 年在江坳被杀害
钟桂秋	东城石板	1896	1926	农军战士	1926 年 12 月在象牙岭被民团杀害
黄昌葵	东城石板	1904	1924	农军战士	1926 年 12 月在石板战斗中牺牲
陈　容	东城石板	1886	1924	农军战士	1926 年 12 月在后岗河坝被民团杀害
夏　洪	东城江坳白楼	1908	1926	农军战士	1926 年随军北上，在湖南失踪
莫北清	源潭踵头	1891	1924	农军战士	1926 年在洲心被捕，解银盏杀害
陈绍初	石角马头		1924	农军战士	1927 年 1 月在山塘战斗中牺牲

（续表）

姓名	籍贯	出生时间	参加革命时间	牺牲前单位、职务	牺牲时间、地点、原因
吴绍扬	东城新桥	1884	1926	农军战士	1927 年 1 月在山塘战斗中牺牲
张北有	源潭高滩尾	1898	1927	农军战士	1927 年 1 月在山塘战斗中牺牲
陈石珍	佛祖虾塘	1887	1924	农军战士	1927 年 1 月在山塘战斗中牺牲
谭林清	源潭踵头	1896	1924	农军战士	1927 年 1 月在山塘战斗中牺牲
叶龙社	源潭台前	1890	1927	农军战士	1927 年 1 月在山塘战斗中牺牲
温 升	源潭秀溪	1891	1927	农军战士	1927 年 1 月在山塘战斗中牺牲
钟 锡	龙塘三加		1924	农军战士	1927 年 1 月在山塘战斗中牺牲
罗木仔	龙塘泗合		1924	农军战士	1927 年 1 月在山塘战斗中牺牲
刘 全	高桥大隆	1904	1927	农军战士	1927 年 1 月在山塘战斗中牺牲
李 标	高桥	1901	1927	农军战士	1927 年 1 月在山塘战斗中牺牲
叶龙社	源潭台前	1890	1927	农军战士	1927 年 1 月在山塘战斗中牺牲

（续表）

姓名	籍贯	出生时间	参加革命时间	牺牲前单位、职务	牺牲时间、地点、原因
林北容	龙塘石岭	1883	1926	农军战士	1927 年 1 月在山塘战斗中牺牲
钟北扬	龙塘长冲	1897	1926	农军战士	1927 年 1 月在山塘战斗中牺牲
罗灶金	龙塘泗合	1902	1926	农军战士	1927 年 1 月在山塘战斗中牺牲
朱 六	龙塘银盏	1889	1926	农军战士	1927 年 1 月在山塘战斗中牺牲
赖丁耀	龙塘银盏	1902	1926	农军战士	1927 年 1 月在山塘战斗中牺牲
陈庭相	银盏蕉坑	1901	1926	农军战士	1927 年 1 月在山塘战斗中牺牲
梁计生	银盏蕉坑	1899	1927	农军战士	1927 年 1 月在山塘战斗中牺牲
陆 流	银盏石硖	1898	1926	农军战士	1927 年 1 月在山塘战斗中牺牲
吴 养	源潭东坑	1896	1924	乡农会委员长	1927 年在汕头战斗中牺牲
钟 文	源潭台前	1899	1927	农军战士	1927 年在清远莲塘坳战斗中牺牲
梁纪伦	源潭台前	1896	1926	农军战士	1927 年在清远水牛潭战斗中牺牲

（续表）

姓名	籍贯	出生时间	参加革命时间	牺牲前单位、职务	牺牲时间、地点、原因
罗　先	源潭秀溪	1895	1926	铁路工人	1927年在源潭参加罢工斗争遇害
陈锦焕	石角民安	1900	1926	农军战士	1927年在石角被杀害
杨　葵	东城石板	1905	1924	农军战士	1927年随周之矣团北上，在湖南失踪
郭金广	高田坳头	1877		农军分队长	1927年参加广州起义牺牲
江　和	江口石犁	1896		铁路工人	1927年在韶关从事地下工作时被杀害
钟扬德	东城石板	1876	1924	县农会执委	1927年被捕死于监狱
夏　坤	东城江垱白楼	1892	1926	农军战士	1927年在湖南战斗中牺牲
刘　清	东城石板	1900	1924	县农会支部书记	1928年2月在横石被捕牺牲于清城西门岗
钟三顺	东城石板	1885	1924	农军中队长	1928年2月在高田被杀害
范　防	石角民安		1924	农军战士	1928年10月在广州河南被杀害
余锦华	东城澜水		1924	农会会员	1928年在清城被杀害

（续表）

姓名	籍贯	出生时间	参加革命时间	牺牲前单位、职务	牺牲时间、地点、原因
潘　炎	源潭大垯	1868	1924	农军战士	1928年在秀溪战斗中牺牲
陈　沾	石角马头	1900	1926	农军战士	1928年在清城西门岗被杀害
赖寅做	龙塘银盏	1911	1930	中大学生	1934年8月在广州参加革命被捕牺牲
叶秀茂	车头上冰塘	1922	1944	游击队战士	1944年北上抗日时失踪
郭仲平	清城天湖塘	1909	1944	游击队战士	1945年在清远被捕，解韶关牺牲
赖锦坤	清城祖巷		1943	西北支队战士	1945年在文洞被捕，解广州牺牲
曾鉴明	清城镇东风街	1923	1945	中国人民志愿军七十七师战士	1945年在石板参加游击队；1952年在朝鲜战场失踪
潘　棠	东城江垯	1923	1944	西北支队战士	1945年在英德战斗中牺牲
姚　长	东城石板	1900	1927	游击队战士	1945年在始兴战斗中被捕牺牲
刘灿然	岗头下巷	1928	1945	游击队战士	1945年在英德战斗中牺牲

（续表）

姓名	籍贯	出生时间	参加革命时间	牺牲前单位、职务	牺牲时间、地点、原因
张树林	高田新龙	1913		北江支队战士	1945年北上在连南战斗中牺牲
张卓新	文洞牛栏坑	1920		连江支队战士	1947年随军北上失踪
罗桂	西坑新屋	1907		连江支队文化教员	1948年4月在清远县下赤坭被杀害
吴笑扬	石角兴仁	1922	1945	连支三团排长	1948年7月在石角七星被杀害
赖北容	东城新桥	1916	1947	连支四团战士	1948年在东城新星被捕遭杀害
张五常	高田文洞	1913		北江支队手枪队队长	1948年被害于清城
张容生	高田西坑	1928		连支四团班长	1948年在清远县鱼坝剿匪时牺牲
祝森	高田旧岭	1913		北江支队手枪队队长	1949年5月在佛冈县作战中牺牲
黄文锡	东城石板	1921	1949	连支三团战士	1949年5月在东城大塱战斗中牺牲
钟沛森	东城石板	1909	1947	连支三团武工队员	1949年7月在东城新星战斗中牺牲
张求	东城新桥	1929	1947	连支三团战士	1949年7月在东城新星战斗中牺牲

（续表）

姓名	籍贯	出生时间	参加革命时间	牺牲前单位、职务	牺牲时间、地点、原因
陈苏虾	清城塘仔边	1931	1948	连支三团战士	1949 年 8 月在太和洞战斗中牺牲
林东财	石角民安	1924	1948	连支三团战士	1949 年 8 月在清城战斗中牺牲
陈耀芬	石角田心	1917	1949	江苏 338 团战士	1949 年 12 月在江苏省作战中牺牲
黄　祥	东城石板	1917	1947	东风团战士	1949 年在英德战斗中牺牲
刘三鸡	岗头岭顶	1937	1949	清远县保安团战士	1950 年 2 月在清远县滘江剿匪战斗中牺牲
刘瑞善	源潭青龙	1922	1949	游击队员	1950 年 2 月在清远县官庄参加征粮时被土匪杀害
张桥清	文洞毛叶坪	1932	1947	清远县龙潭乡干部	1950 年 2 月在清远县官庄剿匪时牺牲
黄镇扬	车头上黄塘	1912	1938	石角乡政府乡长	1950 年 3 月在清远石角被土匪包围，在突围战斗中牺牲
邓　松	东城新桥	1931	1949	清远县公安连战士	1950 年 12 月在清远县滘江剿匪战斗中牺牲
何　潮	源潭青龙	1925	1948	龙山区中队战士	1950 年在龙山区公所作战牺牲

（续表）

姓名	籍贯	出生时间	参加革命时间	牺牲前单位、职务	牺牲时间、地点、原因
罗兴	源潭秀溪	1926	1949	清远县公安连战士	1950 年在清远官庄剿匪战斗中牺牲
林柏森	高桥大围	1920	1948	源潭乡政府民兵	1950 年在清远县高桥小学被土匪围攻，突围时牺牲
吴道生	石角沙坬	1916	1950	中国人民志愿军三四〇团战士	1950 年在朝鲜连川战斗中牺牲
林金明	石角界牌	1920	1949	中国人民志愿军六十六军排长	1950 年在朝鲜战场牺牲
陈钊	文洞牛栏坑	1907	1947	洲心乡政府武装干部	1950 年在清远县白庙被土匪杀害
张松	文洞横坑口	1931	1947	江口乡政府武装干部	1950 年在清远县横石送情报到江口时被土匪杀害
苏新民	清城武安街	1929		佛冈县人民法庭审判员	1947 年在佛冈县参加游击队；1950 年在佛冈县剿匪时牺牲
陈万山	江口社岗	1924		中国人民志愿军战士	1951 年 11 月在抗美援朝战斗中牺牲
温社金	源潭台前	1929	1948	中国人民志愿军战士	1951 年在朝鲜失踪

（续表）

姓名	籍贯	出生时间	参加革命时间	牺牲前单位、职务	牺牲时间、地点、原因
蔡锡其	龙塘泗合	1932	1951	中国人民志愿军战士	1952 年 5 月在朝鲜战场作战牺牲
梁岐柱	塘坦围仔	1916	1947	中国人民志愿军战士	1952 年 8 月 1 日在朝鲜开城战斗中牺牲
叶北全	源潭	1924	1949	中国人民志愿军战士	1952 年在朝鲜战场作战牺牲
徐金海	高桥积余	1928	1950	中国人民志愿军战士	1952 年在朝鲜战场作战牺牲
胡　金	高桥大隆	1926	1950	中国人民志愿军战士	1952 年在朝鲜战场作战牺牲
叶宗耀	源潭台前	1927	1948	中国人民志愿军战士	1952 年在朝鲜失踪
黄北金	银盏银中	1926	1951	中国人民志愿军战士	1952 年在朝鲜战场失踪
黄树培	石角横石	1921	1949	中国人民志愿军战士	1952 年在朝鲜战场牺牲
夏树葵	高田旧岭	1919		中国人民志愿军二十军炮兵团三营八连连长	1952 年在朝鲜战场牺牲
刘康宁	清城平安街	1922	1948	中国人民志愿军战士	1948 年 10 月在韶关入伍；1953 年 6 月 13 日在朝鲜作战牺牲

（续表）

姓名	籍贯	出生时间	参加革命时间	牺牲前单位、职务	牺牲时间、地点、原因
朱亚七	横荷大有	1925	1950	中国人民志愿军战士	1953 年 12 月在朝鲜作战牺牲
何木森	源潭台前	1940	1958	广州军区战士	1959 年在广州因抢救国家财产而牺牲
刘桂添	岗头旧围	1938	1957	0160 部队三支队战士	1961 年在执勤中牺牲
叶继有	石角大布	1937	1958	广东省军区战士	1962 年 3 月在翁源县野营时牺牲
陈金灶	源潭青龙	1934	1958	广东省军区战士	1963 年在南雄县参加国防施工时牺牲
赖海棠	龙塘民平	1941	1960	黑龙江省军区战士	1963 年 1 月在黑龙江尚志县因公牺牲
林镜开	石角灵洲	1938	1958	广东省军区战士	1965 年在珠海三灶岛因公牺牲
李东汉	源潭	1941	1962		1966 年 1 月在英德县因公牺牲
黄社荣	龙塘安丰	1915	1950	龙塘水电所职工	1966 年 10 月在龙塘安丰因抢救溺水人员而牺牲
龚国华	清城先锋街	1935	1955	清远县公安局民警	1967 年 4 月 27 日在清远县飞霞渡河，被反革命分子暗害

（续表）

姓名	籍贯	出生时间	参加革命时间	牺牲前单位、职务	牺牲时间、地点、原因
陈镜洪	石角横石	1945	1965	广东省军区战士	1969年8月在珠海县因公牺牲
刘记房	高桥大隆	1948	1968	7005部队战士	1970年5月在台山县因公牺牲
陈燕颜	清城东门街	1942	1969	清远县清城镇一联街什工队工人	1971年4月30日在清远县笔架河跃进桥下，为抢救国家财产及溺水人员而牺牲
梁丽金	清城平安街	1939	1969	清远县清城镇一联街什工队工人	1971年4月30日在清远县笔架河跃进桥下，为抢救国家财产及溺水人员而牺牲
罗丽荷	清城古城	1940	1970	清远县清城镇一联街什工队工人	1971年4月30日在清远县笔架河跃进桥下，为抢救国家财产及溺水人员而牺牲
梁灶带	石马河洞古坑	1924	1962	清远县清城镇一联街什工队工人	1971年4月30日在清远县笔架河跃进桥下，为抢救国家财产及溺水人员而牺牲
林星流	清城下廓石狮巷	1935	1969	清远县清城镇一联街什工队工人	1971年4月30日在清远县笔架河跃进桥下，为抢救国家财产及溺水人员而牺牲

（续表）

姓名	籍贯	出生时间	参加革命时间	牺牲前单位、职务	牺牲时间、地点、原因
袁桂容	清城下廓后街	1936	1958	清远县清城镇一联街搬运站工人	1971 年 4 月 30 日在清远县笔架河跃进桥下，为抢救国家财产及溺水人员而牺牲
潘水带	清城上廓后街	1940	1959	清远县清城镇一联街搬运站工人	1971 年 4 月 30 日在清远县笔架河跃进桥下，为抢救国家财产及溺水人员而牺牲
张善庆	江口黄洞	1947		7005 部队排长	1975 年 7 月在台山县被暗害
赖锦成	横荷红星	1958	1978	54209 部队 77 分队战士	1979 年 2 月 17 日在对越自卫反击战中牺牲
雷世福	南埗大巷	1957	1976	53044 部队 71 分队战士	1979 年 2 月 17 日在对越自卫反击战中牺牲
潘锦洪	源潭迎咀	1961	1978	35228 部队战士	1979 年 2 月 18 日在对越自卫反击战中牺牲
陈业林	源潭连安	1959	1979	35228 部队战士	1979 年 2 月在对越自卫反击战中牺牲
李记兴	高桥大隆洞	1958	1979	35241 部队战士	1979 年 2 月在对越自卫反击战中牺牲

（续表）

姓名	籍贯	出生时间	参加革命时间	牺牲前单位、职务	牺牲时间、地点、原因
林锡钊	高桥村	1959	1987	35241 部队战士	1979 年 2 月在对越自卫反击战中牺牲
叶继培	银盏上墨斗	1960	1979	35228 部队战士	1979 年 2 月 23 日在对越自卫反击战中牺牲
黄志文	江口北寮松塘	1957	1978	35241 部队战士	1979 年 2 月 18 日在对越自卫反击战中牺牲
张汝标	江口社岗	1960		56035 部队战士	1979 年 2 月 18 日在对越自卫反击战中牺牲
黄冠文	洲心联岗	1958	1978	广西军区边防三师侦听队战士	1981 年 4 月 10 日在广西省凭祥金鸡山执行战斗任务时牺牲
曾金池	昇平横石村委	1941		横石村委支部书记	1994 年 6 月 16 日在抗洪救灾中牺牲
潘　添	横石村委	1949		横石村委主任	1994 年 6 月 16 日在抗洪救灾中牺牲

（资料来源：清城区民政局、清城区老促会）

附录四

大事记（1924.10—1949.12）

1924 年

11 月　在中国共产党人彭湃、阮啸仙、罗绮园等和广东省农民协会（简称"农会"）的帮助和支持下，清远县石板乡农民协会成立。

是月　中共广东区委派韦启瑞到清远县，指导全县工、农、学运动和党团建设。

1925 年

1 月　中共清远县组织发动农民开展减租运动，上黄塘农会首先在大河塘官产田实行。

是月　成立清远县农民协会筹备处，韦启瑞、宋华、刘清为成员。

是月　清远县农会筹备处举办农干培训班。

是月　清远县农会选派赖松柏、林焕文、钟耀初、钟耀生 4 人到广州参加农民运动讲习所第三期学习。

3 月 14 日　清远县第二区（附城）农民协会成立，国民党中央农民部代表发给旗帜、印鉴，并派代表参加成立大会。农会代表选出罗大雄为二区农会执行委员长，丘初平为副委员长。

3 月　在石板乡农会带领下，全县建立农会 30 多个，有农会会员892人。

5月　成立中共清远县支部，韦启瑞任支部书记，有党员14人。

6月　中共广东区委派黄克鸥来县协助建立清远县共青团组织。在县城、石板、太平、滨江等地建立团小组。

是月　中共清远县组织发动农会组织农民运输队200人随军支前，平叛后，组织农民自卫军（简称"农军"）截击叛军。广东省农会奖励各地农民支援队，赠送清远农民锦旗两面。

7月　中共清远县组织发动县城工人，组织清远县罢工团，抗议"五卅惨案""六二三沙基惨案"和声援省港大罢工活动。

8月　中共清远县组织发动工农群众，粉碎县城资本家利用商会武装、支持商户罢市的反革命行动。

8月20日　国民党中央左派领袖廖仲恺被刺杀。中共清远县组织发动各地农会组织农民群众万余人，在县城开追悼大会，致电国民政府请求缉凶，肃清反革命，把革命进行到底。

10月　附城白楼恶霸林天培故意刁难，私设关卡，勒收戏班红船码头捐，无理拘禁与之论理的农民，县农会闻讯支援。

1926 年

2月　县城共青团组织"新学生社"出版《革命学生》刊物。

年初　清远县农民协会正式成立，所属区农会3个，乡农会122个，有农会会员9587人。

4月　韦启瑞调离清远，中共广东区委派叶文龙任清远县党组织书记。

5月1日　中共清远县组织发动县城工、农、商、学各界群众集会庆祝五一国际劳动节。会后示威游行，大唱革命歌曲，高呼革命口号。

8 月　应广宁县农会请求和省农会指示，清远县农会组织各乡农军 400 多人到广宁白带痛惩广宁民团，取得胜利。

10 月　清远县农会设农军训练班，分批训练青壮会员，主要内容为学习军事常识，加强革命武装编练。

11 月 25 日　在县城麻寺田牛行，农军与军团发生冲突。农军常备队小队长苏森率队与民团激战，击毙周田乡民团局董黄观水。

11 月 26 日　潘伯良、李达纲等率领县民团 300 人，包围周田黄猄座农军苏森部，在村中杀人、放火烧屋、抢掠财物。

10 月 27 日　清远县农军总部调集石板、太平等农军支援苏森部。

12 月初　清远县民团获悉省农会领导周其鉴与中共清远县党组负责人叶文龙等开会，发动突然袭击，重兵包围清远县农会和农军驻地。

12 月　民团违反协议，纠集滃江土匪，由潘伯良、梁沛钊、刘东等指挥，向全县各地农会所在地进攻。

是月　农军攻打高田圩，痛击民团梁信昌部，牵制敌人兵力。小队长赖德林英勇爆破敌据点炮楼，全歼守敌。

1927 年

1 月　清远县县长陆焕调职，新任县长胡少翰到任后，调停农军与民团的武装冲突，邀集双方领导人谈判，谋求和平解决争端。

1 月 15 日　在县长胡少翰主持下，农军与民团代表在山塘圩开会。会议进行间，农军被民团预先埋伏的武装袭击。

2 月　中共广东区委、广东省农会负责人罗绮园着手处理清远县民团袭击农军、破坏农民运动事件。

是月 平定民团之乱后，清远县各界代表成立清理民团摧残农民罪行的"善后委员会"，接受群众申诉，调查民团罪恶，追查祸首，抚恤被害农民。

3月 中共清远县组织发动群众，在县城召开农军殉难烈士追悼大会。

4月18日 中共清远县委与农会召开扩大会议，全县各乡农会和农军干部到来参加。会上，叶文龙传达中共广东区委指示，指出国民党蒋介石已叛变革命，各地要做好应对准备。

4月22日 清远北上农军齐集县城，于晚上出发，过后岗、入横石，渡河后乘火车北上英德到韶关，与全省农军会师。

4月下旬 广州国民党"政治分会"的北江宣抚委员会来清远"清党"，实行白色恐怖，中共清远县党组留守人员转入地下活动。

12月 在广东省农民运动领导人周其鉴的支持下，清远县工农群众成立"清远县工农革命军独立团"。

1928 年

1月22日 广东省农民运动领导人周其鉴到清远附城澜水葫芦岭活动，潜伏在农会会员余干华家中被反动地主告发。

2月 叶文龙和刘清在香港奉命回北江执行秘密任务，路经横石，被清远县反动民团队长邓康盘查拘捕后，在县城西门岗被杀害。

8月 中共广东省委委员、清远县农民运动领导人赖松柏在广州为掩护其他同志暴露身份，被国民党军警拘捕后杀害。

1929 年

12 月　中共广东省委决定将中共清远县委改为特别支部。

次年　中共清远县组织基本停止了活动。

1937 年

7 月　卢沟桥事变后，清远人民在党的领导下，全面开展抗日救亡运动。

11 月　中共党员万明、李云到清远石角乡马头村办学。以教师身份为掩护，建立党的秘密联络点。成立临时支部（负责人万明）在群众中开展抗日宣传活动。

是年　张永炽（中共党员）、黄漫江受广州抗战教育实践社委派，到清远建立分社，在教师队伍中开展抗日宣传活动。

1938 年

1 月　李云他调，党组织先后派进步青年黄漫江、樊和瑞到石角乡马头村协助万明开展工作。

10 月　广州沦陷，中共党员李云带领"护干班"① 10 多人到清远石角一带普及战时救护常识。中共广州市军委组织部部长冯扬武到清远马头村党的秘密联络点——尚德小学主持成立中共清远县（临时）工作委员会，负责人冯扬武，委员万明、李云。

11 月　中共广东省委根据抗日前线斗争的需要，批准成立中共清远县工作委员会，任命云昌遇为工委书记，万明、李云为委员。

----

① 全称为"国民党第四路军看护干部训练班"，是国民党少将军医陈汝棠主办。

是月 中共清远县工委在马头村一间小神庙前秘密召开第一次工委会议，研究有关抗日宣传、发展党组织、建立人民抗日武装等问题。

是月 中共广东省委特派员梁威林以省抗日先锋总队负责人的身份，率战时工作队——七队来清远视察抗日先锋队工作。

是月 清远地方顽固势力龙塘乡乡长赖瑞图无理拘捕从事抗日宣传的车头岗上黄塘村农民黄俊廉（中共党员）。

12月 中共清远县工委全力支持当地群众冲破当地顽固势力的阻挠，组织石角民兵成立清远民众抗日自卫总队第十八大队。

是月 中共清远县工委发动群众成立石角乡各界人民动员委员会，与护干班密切合作，掀起抗日宣传活动高潮。

1939 年

4月 中共清远县工委派万明参加广东省委在韶关八路军驻粤办事处召开的第一次党代表大会。

5月 中共党员李云、陈迅率广东难民救济总队第十一分队到清远救济难民，收留难童和开展抗日宣传活动。

7月 中共北江特委在韶关恢复，书记黄松坚，组织部部长王炎光，委员谢永宽、廖宣。

1940 年

1月 中共北江特委决定成立中共清（远）花（县）工委，谢永宽任工委书记，黎定松任组织委员。

是月 共产党员练铁、李信以公开身份到清远建立军民合作站。清城党支部建立，党员有巫柏初、邓贵瓒、周倬等7人，李信任支部书记。并在县城新街秘密召开第一次支部大会，会上研究了收集情报、发展党组织和开展抗日宣传活动等工作。

3 月　中共组织派王长光到文洞开展抗日宣传活动，在农民中培养建党对象，为开辟文洞革命根据地做准备。

4 月　赵炳权主管清远党的全面工作，重点联系清城。

是月　谢静生任国民党清远县县长。

8 月　中共清远县委成立，县委书记邓如淼（兼组织部部长），宣传部部长金阳。

9 月　中共北江特委、清远县委派出共产党员黎定松、林冰等人到文洞、秦皇、滨江、滠江等地开展活动。

是月　共产党员黎沃能、吴以恒、何琼玉先后以国民党军政人员身份潜入国民党清远县政府内任机要秘书、"三青团"① 干事等职，秘密建立党小组。

1941 年

3 月　中共北江特委委员廖宣因在英德暴露身份，到文洞隐蔽活动，化名刘清棠，职业教师。刘清棠在文洞期间秘密发展一些新党员，建立党支部。

6 月　中共北江特委在文洞举办党员训练班，北江特委管辖的各县新党员43 人（其中女同志10 多人）参加学习。

是月　中共北江特委派财经委员邓重行到清远县城先后开办3 间小型工厂：中国火柴厂、清远粉笔厂和清远伞柄厂，为党组织解决了部分活动经费。

是月　由于久旱不雨，农田失收，文洞山区村民生活陷入绝境，饿死者达10 多人，病者不计其数。廖宣代写呈文派当地群众代表（中共党员），向国民党清远县政府申请救济。

---

① 全称为"三民主义青年团"，是国民党控制的反动组织。

1942 年

5 月　中共北江特委负责人在龙颈圩附近先后面见各县中共党组织领导人，贯彻完上级指示后中共北江特委成员也基本疏散离开清远。清远各基层党组织奉命停止活动。

6 月　国民党清远县县长谢静生在内部派系斗争中失败，被国民党当局抓去坐牢。

是月　浛江开明绅士黄开山出任清远县县长。

7 月　暑假期间，中共清远县组织在石马小学举办哲学学习班，讨论"知行统一""知行合一"等问题，参加学习的有肖少麟、朱继良等 10 多人。

1943 年

3 月　日军第二次侵占清城，国民党县政府机关复迁龙颈，潜伏在清远县政府内的黎沃能党小组仍坚持收集情报，掩护地下党同志等活动。

8 月　中共北江特委书记黄松坚派何俊才到清远接替饶华工作任特派员，为全面恢复党的活动做准备。

是月　国民党实行所谓曲线救国，先后在各地组织一律美式装备的别动军，专门骚扰游击区。在游击区活动的 3 支别动军大队，有两支大队分别驻扎在清远高田和太平，另有一支驻在清城附近。

1944 年

6 月　日寇第三次侵占清城，国民党清远县政府再度迁入龙颈。

9 月 10 日　邬强率广东人民抗日游击队东江纵队占领清城。

9 月　中共北江特委通知所属地区中共党组织全面恢复活动。

10 月　中共北江特委先后派杜国栋、周辉等党员到驻守清远白庙的国民党北江第二挺进大队（简称"挺二"）第五中队做改造部队工作。

11 月　中共清远县委派钱青任河东特派员，到河东日占区洲心、龙塘一带发展党组织，发动群众成立抗日同盟，打击汉奸、特务、土匪反革命行为。

是月　中共清远县委在北江特委支持下，组建一支二三十人的抗日游击队，并挂"挺二第三大队第九中队"番号。

1945 年

5 月　中共北江特委根据战士、群众的要求，决定组织第九中队和第五中队联合夜袭清远县城的日伪军。

是月　由支队长蔡国良、政委邓楚白率领的西北支队数百人离滘后，从黎洞过河挺进清远境内文洞。

6 月　西北支队刘黑仔、方觉魂带领一个排的兵力，袭击盘踞在附城石古墩的国民党别动军，歼敌 32 人，缴获美式装备一批，游击队战士无一伤亡。

是月　第九中队在西北支队配合下，在迳口袭击国民党别动军的一支走私船队，歼敌一个中队，缴获物资一大批。

是月　由于游击队连续打击国民党反动军队和地方顽固势力，国民党反动当局命"挺二"莫雄部队"扫荡"驻清远文洞的西北支队。

是月　中共北江特委根据抗日战争形势发展的需要，决定第九中队和第五中队取消所挂的国民党部队番号，宣布起义，成立清远县抗日同盟军人队。

7 月　国民党当局召集驻清远滨江的正规军及英德、四会的保安团，清远国民党别动军两三千人，分几路向文洞进发，企图消灭西北支队和抗日同盟军大队。地下党员黎沃能及时将情报送出。游击队及时采取对策，除留下少量部队与敌周旋外，主力部队奔袭敌巢龙颈县政府。

8 月　在清远文洞的西北支队和抗日同盟军大队奉命离境北上，迎接王震南下部队，准备在五岭建立华南抗日游击根据地。

8 月下旬　广东人民抗日游击队珠江纵队郑少康率南三大队500 多人路经龙塘、洲心北上迎接王震部队。清远县党组织派党员黄俊廉、霍理文积极协助，使该队安全渡过北江进入文洞。

9 月 2 日　日本正式签署投降。① 至此，抗日战争结束，清远人民武装队伍在党的领导下准备迎接新的战斗。

9 月　西北支队和抗日同盟军大队北上后，肖少麟任中共清远县特派员。清远县委领导全县人民开展反对国民党反动统治的斗争。

10 月　珠江纵队北挺的西江义勇队一部（代号雄狮）从广宁麻子洞经银坑坪到达清远南冲的岗咀村，受到当地群众的热烈欢迎。

11 月　中共清远县委在清远师范学校建立秘密的党小组，组长温则旋，成员白瑞新、雷绍安、莫耀成，在县委领导下开展学生运动。

12 月　中共广东区委决定成立中共西江特委，把小北江英德、清远、连阳等地下党统一起来，并以原珠江纵队北挺的雄狮队部分武装为基础，建立广（宁）四（会）清（远）区队。

---

① 2014 年 2 月，十二届全国人大常委会第七次会议经表决通过，将9 月 3 日确定为中国抗日战争胜利纪念日。

1946 年

1 月　前地下党清远县政府秘密工作组黎沃能等相继撤出后，县特派员肖少麟又派党员郑肇端利用郑肇端之叔父关系，打入国民党清远县警察局任总务科长兼管档案，继续在敌人内部安下钉子。

3 月　中共西江特委在清城（霍理文家）召开重要会议，会议由书记梁嘉主持，刘向东传达中共广东区委关于华南游击队北撤的决定。会议研究和部署本地区游击部队北撤的计划。

4 月　清远县特派员肖少麟调离，谢洪照任清远县特派员。

7 月　清远师范学校党小组在清城大巷口（雷绍安家）办青训班，县党组织领导人唐凌鹰参加讲课。

9 月　清远师范学校党小组根据县委意见，以秘密读书会会员为骨干，由学生会组织"天光读书会"和"热流文艺研究社"，以合法地位开展活动。

1947 年

4 月　中共清远县委按广东省委有关恢复武装活动的通知，做好反击国民党当局发动内战的工作。

9 月　粤桂湘边纵队司令部决定加强和发展文洞根据地，由马奔部派冯开平、李学林、伍华等率 50 人到达文洞，与方君直、张耀伦部汇合，合编成文洞独立中队。

1948 年

1 月　苏陶派黄日等 16 人组成武工队，开辟笔架山游击区。

是月　在文洞黎洞一带冒充西北支队抢劫、作恶多端的政治土匪吴神祐被文洞游击队消灭，文洞黎洞游击区连片扩大。

3月　黄日武工队协助山区群众组织竹器互助社，发展竹器生产。

是月　冯开平、李学林等调回司令部，派王式培、陈滔、汪汉等到文洞加强党组织和游击队力量。英清边部队组编成立英清边区人民解放军大队（简称"英清边大队"），文洞张耀伦游击部队归属其领导。

4月　黄日武工队发出开辟新区的布告，阐明中共的政策和主张，号召人民起来反对国民党的反动统治。

是月　清远师范学校党小组组织学生会发动罢课，反对新任校长张沛森压制学生，把张沛森克扣学生补助粮的贪污行为揭露出来，向清远县参议会请愿，请求对张沛森追责。

是月　为适应形势发展，笔架武工队扩编为笔架独立中队，各地开展惩奸、除霸、反"三征"① 和筹粮筹枪等活动。

是月　文洞独立中队两次攻打鱼咀圩，全歼自卫队，击毙中队长石本华等8人，伤6人，缴获武器一批，将杀害张五常的凶手枪决。

7月　笔架独立中队附城刘九武工组先后镇压长埔反动恶霸黄葵、联城乡第五保保长黄子轩，痛惩副乡长黄永章、县参议黄应湘及恶霸曾八。

10月　英清边大队在文洞等地举办行政人员训练班，在大洞、黎洞、文洞、高田等地成立乡农会、民兵组织。

是月　笔架独立中队通过各村人民代表会议，组织笔架民兵，成立笔架山民兵队，队长张庆隆。

11月　秦皇苏陶部决定在滨江下游的骆坑口、大姨坑口建立税站，以控制滨江河水路交通，并打击国民党的税警，保护人民

---

① 指征粮、征兵、征税。

利益，解决部队部分给养。

12 月　秦皇苏陶部派吴汉、农夫组成回岐平原武工队，越过北江河，开通河东游击区。主要活动在铁路以西的龙塘、石角一带，逼近洲心小市，控制大片平原，直逼县城。

是月　经上级党委批准，中国人民解放军粤桂湘边纵队连江支队成立。苏陶部为连江支队第三团，任命苏陶为团长兼政委，冯华为政治处主任。

1949 年

1 月　按照清远地下党组织的指示，清远师范学校党小组发动进步学生分批进入秦皇山区，参加武装斗争。

3 月　粤桂湘边革命军事委员会决定，英清阳边区人民武装为连江支队第四团，任命王式培为团长，谢洪照为政委，方君直为副政委兼政治处主任。在清远的文洞部队编为连江支队第四团第一连，连长张耀伦，指导员陈川。

是月　清远县县长廖琪与国民党英德县党部书记长徐英群组织"英清联剿"，企图消灭连江支队第四团的主力。连江支队第四团主力部队主动避敌，"联剿"计划破产。

7 月　国民党保四师在县城进行演剧宣传，虚张声势，欺骗群众，粉饰太平。附城独立中队配合武工队夜袭清城。

10 月　连江支队第四团文洞中队由指导员陈川、副连长张祥率领，在横石附近仙人石伏击高田乡乡长潘子彬及其自卫队，歼敌 25 人，缴获枪械、弹药一批。

10 月 13 日　中国人民解放军四十三军到达清城，国民党军不堪一击，到处逃窜，连江支队第三团附城独立中队与城市工作组开进清城维持秩序。

是日　连江支队第四团陈重文带领第一中队从清远县横石随

解放军四十师到达清城。

10 月 15 日　粤桂湘边革命军事委员会主席、边区党委书记梁嘉与解放军四十三军政治部主任会晤，研究接管地方政权和支前工作，决定成立清远县军事管制委员会，任命苏陶为主任、冯华为副主任。

10 月 17 日　云昌遇、李海涛等同志到清城，传达上级党委有关命令。

10 月 20 日　成立中共清远县委员会，书记云昌遇，副书记李海涛、苏陶。同时成立清远县人民政府，任命云昌遇为县长、黄信明为副县长。

后记

　　在中共清城区委领导下，在清远市老促会和清城区老促会指导下，清城区委党史研究室组织编写的《清远市清城区革命老区发展史》经过编辑部全体人员的努力，终于与广大读者见面了。

　　2018 年 3 月 9 日，清城区收到中共清远市委办公室转发《关于编纂〈革命老区县发展史〉有关问题的请示》后，清城区委、区政府十分重视，迅速召集有关部门研究部署，决定由清城区老促会负责指导，区委党史研究室具体组织编纂工作。2018 年 4 月 24 日，成立清城区革命老区发展史编纂委员会和编辑部，落实编写人员、办公场所、办公经费和办公设备等。编委会由清城区委副书记、区长邱泽军担任主任，副区长罗婉玲担任副主任，编委会办公室设在区委党史研究室。

　　参与本书编写的全体人员，坚持实事求是，对史负责的精神，通过各种途径多方面收集清远市清城区革命老区史料。一是利用清远市党史研究部门和原清远县党史办公室编写的有关资料作为革命战争年代的主要史料；二是利用清城区老促会、区民政局和区直有关部门提供的资料；三是清城区档案馆的馆藏资料；四是编辑部全体人员深入革命老区采访的资料。

　　在编写过程中，编辑人员严格按照广东省老促会下发的《广东省〈革命老区县发展史〉丛书编纂大纲》和《广东省编纂〈革命老区县发展史〉丛书规范要求》进行编写。

　　为了多方面听取群众对做好本书编写工作的意见和建议，2018年5月上旬，编辑部草拟了《清城区革命老区发展史》编写大纲，下发到老区镇街征求意见。5月8日，区委党史研究室召开了各老区镇街、区直有关单位代表会议，副区长罗婉玲参加了会议。会议收集了各方面对编写提纲的意见和建议，罗婉玲对如何搞好《清城区革命老区发展史》提出了具体的意见和要求。5月22日，区委党史研究室召开会议，重点研究本书编写大纲的确定。参加会议人员有区委党史研究室人员、本书编辑部人员、区老促会领导和老区镇街代表17人。会后，本书全面进入编写工作。

　　清城区革命老区有山区、有平原，为了全面地反映革命老区情况，编写人员深入文洞革命老区、石板革命老区、上黄塘革命老区、马头村革命老区进行实地考察，核实史料，实地拍照，完善和补充原有史料。特别是改革开放后革命老区的变化，编写人员进行了专门的采编，充实了本书的内容。

　　2018年12月，本书初稿完成。编辑部把《征求意见稿》印发给区直有关单位和领导、部分离退休老同志及各老区镇街和重点行政村代表，请他们对《征求意见稿》提出修改意见。2019年1月14日和15日，清城区委党史研究室分别召开《清城区革命老区发展史》评审会议，参加会议的有清远市党史办专家，有本区离退休老同志，有各老区镇街和老区行政村代表。代表们对本书的修改提出了不少意见，会后，编辑部根据各方面意见进行归纳综合修改，形成报区委和市老促会审批的送审稿，最后形成现奉献给读者的《清远市清城区革命老区发展史》。

　　由于史料有限，时间仓促，本书记述还不够全面，难免有错漏之处，敬请读者指正。

编者

2019年3月